美的种子在发芽

北京明天幼稚集团优秀观察记录与教育笔记

雷海环 主编

幸福明天系列丛书

北京出版集团
北京出版社

图书在版编目（CIP）数据

美的种子在发芽：北京明天幼稚集团优秀观察记录与教育笔记 / 雷海环主编. —— 北京：北京出版社，2021.11
（幸福明天系列丛书）
ISBN 978-7-200-16930-0

Ⅰ.①美… Ⅱ.①雷… Ⅲ.①幼儿园—办学经验—海淀区 Ⅳ.①G619.281.3

中国版本图书馆 CIP 数据核字（2021）第 268797 号

幸福明天系列丛书
美的种子在发芽
北京明天幼稚集团优秀观察记录与教育笔记
MEI DE ZHONGZI ZAI FAYA
雷海环　主编

*

北　京　出　版　集　团　出版
北　京　出　版　社
（北京北三环中路6号）
邮政编码：100120

网　　址：www.bph.com.cn
北 京 出 版 集 团 总 发 行
新　华　书　店　经　销
北京建宏印刷有限公司印刷

*

710毫米×1000毫米　16开本　19.5印张　270千字
2021年11月第1版　2021年11月第1次印刷
ISBN 978-7-200-16930-0
定价：64.00元
如有印装质量问题，由本社负责调换
质量监督电话：010-58572393

《美的种子在发芽——北京明天幼稚集团优秀观察记录与教育笔记》编委会

主　　编　雷海环

编委会成员　韩　旭　刘瑞琪　付　鹰　白　杨　陈艳宇
　　　　　　杨　吉　佟　磊　郝建玲　吕　燕　郑　涛
　　　　　　马　欣　李　萍　赵　菁　库　红　郎梦露
　　　　　　唐亚彬　王　丽　王洪梅　袁　静　赵碧空
　　　　　　李晓芸　吴景春　吕顺舟　李凤霞　赵　晔
　　　　　　刘　禹　张洁琪　支秀平　周爱京

附页指导教师：业务干部

鸣 谢

丁慧　于文超　于雁　王卉　王芮　王京　王祎航　王盼
王莹　王晓双　王悦娇　王晨　王曼　王源　王静　方京夏
邓新颖　石颖　卢雪纯　田梦培　田滨　朱庆玫　刘天贞　刘羽晗
刘杏湄　刘岩　刘建梅　刘哲　刘碧柳　安莹　许瑞信　孙立军
孙祎超　孙倩楠　孙梦媛　李天天　李丽娜　李畅　李岩　李征南
李春秀　李浩然　李婉贞　杨子涵　杨静　吴双　何雨薇　谷立靖
沈一蒙　宋蕊　张丹　张光晨　张旭　张丽媛　张妍　张金玲
张建红　张春霞　张茹　张涵　张辉　张晴　张路　张群力
张静　张蕾　陈学颖　尚牧　季兴博　季英旭　周一凡　周爽
屈宏梅　孟思宇　赵妍　郝娜　胡雪琛　胡紫明　要男　段文谢
侯迪　侯晓琪　姚莉娟　倪紫　徐一驰　高京京　唐思宇　曹燕佳
崔林怡　崔昊　康超　扈启莹　蒋广娣　曾晴　甄红新　魏建萍

引　言

　　生命的成长不是一蹴而就的，需要一点点地积累。
　　每个孩子都是美丽的种子，
　　只不过花期各有不同。
　　有的一开始就灿烂绽放，
　　有的需要漫长的等待，
　　只要细心地呵护，静静地陪伴，
　　陪他沐浴阳光、经历风雨，
　　他定会在爱的春风里茁壮成长。

　　北京明天幼稚集团始终秉持着"求真、立美、至善"的文化精神，力求给予每一颗"种子"最细心的呵护、最温润的环境，让他们在爱的春风里度过快乐而有意义的美好岁月。

目录

序言 1

第一章　看得见的呵护 3
第一节　生活活动 5
第二节　游戏活动 39
第三节　户外活动 144

第二章　看不见的滋养 195
第一节　教育所得 197
第二节　工作所思 220
第三节　学习所悟 254
第四节　心灵所感 269

第三章　"美的种子"发芽指南 283
第一节　幼儿园教师观察记录 283
第二节　幼儿园教师教育笔记 296

结语 302

序　言

　　在当今学前教育蓬勃发展的新时代，社会对广大幼儿教师的教育观念、专业素养和职业智慧提出了更高的要求，北京明天幼稚集团以"求真、立美、至善"作为集团文化的核心，鼓舞着每一位明天人追求教育本真、树立教育之美、成就教育至善，也带领着每一所幼儿园不断提升教育质量，为幼儿提供更加专业的成长支持。本书立足于集团"立美"文化内涵——日积月累以立美，让生命个体在点滴积累中丰富自我、蓄美立美、感受幸福，汇集20所幼儿园的优秀观察记录和教育笔记作为展现幼儿成长之美和教师发展之美的窗口。

　　以观察记录立幼儿成长之美。幼儿在充分自主的空间内向阳而生，在自主探究中日有所得，观察记录是幼儿最真实成长状态的展示，展现出教师对"种子"看得见的呵护。

　　以教育笔记立教师发展之美。教师日有所思，在自主学习中不断进步，教育笔记承载了教师的学习、思考和感悟，是教师背后"看不见"的努力与成长，目的就是给予幼儿更好的"看得见"的呵护。

　　本书以20所幼儿园优秀观察记录和教育笔记作为主体，案例中辅以针对性的理论梳理，并在最后一章将观察记录和教育笔记的相关文献进行梳理，满足教师的理论学习需求。

本书各章节内容简介：

第一章　看得见的呵护　为优秀生活观察记录、游戏观察记录及户外观察记录的汇集与分析①，在教师与幼儿的日常互动中展现教师对"种子"专业的呵护。

第二章　看不见的滋养　为教师优秀教育笔记的汇集与分析，按照内容类型，将教育笔记分为教育所得、工作所思、学习所悟与心灵所感四类，展现教师的收获、反思与感悟。

第三章　"美的种子"发芽指南　为观察记录和教育笔记的相关理论文献梳理，旨在满足各位读者、教师朋友们些许理论学习需要，均为粗浅的文献梳理，如有问题，诚恳欢迎广大读者的批评指正。

希望通过本书能与各位读者在专业思考和教育情怀上产生共鸣，并在一定程度上帮助一线教师提升撰写观察记录和教育笔记的能力。

---

① 观察记录分类参考《北京市学前教育质量督导评估标准（试行）》中对观察记录的撰写要求，分为幼儿生活活动观察记录、户外活动观察记录和游戏活动观察记录，保证科学性的同时为教师观察能力的提升提供更加有针对性的参考。

第一章　看得见的呵护

观察是人们对周围事物有目的、有计划、有准备的知觉活动。教育领域的观察往往指教师从观察对象或教育情境搜集信息的过程。《幼儿园教师专业标准（试行）》视"观察"为客观全面地了解和评价幼儿的手段及开展适宜性教学活动的重要前提，观察能力是幼儿园教师的专业核心素养，是幼儿园教师胜任教育教学工作应当具备的专业能力，但是目前教师撰写的观察记录存在"空有形式、观察记录缺乏客观性、事件分析不对应、教育措施不到位"等问题，针对上述问题，本章采用理论与案例相结合的形式为读者展现撰写观察记录的要点。

1.结构要点

从广泛的观察记录分类来看，幼儿园教师普遍采用逸事记录法进行观察记录，结合逸事记录法的记录要求和幼儿园教师工作实际要求，首先要保证观察记录结构的完整性。因此，从较为全面的角度出发，观察记录应包含以下九项内容：观察时间、观察地点、观察对象姓名及年龄、观察者、班级、观察目的、观察内容、观察分析与后续教育策略。①

---

① 为保护幼儿隐私，本书在呈现观察记录案例时，幼儿名字均采用小名，名字后括号内是幼儿年龄。

2.内容要点

（1）观察目的：通过此次观察想要达到的目的，尽量避免出现"培养幼儿……习惯"等不能够通过观察而实现的目的；一般要包含观察的核心要点，例如"了解×××在科学区游戏时的专注情况"。

（2）观察内容：首先做到仔细观察，其次尽量细致描述、客观记录，不出现教师的主观臆断，做到"观察者就是摄影机"。例如，"小美打碎吃点心的瓷碗，她很不高兴地哭起来……因为她怕被老师骂……"这一描述存在比较明显的主观臆断，而"小美和小英边吃点心边玩，小美的瓷碗放在桌沿，小英一挥手，瓷碗掉在地上摔碎了，小美哭了，小英毫无表情地看着小美"这一描述就比较客观。此外，观察内容的记录可以是一次较为全面的观察也可以是连续多次的持续性观察。

（3）观察分析：观察分析应是观察记录中最为专业的部分，教师要以发展的眼光看待幼儿，切忌对幼儿进行极端的结论性评价。可结合观察目的、立足观察内容，参照相关领域该年龄段幼儿的发展特点进行现状分析，分析幼儿哪些方面发展水平较高，哪些方面发展还需要教师给予更多的支持；从内部因素①和外部因素②两方面对幼儿的发展现状进行原因分析，为后续教育措施提供参考依据；教师还可结合具体实际进行其他方面的分析。

（4）教育策略：结合幼儿发展水平，针对问题提出切实可行的具体策略，可从"环境创设、材料投放、活动组织、师幼互动、家园共育"等方面进行措施制定；此外，最重要的是，措施要具有针对性和可操作性，并且教师能够采取切实可行的措施进行跟踪分析和反馈，确保教育措施行之有效。

---

① 内部因素：具体包括幼儿身心发展水平、心理特征（如认知风格、气质类型）、性别等。
② 外部因素：具体包括幼儿的健康状况、家庭情况（家庭状况、父母状况、教养方式、亲子关系、父母之间的关系）、幼儿园情况（教师、同伴、物理环境）、大众媒体等。

总之，观察记录作为呈现幼儿成长、教师支持的重要形式，其内在蕴含的教育观、儿童观和发展观是连续的、整体的、系统的。

第一节 生活活动

我国教育家陶行知先生曾说过"生活即教育"，可见，生活与教育是不可分割的。幼儿园作为幼儿最早接触的正式教育机构之一，其主要任务也与学制内的其他学段有很大不同，最明显的特点就是幼儿园内保育与教育并存，寓教育于幼儿园一日活动之中。幼儿园一日生活中，幼儿的生活活动占据了大部分时间，有琐碎性、基础性、重复性、情感性等特点。《3~6岁儿童学习与发展指南》（以下简称《指南》）中认为，幼儿生活活动的教育内容是最自然、最本真、最真实，也最贴近幼儿成长需要的教育活动。具体包括入园、进餐、盥洗、饮水、如厕、午睡、散步、离园以及参与日常劳动等生活环节。

同时，教育部颁发的《幼儿园教育指导纲要（试行）》（以下简称《纲要》）中明确指出，要"培养幼儿良好的生活、卫生习惯，逐步掌握基本的生活自理能力"，"既要高度重视和满足幼儿受保护、受照顾的需要，又要尊重和满足他们不断增长的独立要求，避免过度保护和包办代替，鼓励并指导幼儿自理、自立地尝试"，对幼儿园实施幼儿的生活活动提出了指导性意见。幼儿园生活活动是幼儿园保育教育不可忽视的重要环节，对幼儿而言，幼儿园生活活动的质量决定了其人生的基点，科学合理的生活活动，对培养幼儿养成良好的生活常规、促进其身心发展起着十分重要的奠基作用。

美的种子在发芽

北京明天幼稚集团注重引导幼儿开展自主性生活活动，进行分阶段、有层次的自主生活服务教育，引导幼儿在服务自我和服务他人的过程中获得全面发展。

观察对象：八月（4岁8个月）
观察教师：一幼塔院园 刘岩
观察地点：盥洗室
观察时间：2020.10.19
观察目的：了解幼儿的规则意识

我所见：

【片段1】

今天教育活动结束后，我让男孩们先去小便、洗手。不一会儿，步步跑来跟我说："岩岩老师，八月把厕所门堵住了。"于是，我走向盥洗室，看到八月两臂张开，摆成了一个"大"字挡在厕所门口，我刚想进去问他原因，就听见他不停喊着："刷卡！"只见有的小朋友很配合地"叮咚"一声假装刷卡，他便立刻放行；而有的不理睬他，他就把这些小朋友挡在了厕所门口。我笑着说："你们在玩进门刷卡的游戏吗？速度可要快些哟，要

不然就憋不住了。"

男孩们听了我的话都说:"是呀,得快点。"八月说:"你们快点刷卡,我就快点开门了。"男孩们纷纷快速"刷卡",而八月则一遍一遍挪动身体给他们开门。等小朋友们都如厕完毕之后,我和他们一起进行了讨论:八月这样做到底对不对?有的说很有趣,有的说太慢了。我问:"那有什么好办法能让小朋友有秩序地进盥洗室,又不用在门口刷卡呢?"有的小朋友说:"安一个刷卡机。"

【片段2】

排队的时候,八月总是抢着站在第一个的位置,今天小豆先收好玩具,站在了第一个的位置,八月马上跑过来推开小豆,自己站到第一个的位置。我看到后,拉着八月说:"这次是小豆先来的,我们之前说好了规则,后来的小朋友应该站在哪儿?"八月说:"站在前一个小朋友的后面。"然后他站在了第二个的位置。

【片段3】

从户外回来,大家都在衣帽间认真叠衣服,只有八月把衣服丢在地上,跑到建筑区搭积木去了。我问他:"你为什么要到建筑区去?"他说:"今天我没搭完马路,我想接着搭好。"我问:"那什么时候可以做这个呢?"他说:"活动区游戏时间。"我说:"对呀,我们现在先去叠衣服,等下午活动区游戏时间再来吧。"八月说:"好。"之后,他捡起衣服去衣帽间叠衣服了。

🌱 我所思：

从八月的行为中我能感受到他渴望与同伴交往，并能调动生活经验自然生成游戏来引发互动，同时有一定的任务意识（建筑区），但欠缺规则意识，经常会游离于活动之外，这或多或少地牵扯了老师的精力，影响了活动效果。

通过八月的行为，我们发现八月的规则意识还比较淡薄。这个年龄段的幼儿正处于规则意识的"萌芽期"，自控力不强，特别是八月不能遵守排队规则，有争抢行为。

通过分析我们应进一步思考：建立规则意识对幼儿发展的意义是什么？如何帮助幼儿建立规则意识？要经历哪些阶段？规则是不是要"一刀切"？

1.在这一时期进行规则意识的培养尤为重要。中班幼儿正处于以自我为中心的发展阶段，八月知道生活常规，但不能很好地遵守规则，说明他的规则意识还有提升的空间。我在与八月的家长沟通后更加确定，八月的规则意识比较弱，所以我会将重点放在如何能让他遵守规则上。

2.规则教育的目标不仅是让幼儿单纯地遵守规则，更是要让幼儿认同规则。幼儿对规则的认识、遵守到内化为自身行为准则的过程也是对规则认同的过程。

3.常规教育的执行方式，除了有口头提醒外，还有用积极正向的肢体动作引导。通过这件事，我看到了八月聪明可爱的一面，应对他的这些好的想法给予鼓励，从而引导他逐渐树立规则意识。

🌱 我所行：

1.明确要制定规则的意识。开展讨论活动，和幼儿一起讨论"我们为什么要遵守规则"，从而一起认识规则，知道规则可以保护我们的安全，维护我们的纪律，促进我们与同伴友好交往，在轻松愉悦的环境下学习，让我们能更好更快地做事。

2.树立规则意识。师幼共同讨论有助于幼儿对规则的理解和认同。讨论的过程，也是师幼共同解决冲突、各自分享、提高班级凝聚力的过程。幼儿在这个过程中也更能理解规则。

3.不同的幼儿，对规则的适用性也是不同的。对于规则意识较强的幼儿，可以积极鼓励其用更高的规则要求约束自己；对于规则意识较弱的幼儿，可以降低规则要求，循序渐进地培养规则意识。

4.增进幼儿对规则的自知与自觉，给予幼儿亲情与关爱，拉近师幼距离，让他愿意听老师的话，自觉做遵守规则的好孩子。在日常工作中，我经常和八月自然地聊聊天，让他感受到老师给予他的特别关爱与期望。

5.开展体验活动，通过情景表演、故事表演等，让幼儿身临其境地感受到制定规则和遵守规则的重要性。帮助幼儿发现自身的闪光点，引导其他幼儿都认识到这些闪光点，通过展示自己优秀的一面，让其他幼儿逐渐喜欢与接受他，并主动地关心帮助他，使其在集体中获得尊重，逐步自信，从而自觉向好的方向发展。

6.善用鼓励，及时强化。培养八月执行规则、遵守规则的行为习惯，和八月共同讨论规则，一起遵守规则。八月的内心深处是非常渴望别人对他的关注与认可的，他很珍视老师对他的鼓励与表扬，因此我便有意给予他更多的鼓励，及时强化他的良好行为。

美的种子在发芽

> 观察对象：航航（4岁7个月）
> 观察教师：三幼志强园　田梦培
> 观察地点：活动室
> 观察时间：2020.12.16
> 观察目的：了解幼儿的进餐习惯

🍃 我所见：

中午进餐时间到了，航航坐到桌子前，一手拿着一支筷子，不停地左右晃动。过了一会儿，他将盘子里有菜的一边转向自己，用筷子夹起一点菜，再用另一只手捏起来把菜放到嘴里，就这样吃了一会儿后，他开始用筷子拨弄米饭，把米饭攥成一个小饭团拿在手里吃。喝汤的时候他用手把汤里的虾皮捞出来，
然后用筷子费劲地挑起一小段粉丝，仰起头放入嘴里。最后他把挑出来的虾皮放到了残羹盘里，跟他同桌的宁宁吃完饭正要送碗时看到了这一幕，便告诉了老师。还有几个小朋友看到他这样吃饭便说："你吃得可太脏了。"航航只是看了看自己的衣服，用手掸了掸，用袖子抹了下嘴，笑了笑，继续吃着。

🍃 我所思：

幼儿进入中班后，自理能力逐渐增强，也学会了用筷子吃饭，但是航航在用筷子的技能上和进餐的良好习惯上还是有一些问题的。对于他的情况，我与他的父母进行过沟通，了解到航航平时基本由姥姥照顾，吃饭的时候因为动作不那么协调，餐具用得也不那么熟练，总是弄得汤汁、饭粒到处都是，因此姥姥经常因为他自己吃饭慢、不利落而急躁，还总是怕他吃不饱，所以就总是喂他吃饭，甚至经常追着他喂，边玩边吃，渐渐地，航航就养成了不良的进餐习惯。

🍃 我所行：

　　1.家园协作共同帮助幼儿养成良好的进餐习惯。

　　（1）家园配合，制定规则，让幼儿知道吃饭应定时定量，进餐时间到了就要吃饭，不给幼儿开绿灯，更不能边玩边吃。

　　（2）家长不要回家后立即给幼儿加餐，也不要用零食代替正餐。

　　（3）在班中投放筷子，让幼儿夹取自制玩具材料，使幼儿在游戏情景中锻炼小肌肉的动作，帮助幼儿逐渐熟悉筷子的用法。

　　（4）推送一些关于培养幼儿良好进餐习惯方面的文章，加强家长的重视程度。

　　2.营造舒适、轻松的进餐环境，以鼓励及肯定幼儿为主。

　　（1）进餐前夸一夸。在餐前对进餐表现较好的幼儿进行表扬，如"小朋友吃饭真是香""小朋友坐得真端正，这样吃饭的时候，营养很快就进入胃里，被身体吸收，长得又帅又壮"。

　　（2）进餐时夸一夸。进餐前进行美食播报的环节，让幼儿知道我们吃的菜叫什么名字，并且简单地了解它的营养价值。"我是大海里的鲸鱼壮壮，你们瞧，我的身材多么高大，皮肤还滑滑的，小朋友们都喜欢我。告诉你们一个小秘密，这是因为我很喜欢吃海带。海带就是生长在大海里的一种水草，它营养丰富，而且含有人体所需的碘，碘是我们身体里不可缺少的一种东西，多吃海带，能让我们变得很强壮。"运用情景游戏的方式来鼓励幼儿尝试一下："一口饭一口菜，放在嘴里嚼一嚼，真好吃。小朋友们真棒！"

（3）进餐后夸一夸。在进餐后，我们会对进餐有进步的幼儿给予"小笑脸"贴画奖励和口头鼓励："小朋友，小桌子真高兴有你这样的朋友，你是个爱干净的乖宝宝！"我们在班中开展"光盘行动"，诸如这样的夸奖和活动能够较为有效地纠正幼儿偏食、挑食及剩饭等不良进餐习惯。

> 观察对象：小语（3岁5个月）
>
> 观察教师：三幼学院路园　丁慧
>
> 观察地点：活动室
>
> 观察时间：2020.10.15
>
> 观察目的：了解幼儿午睡前脱衣情况

我所见：

现在，我们对幼儿的午睡习惯的培养已将近两周时间了，幼儿已经对午睡前的程序有了一定了解。前一段时间，由于不太会穿脱衣服，有不少幼儿都需要老师来帮助，所以，为了锻炼幼儿的自理能力，我就教他们如何穿脱衣服。另外，叠衣服对新入园的幼儿来说也是比较困难的，我先用游戏儿歌的方式教他们怎么叠，然后，又在屋里贴了如何叠衣服的图示。在小朋友叠衣服时，我就提醒小朋友："老师在这里贴了叠衣服的方法，小朋友可以照着叠。"说完以后,我发现好多小朋友都很感兴趣,叠衣服的时候都会认真地看着图叠。特别是小语,每次脱衣服和叠衣服她都走到图示前认真地照着去做,我马上在班里表扬她:"小语叠衣服非常认真啊!"她叠完衣服特别

自豪地给我看:"丁老师,是这样叠的吗?"我大声地对她说:"对,你叠得真棒!"

🍃 我所思:

1.现状分析

小班幼儿正处在自我意识建立的关键期,让他们自己穿脱衣服,不仅可以培养他们的生活自理能力,发展他们的身体协调能力,帮助他们了解身体结构,还能培养他们的责任感,以及建立物品对称和逻辑顺序的概念。我们应给幼儿提供自我服务的机会,培养他们的生活自理能力和自我服务的意识。老师在教幼儿认识衣服的里外、上下结构的同时,在教室环境中加入穿脱衣服、叠衣服的图示,方便幼儿记忆和学习掌握,激发了幼儿学习的积极性、主动性。

2.原因分析

内部因素:

小语在叠衣服时非常认真地边看老师贴的叠衣服的图示边尝试自己去做,看得出小语是个非常认真的且敢于自己动手尝试的孩子。幼儿在养成了自主穿脱衣服的习惯后,会开始建立自我服务的意识,通过自主穿脱衣

服的过程，他们会感觉到自己在长大，可以做很多事情了，从中体验自我价值感。还能感受到独立做事的快乐和满足，构建对自我的认知。在练习过程中所遇到的挫折和困难，也是幼儿学习解决问题的过程。

外部因素：

现在，许多家长由于各种原因无法自己照顾孩子，一般都由家中老人来照顾，老人事事的包办代替导致了这些孩子独立的意愿逐渐消失，他们容易产生依赖的心理，在幼儿园小班常常会看见一些幼儿拿着衣服和裤子对着老师说："我不会，你帮我……"这些幼儿什么事情都不想自己动手，都需要老师的帮助，对什么事情都不感兴趣。著名教育家陈鹤琴先生提出："凡是儿童自己能做的，应当让他自己做。"《纲要》中也明确指出："要培养幼儿具有基本的生活自理能力。"所以，老师结合小班幼儿喜欢学儿歌、喜欢做游戏的特点，教幼儿如何穿脱衣服、叠衣服，老师会及时表扬鼓励做得好的幼儿，他们都愿意得到老师的表扬，所以学习的主动性就大大增强了。

我所行：

1. 根据幼儿的年龄特点，我们将一些生活自理技巧编成儿歌、歌曲以及设计成有趣味的游戏情节等，让幼儿在游戏中提升自理能力。

2. 在教室的娃娃家结合游戏场景，添加带有扣子、拉链的服装，学习扣扣子、拉拉链的方法。

3. 向家长宣传培养幼儿自理能力的重要性及需要家长配合的事项，希望家长在家中为幼儿创设自己动手的条件，让幼儿来做一些力所能及的事，并传授给家长一些教学技巧。

第一章 看得见的呵护

观察对象：堃堃（5岁）
观察教师：五幼万泉河园　唐思宇
观察地点：活动室
观察时间：2020.9.16
观察目的：了解幼儿洗手和进餐的情况

🍃 我所见：

【片段1】

　　进餐时间到了，堃堃走到盥洗室，打开水龙头，双手冲着水搓了一下，然后关上水龙头，摘下毛巾擦手。在老师提醒要用七步洗手法洗手后，堃堃再次打开水龙头冲了一下，往掌心挤了点洗手液，先将双手掌心相对，手指并拢，搓了一下，然后把手背搓了一下，再掌心相对，双手交叉搓了几下，之后握住两个手腕搓擦，接着把右手五个手指尖并拢，在左手的掌心旋转着搓擦，再换手，随后一只手握住另一只手的大拇指旋转着搓擦，最后打开水龙头，把手上的泡沫冲干净，关上水龙头，把两只小手抱在一起，边把水甩在水池里边说："谢谢水龙头，小手甩三下。"然后打开毛巾把手擦干。

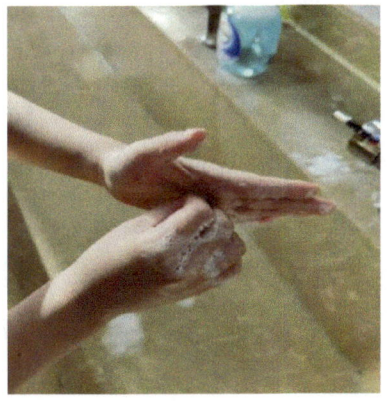

美的种子在发芽

【片段2】

开始进餐了，堃堃拿起发糕咬了一小口，先慢慢地嚼了十几下后咽下去，又拿起发糕咬了两大口，边嚼边用两只手分别拿起了一支筷子夹菜，在老师提醒"筷子不分家"后，堃堃用右手拿起筷子，夹了两次菜，没有夹上来，他转了一下盘子，又夹了一次，夹上来放进了嘴里，再次夹起菜后，用手把菜从筷子上拿下来，然后才放进嘴里，接着又拿起发糕咬了一口，然后左手用筷子夹住菜，又换到右手把菜夹起来放进嘴里，嚼了几口后，他皱起眉头，把手伸进嘴里，从嘴里拿出一个菜渣放到残渣盘里。

我所思：

洗手

1.幼儿在饭前能够主动洗手，可以看出幼儿有饭前洗手的意识，但是在老师没有提醒的情况下，幼儿洗手只是将手冲着水搓一下，经提醒后能基本按照七步洗手法洗手，可以看出幼儿只是没有养成用七步洗手法洗手的好习惯，并且没有完全掌握七步洗手法，还需要老师帮助幼儿掌握七步洗手法，并帮助幼儿养成用七步洗手法洗手的好习惯。

2.幼儿出现不主动用七步洗手法洗手的情况，可能是因为幼儿并没有真正了解要用七步洗手法洗手的原因，幼儿在家也不使用七步洗手法洗手，所以没有养成习惯。

进餐

1.幼儿在进餐时的情绪状态比较好，并且能够做到细嚼慢咽。但是幼儿会挑出自己不喜欢吃的食物，并且由于幼儿使用筷子不熟练，所以吃饭比较慢，在吃的过程中也会掉很多饭菜在桌子上，还需要老师帮助幼儿掌握使用筷子的方法，并且帮助幼儿养成不挑食的好习惯。

2.在进餐时，幼儿出现挑食的情况，是因为家长知道幼儿不喜欢吃什么后，就会选择不做或者不让幼儿吃，时间一长，幼儿从心理上就会很抗拒吃某些食物，甚至对它们产生厌恶的情绪。幼儿使用筷子时出现不熟练、夹不上菜的情况，是因为该年龄段幼儿的小肌肉发育不完全，并且幼儿刚从小班升入中班，从使用勺子吃饭变成使用筷子吃饭，还不能完全适应和掌握使用筷子的方法，并且幼儿在家还在使用勺子吃饭，只有在幼儿园时才能得到练习。

我所行：

洗手

1.围绕七步洗手法组织开展健康课，让幼儿明白手的各个部位都有细菌，而七步洗手法能够洗到手的每个部位，所以只有用七步洗手法洗手，才能洗掉手上的细菌。帮助幼儿建立主动用七步洗手法洗手的意识，让幼儿在游戏中认识到用七步洗手法洗手的重要性，并再次学习七步洗手法。

2.将七步洗手法的步骤图贴在盥洗室墙上，在幼儿洗手时能够给予幼儿一定的支持。

3.及时与家长沟通交流，请家长在家也让幼儿用七步洗手法洗手，共同帮助幼儿养成用七步洗手法洗手的好习惯。

进餐

1.教幼儿一首使用筷子的儿歌,让幼儿通过唱儿歌的方式记住筷子的使用方法。

2.在区域中投放用筷子给小动物喂饭的玩具,让幼儿能够在玩的过程中练习使用筷子。

3.利用进餐前的过渡环节,给幼儿讲一讲今天吃的菜有什么营养,对身体有哪些好处,从而激发幼儿食欲。鼓励挑食的幼儿先少吃一点,然后逐渐增多,循序渐进地帮助幼儿养成不挑食的好习惯。

4.与幼儿家长沟通,在家时鼓励幼儿尝试吃一点不喜欢吃的菜,并且让幼儿使用筷子独立进餐,及时对幼儿的进步给予表扬,家园合作共同帮助幼儿学习使用筷子,克服挑食的不良习惯。

观察对象:彤彤(5岁11个月)

观察教师:五幼东升园　何雨薇

观察地点:楼道

观察时间:2020.12.23

观察目的:了解幼儿进餐后散步的方式

🍃 我所见:

今天午餐后,彤彤刷完牙就到阳台去散步。在散步的时候,她先走到班级自然角的拐角处,从这里出发,沿着楼道快速地大步走到楼道的尽头。在返回时依然迈着大步,快速走到楼道另一头的拐角处,一边走一边

说"第一圈,第一圈"。第二圈的时候,她快速走到了大一班睡眠室的位置就开始返回。依次走完了五圈后就小跑着来到自然角看小乌龟了。

🌿 我所思:

1.首先,从幼儿的散步方式来看,幼儿一直在用快速的大步走的方式进行,表示幼儿知道散步时不能用跑的方式进行,但是由于着急散完步去自然角看小乌龟,所以,她要快速走完老师所说的散步圈数。因此,彤彤一边散步一边默念自己走了几圈。

其次,我们能够从实录中了解到彤彤是能够进行自主散步的。在午餐后,她能够在没有老师提醒的情况下,进行自主散步,并记住老师在散步时所提的一些要求,但是完成度却大打折扣,比如走的距离不够,走的方式也从慢走变成了快走,说明幼儿虽然知道要散步,但没有真的了解散步的意义和对身体有什么样的影响。

2.在《指南》的健康领域中也明确指出幼儿应"具有良好的生活与卫生习惯"。因此,养成餐后散步的习惯也是遵循幼儿的身心发展规律的。虽然每次餐后教师都会组织幼儿进行散步,且大班幼儿也已经具有一定的自律性,但是自律性还是需要不断提高的,有时候需要老师的提醒,但老

师每次所能观察到的幼儿有限,未能及时关注到每一名幼儿。

3.我们在与家长的沟通中了解到,幼儿在家里并没有进餐后散步的习惯。

🍃 我所行：

1.引导幼儿了解散步的意义

我们可利用过渡环节,以看图片或者读绘本的形式为幼儿讲解人的消化系统是如何运作的;当我们吃完食物后,食物是如何通过食道、胃、肠道进行消化的。引导幼儿重点观察食物在胃里是如何进行消化的,引发幼儿思考：用餐后我们为什么要进行散步？用什么方式散步比较适宜？

2.引导幼儿掌握正确的散步方式

当幼儿了解了散步的意义后,我们就可以指导幼儿掌握正确的散步方式。比如,一边慢速走,一边从上到下轻轻按摩自己的胃部,帮助消化；在散步的时候,可以看看楼道墙壁上的图片和自然角的景观,这样能够让幼儿散步的速度慢下来。

3.引导值日生来提醒班中幼儿

在散步的时候,可以请值日生帮助老师一起提醒幼儿用正确的散步方式进行散步。

4.与家长沟通,引导家长了解餐后散步的重要性

利用微信或离园时间与家长进行沟通,引导家长了解餐后散步对于幼儿的重要性。请家长在家和幼儿一起进行餐后散步,并告知家长正确的散步方式。同时,引导家长充分利用餐后散步的时间来增进亲子关系。

第一章　看得见的呵护

> 观察对象：霆霆（3岁5个月）
> 观察教师：七幼百合花园　张群力
> 观察地点：教室
> 观察时间：2020.9.26、9.28、9.30
> 观察目的：了解幼儿入园后的情绪变化

🍃 我所见：

【片段1】

早上来园时，霆霆爸爸一直抱着霆霆，霆霆不停地喊叫："我不上幼儿园，我要回家！"他紧搂着爸爸的脖子，就是不肯下来。无奈之下爸爸放下他，飞快地"逃"出了教室。当我接过霆霆时，他不停地打我的肩膀，眼睛里充满了愤怒，嘴里一直说："我要回家。"

【片段2】

霆霆早入园后还是会哭，不肯坐在自己的座位上，在座位旁边来回地走。过一会儿，他不哭了，走到我面前问："老师，爸爸什么时候来接我？"我说："吃完饼干。"一上午，霆霆一会儿就来问我一次，只要我回答了，他就不哭了，能安静几分钟。中午，霆霆不吃饭，频繁地问一个问题："爸爸怎么还不来？给我爸爸打电话。"

【片段3】

霆霆入园后哭的时间明显缩短，午餐后，霆霆第一次在园午睡，其他

美的种子在发芽

小朋友都上床了，只有他来回地走，眼睛发红，并带着哭腔跟我说："我不想在幼儿园睡觉，我想回家睡觉。"我领他来到床边，他继续说："给我爸爸发信息吧，让他来接我可以吗？"他的情绪越来越激动。我说："你不睡，躺在床上休息一下好不好？"他躺了下来，可过了一会儿，又开始哭着说道："老师，爸爸什么时候来啊？给我爸爸打电话，让他来接我。"

我所思：

相关文献资料上是这样定义分离焦虑症的，"和亲密抚养者分离时所表现出来的不安情绪和哭闹行为，叫作分离焦虑症"，它是儿童时期较常见的一种情绪障碍，每个幼儿都可能会有，只是轻重程度不同而已。如果家长对儿童过分呵护、娇惯溺爱，容易使儿童的分离焦虑加重。造成幼儿分离焦虑的因素主要有：

第一，环境的变化。幼儿来到了一个陌生的环境，吃、住、行与家里都不一样，例如：饮食不合口味，大小便的便器与家里的不一样，睡觉的小床发生了变化，活动的自由度受到了限制等，所有这些物理环境的变化，让幼儿深感离开家庭的迷茫和痛苦，思念家人的情感油然而生，他们就会出现哭闹、厌食、悲伤等情况。

第二，幼儿自身因素造成。幼儿自理能力欠缺，例如：午睡时，不能自己脱衣服；盥洗时，不能自己整理衣裤。这时的幼儿常常会表现出无奈和焦虑，特别是性格内向的幼儿，更是不喜欢接近教师和其他幼儿，由此就会沉默寡言，社会性焦虑比较强烈。

第三，家长的因素。在入园前，大多数幼儿在家吃饭、整理衣服，都是由父母、祖辈代办。现在的幼儿在家中备受宠爱，有可能导致其自理能力欠佳，事事依赖家人，情绪发展迟缓，独立性差，难以忍受集体生活；

家长干涉过多，不引导幼儿和其他幼儿交流，导致幼儿社会性发展缓慢；把幼儿送到幼儿园后放心不下，迟迟不愿离去，亲亲、抱抱，依依不舍，导致幼儿分离焦虑期较长。

🍃 我所行：

首先做好家长的工作。帮助家长调整心态，不要把幼儿的哭闹看得太严重，要把幼儿刚进入幼儿园的表现看成他成长过程中平凡的一步，平静而理性地对待这个问题。幼儿入园时，有些哭闹是正常的，家长适当地安慰一下即可离开，要相信老师有能力把幼儿哄好，老师和家长一样渴望幼儿更好地成长。只有家长先做好了心理准备，恰当对待幼儿入园后的不适应，信任老师能照顾好幼儿，不盲目焦虑也不过分担心和不舍，才能尽快解决分离焦虑的问题。

有多种方法帮助幼儿逐步适应幼儿园生活。第一，要建立新的依恋关系。分离焦虑主要是幼儿失去了所依恋的人，丧失安全感。要让幼儿不产生焦虑，就要让幼儿与老师建立新的依恋关系。经常在幼儿面前夸奖老师，告诉幼儿老师会讲很多故事，会唱歌，会做很多游戏，切不可用老师来吓唬幼儿。第二，要关心、尊重幼儿。幼儿和成人一样有自己的人格和自尊，需要得到成人的关心和尊重，这也是提高幼儿自信心的基础。第三，家长应尽早做好入园准备，可以让幼儿尽快适应幼儿园生活。

通过一段时间的接触，霆霆与我之间已建立信任，开始适应幼儿园生活，愿意坐在自己的座位上，能自己吃饭。虽然入园时还是哭，但家长离开后，他很快就好了，分离焦虑有了很大改善。

美的种子在发芽

> 观察对象：然然（5岁7个月）、思予（5岁7个月）、
> 　　　　　瑶瑶（5岁5个月）、雨泽（5岁8个月）
> 观察教师：七幼沙沟园　张建红
> 观察地点：睡眠室
> 观察时间：2020.12.16
> 观察目的：了解幼儿叠被子情况

🌿 我所见：

【片段1】

　　中午起床，然然穿好衣服就开始叠被子。她先把被子铺平，小手不停地在被子上滑动压平，然后把一边折上去，再对折，她见被子里侧不平整，就趴在床上用手使劲抻，但还是有一点点不平，她把被子打开铺平，开始重新叠。这一次，被子叠得非常整齐，她双手抱着被子放到了床头，放歪了，她用手一拽，被子上下边对不齐了，于是，她又把被子打开，重新铺在床上叠了起来。反复几次后，其他幼儿都陆续离开了寝室，最后就剩她一个人了，她仍旧一次又一次地反复叠着自己的小被子，直到叠放得非常整齐了才搬椅子出去。

【片段2】

　　起床了，小朋友们都在很认真地叠着被子，思予也是，可是叠了很久也没有叠好，但她没有放弃，而是努力地把被子整理平整，把长边往中间折了起来，但被子在她手里不听话，折了好几次才把两边对折好。之后又

把短边折了两下,终于有了模样。思予很兴奋,她一个劲儿地跟边上的小朋友说:"我会叠被子啊!瞧我叠的!"言语中透着无比的自豪。

【片段3】

瑶瑶起床后穿完衣服就出去吃水果了,筱筱看她没叠被子就把她叫了回来,瑶瑶极不情愿地回来了,趴在她的床上,一会儿看看这,一会儿看看那,小嘴噘着,很不开心。在她旁边的雨泽问她:"你怎么了?"瑶瑶说:"我叠不好。"雨泽走过去说:"一点都不难,我教你。你先把被子铺平了,手就像压路机一样把被子压平……"瑶瑶在雨泽的帮助下,一步一步地把被子叠好了。

🌱 我所思:

《纲要》指出:幼儿要学习自我服务技能,培养基本的生活自理能力。幼儿生活自理能力的形成,有助于培养幼儿的责任感和自信心,以及自己处理问题的能力,对幼儿今后的生活也会产生深远的影响。然然和思予做事认真,敢于尝试。瑶瑶的生活自理能力与班里其他幼儿相比较弱,这主要是由于瑶瑶平时是奶奶带的,奶奶包办代替的时候较多,导致她的生活自理能力

在家中没有得到很好的锻炼，于是对叠被子产生了逃避、拖延的心理。雨泽看到别人有困难能主动关心并给予一定的帮助，并且生活自理能力较强。

🍃 我所行：

1.做好家园沟通工作，让家长了解幼儿进入大班后，在自理能力方面应有哪些提高，同时也向家长反馈幼儿在幼儿园的情况，建议家长能与幼儿园密切配合。家庭成员间教育观念要一致，家园合力，让幼儿在家中锻炼生活自理能力，自己的事自己做，减少包办代替。

2.和幼儿商量好，在幼儿园自己的事自己做，并对幼儿的进步给予鼓励和肯定。采用榜样示范的方式，为幼儿树立榜样，并鼓励其他幼儿向榜样学习。

3.鼓励家长对幼儿进行正面引导，并提供机会让幼儿进行尝试。

观察对象：潘潘（5岁8个月）、又又（5岁6个月）

观察教师：八幼佳园园　张丹

观察地点：活动教室

观察时间：2020.11.18

观察目的：了解幼儿清扫地面的情况

🍃 我所见：

今天轮到潘潘、又又两位值日生来扫地了。他们在活动室看了看，潘潘说:"丹丹老师,我觉得地面上挺干净的。"又又说:"我觉得也是。"我说:"你们可以去桌子旁边、活动区周围再仔细地看看。"他们过去一看,的确在桌子腿旁边发现了一些碎屑。等全体幼儿搬着小椅子离开活动室,两个小值日生开始扫地了。潘潘拿着扫把认真地扫着,将碎屑扫到小簸箕里。又又说:"丹丹老师,你看我扫到了一些碎纸片。"潘潘说:"丹丹老师,我这里扫完了。"我说:"可是又又还没扫完。"潘潘说:"我和又又一起扫吧!"两位值日生扫得十分认真、仔细,还学着老师的样子蹲下来扫桌子底下的碎屑。过了一会儿,两位值日生将活动室打扫干净了。我看了一圈,称赞道:"地面好干净啊!"两位值日生的脸上露出了甜甜的笑容。潘潘眯着眼睛说:"丹丹老师,下次值日我还想扫地。"之后,他们收拾好清扫工具,离开了活动室。

 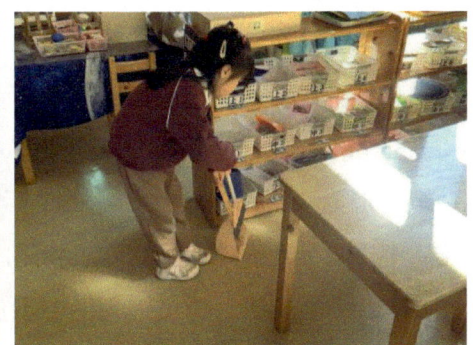

🍃 我所思:

幼儿生活自理能力的培养一直贯穿在幼儿园活动之中,也一直是教师工作的重点。从小培养幼儿的生活自理能力,可以为幼儿良好的个性心理品质和今后的学习生活打下坚实的基础,同时也能激发幼儿的自我服务意

识，懂得自己的事情自己做，更能感受到集体活动带来的快乐。

升入大班后，幼儿的能力和独立性都加强了，他们不仅能熟练地自我服务，还能主动帮助同伴。我很想在大班阶段培养幼儿爱劳动、为集体服务的意识和好的行为习惯，我觉得做值日生是升入大班后培养幼儿劳动的主要任务，扫地是培养幼儿劳动能力的其中一项内容。

我所行：

我观察到，值日生的工作并不包括扫地，扫地是自己报名的。幼儿性格不同，做事情的方式、态度也不一样，大部分幼儿会选择相对简单、轻松的工作去做，也有少数幼儿会选择扫地等相对辛苦的工作去做。

1. 把社会领域中的劳动安排到日常的教学中。

2. 提供有利于幼儿进行劳动活动的条件，并为幼儿提供方便、适用的清扫工具。

3. 让幼儿掌握基本的扫地方法，在最初尝试的时候先清扫比较空旷、平坦的地面，待幼儿掌握扫地方法后再尝试清扫角落等难度较大的区域，并从中体验劳动的乐趣，培养成就感。

4. 引导幼儿懂得珍惜别人的劳动成果，并学会从整理周围环境卫生开始来养成良好个人卫生习惯。

5. 家园共育，爸爸妈妈在家和幼儿一起制订劳动计划，从扫地开始，每周进行一次评比，适当给予幼儿小奖励。

> 观察对象：怡怡（3岁6个月）
>
> 观察教师：八幼上地园　方京夏
>
> 观察地点：活动室
>
> 观察时间：2020.11.10
>
> 观察目的：了解幼儿自主拉拉链的情况

🍃 我所见：

【片段1】

怡怡右手拿着衣服的领子，左臂伸直穿进衣服的一个袖洞，伸进去以后高抬着胳膊，右臂向后伸去，找另一个袖洞，很快就自己穿好了。穿好以后她低下头看了看拉链，又看了看我，停顿了一会儿，双手向下伸去，想去够衣服下面的拉链头，够到了一边，但是另一边没有够到。于是她弯下腰继续够，还是没有够到，她站直身子想了想，然后蹲下去，两手分别够到两边的拉链头。她站直身体，把拉链的两头对齐，将插管插进锁头里，一只手拉住金属锁头向上拉，可拉上了一点就拉不动了，她把捏住最下面的手向上挪了挪，拽紧拉住的地方，并向下把衣服拉直，另一只手继续向上慢慢地拉，最后抬起头，拉链拉好了，她高兴地走过来轻声对我说："方老师，我自己把拉链拉

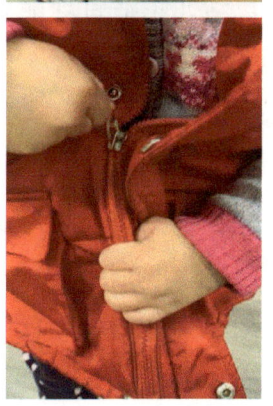

上了!"我摸着她的头说:"你真能干!"

【片段2】

到了晚上准备离园时,幼儿自己穿外套,老师帮助幼儿拉拉链时,忽然听到盈盈说:"怡怡,你怎么哭了?"我抬头看过去,只见怡怡穿好了外套,拉链拉上了一点,低着头在那里轻声哭泣,我走过去问她:"你怎么了?"她小声说道:"我拉不上拉链了!""来,让我看看是怎么回事。"原来拉链被衣服卡住了,所以拉不上去了,我告诉她没关系,老师帮你弄开就可以了。当我帮她把衣服弄出来,想帮她重新拉好拉链时,她说:"我想自己来!"于是我放开手,她自己按照下午练习时的样子,自己把拉链拉上了。

我所思:

《纲要》明确指出,生活教育是幼儿教育的一个组成部分,它主要着眼于增强幼儿的基本生活自理能力、培养良好的生活卫生习惯、促进其身心健康发展。生活能力的培养贯穿在幼儿园的整个阶段,而抓好小班幼儿生活自理能力的培养,能更进一步提高手部小肌肉精细动作的发展。

在活动中能看出,幼儿手部小肌肉比较灵活,手指的屈伸、稳定性及力度的控制都较好。拉拉链需要双手用力抓握、紧密配合才能拉上,幼儿能够比较准确、协调地用双手配合完成拉拉链的动作。

幼儿在活动中表现出了积极、主动、勇于参与的精神状态,她能够主动尝试拉拉链,成功后心情愉悦地告诉老师,自信心较强。

第一章 看得见的呵护

🍃 **我所行：**

1.小班幼儿手指肌肉群还没有发育成熟，动作有些不灵活，可以开展相应游戏活动作为幼儿运动的平台，唤起幼儿动手的兴趣，提高幼儿手部精细动作的发展。

2.针对手指灵活度高、手指协调性好、手部精细动作发展较好的幼儿，可以调整材料层次，增添简单折纸、撕直线、弯线、折线等半成品，运用情景游戏材料作为幼儿操作的平台，唤起幼儿动手操作的兴趣，提高幼儿精细动作的完成度。

观察对象：豆豆（3岁7个月）、泽泽（3岁6个月）
观察教师：九幼永泰园　李畅
观察地点：教室
观察时间：2020.12.8—9
观察目的：了解幼儿进餐时吃青菜的情况

🍃 **我所见：**

【片段1】

又到了午餐时间，刚刚开饭一小会儿，豆豆就叫道："老师，老师……"于是我走过去问他："豆豆怎么了？"豆豆用手指着盘子说："老师，这菜太多了，我吃不了。"我说："油菜特别有营养，有很多的蛋白质和钙，可以让小朋友的身体更强壮，你尝尝好不好？"听我说完，豆豆马上拿起

美的种子在发芽

小勺子盛了一勺菜吃到嘴里,我马上表扬道:"豆豆真棒,像大老虎一样吃菜,再多吃些好不好?"但豆豆却摆着小手说:"不行不行,我只能吃一口,再也吃不下了。"之后,不管我再怎样鼓励他,他都是重复着说:"老师我真的吃不下了,我不想吃了。"还用小手将嘴巴捂住,身子一扭,眼睛东看看西看看的,就是不肯再拿起勺子吃菜。

【片段2】

午餐时间快结束了,我看见泽泽一只小手拿着勺子,将勺子放在嘴里含着,身体扭来扭去不停地晃动,他的米饭早就吃完了,已经盛上了汤,但盘子里的笋片炒肉和芹菜还有许多。我正想走过去提醒他时,已经吃完的大海走到了泽泽身边对他说:"你怎么还没吃完呀?再吃不完一会儿就没时间玩魔尺了。"泽泽把勺子从嘴里拿出来,小声说:"我不想吃这些菜了。"大海一边转着魔尺一边说:"那你跟老师说呀,你快点,我先去玩了。"我假装没有关注到泽泽,想看看他会怎么跟我说,但等了一会儿却看到泽泽先是端起碗来把汤都喝光了,然后抬头看看我,最后快速地将盘子里的菜倒到残渣盘里,笑着插椅子送碗去了。

🍃 我所思:

《指南》健康领域3~4岁幼儿发展目标中指出,幼儿换新环境时情绪能逐渐稳定,睡眠、饮食基本正常;在引导下不偏食、挑食,认识一些瓜果蔬菜,对它们产生喜爱之情。其实班里许多幼儿都有吃饭挑食、不爱吃菜的情况，只是有些幼儿挑食情况好些，有些幼儿挑食比较厉害。幼儿刚来幼儿园，幼儿园饭菜种类比较丰富，口味可能和家里做的也不一样，因此他们需要一段时间来逐步适应幼儿园的饭菜，养成爱吃菜的好习惯。另外，班里还有些幼儿因为不会拿勺或者没有养成自己主动吃饭的习惯，从而在园进餐时不愿意吃饭菜，出现了浪费现象。

我所行：

1.根据小班幼儿年龄特点，利用物质环境创设墙面，让幼儿在游戏"给大嘴巴小宝宝喂菜"中培养出多吃菜的意识，并在游戏中培养幼儿使用勺子的技能，增强幼儿使用勺子的熟练度；创设"光盘行动"的小墙面，每次进餐后光盘的幼儿可以将自己的照片贴到大拇哥圈里，用游戏的形式鼓励和引导幼儿做到光盘。开展光盘行动后幼儿吃菜的积极性高了，浪费现象减少了许多。

2.利用集体教学时间开展多种活动，如健康领域"餐桌上的食物"、社会领域"光盘行动我来了"、语言领域绘本故事《多多什么都爱吃》等，引导幼儿杜绝浪费，珍惜粮食。

3.利用餐前活动让幼儿用多种感官观察和感受要吃的食物。比如中午吃西蓝花，就拿一棵完整的西蓝花请幼儿摸摸、看看、闻闻，让幼儿在直接感知中对食物感兴趣，从而激发中午吃菜的欲望。

4.对待挑食的幼儿，教师一方面用多种方式鼓励幼儿多吃菜，不挑食，另一方面会尊重幼儿的个体差异，给予幼儿时间，对挑食严重的幼儿不强硬要求他们必须吃光菜，允许幼儿少吃一点，让他们慢慢适应幼儿园饭菜的口味和食物的丰富性，不给幼儿造成吃菜的心理负担，逐渐引导幼儿养成爱吃菜的好习惯。

做好家园沟通，引导家长在家多鼓励幼儿吃菜，可以参考幼儿园食谱，丰富幼儿的饮食种类，并多鼓励幼儿自己在家拿勺吃饭，培养幼儿养成自主进餐的好习惯。

观察对象：辰辰（4岁）
观察教师：十幼铁路园　朱庆玫
观察地点：睡眠室
观察时间：2020.9.28
观察目的：了解幼儿在新环境中的睡眠情况

我所见：

【片段1】

新学期开学了，幼儿开始了新的生活。午休时间，辰辰不愿意上床睡觉，从寝室到活动室来来回回地走，边走边说："让我再看看，让我再看看。"就是不回到自己的小床上休息。

【片段2】

第三天了，辰辰午睡时还是嘟囔着："我还想再看看。"边说边看，就是不往寝室里走。"辰辰，你快去看看你的小床上有什么。"他眼里闪着灵动而怀疑的目光，拉着我的手，走到小床边。看到小床的一刻，他笑了，他平时在家里睡觉时抱的小猪猪，躺在了他的小床上，于是他也上床躺下了，拍着、哄着小猪猪，不一会儿就睡着了。

🍃 我所思：

小班幼儿往往对不熟悉的环境感到害怕，熟悉的环境容易使幼儿产生安全感和归属感。正处于分离焦虑期的幼儿对环境的要求很高，在新鲜的环境中又很好奇。老师的温柔可亲、平易近人，甚至像妈妈一样对幼儿无微不至的呵护，在幼儿纯真、稚嫩的眼神中仍然是陌生的，不可接近的。辰辰是奶奶带大的，奶奶的无微不至，以及包办代替，也影响到了幼儿的情绪、情感。

幼儿是在家长的怀抱中长大的，幼儿的生活习惯、兴趣爱好只有家长最清楚。因此，教师应和家长多联系，多沟通，了解幼儿的具体情况，记在心里，针对不同幼儿的个性特点，采取不同的方法去引导。同时，也需要让家长对本班幼儿的近期发展有一定的认识和了解，取得家长的信任和支持，在家长的配合下，老师的工作也就能顺利许多。

🍃 我所行：

1.养成午睡的好习惯。午睡对幼儿而言十分重要，不但能很好地补充上午的体力消耗，而且对身体的生长发育起着十分重要的作用，尤其对刚入园的小班幼儿来说，如果平时没有午睡的习惯，对幼儿园的午睡制度将会很难适应。创设温暖、轻松的心理环境，可让小班幼儿产生安全感，有助于幼儿形成活泼、开朗、自信的性格特征和促进幼儿身心健康发展。

2.在家里，家长应让幼儿养成午睡的良好习惯：一是要坚持午睡；二是要用正确的方法安排幼儿午睡，在家至少提前两个月与幼儿园或学校保持一致的作息，避免幼儿由于睡眠不足造成情绪和学习问题；三是要为幼儿创造良好的睡眠环境；四是要合理安排睡眠时间。家园合作，让幼儿逐渐养成良好的午睡习惯，从而减轻幼儿的分离焦虑。对幼儿来讲，一个相

对稳定的作息制度有利于他的健康成长。

3.与家长取得沟通，了解幼儿在家的睡眠习惯，以及睡眠状况。幼儿有自己的小床，有喜欢的卧具，有定时睡觉和起床的信号，如音乐、闹铃等，这些都能帮助幼儿建立独立入睡和起床的行为习惯。家长是幼儿园工作最有利的支持者，也是幼儿园工作积极的参与者。幼儿是在幼儿园老师和家长的双重呵护和教育下成长的，所以，教师及时与家长沟通非常重要。

4.给幼儿更多时间和空间适应新环境。

5.获得幼儿的信任，让幼儿情绪稳定、精神放松。眼睛是心灵的窗户，眼神的运用可以于无声处达到"心有灵犀一点通"的境界；手势既可以传递思想，又可以辅助表达情感；和蔼可亲的面部表情有助于幼儿形成积极、愉快的心情。给幼儿一些肢体的接触、一个温暖的笑容，和幼儿成为真正的玩伴，让幼儿感受到老师对自己的喜爱。

> 观察对象：皮皮（4岁7个月）
> 观察教师：十幼铁路园 赵妍
> 观察地点：盥洗室
> 观察时间：2020.10.13
> 观察目的：了解幼儿在过渡环节能否遵守规则

🌱 我所见：

【片段1】

十一假期结束后，幼儿陆续来到幼儿园，我们也对一日生活中的过渡环节进行了调整。为了让幼儿能更好地发散思维,探索新玩具,班里增加了游戏时间,将过渡环节最大限度地还给幼儿,让幼儿自主游戏。从户外回来,我们请幼儿按照洗手—小便—洗手—喝水的顺序进行过渡环节,之后再开始游戏。只见皮皮小便后并没有排队,而是挤在其他小朋友身边强行洗手。他旁边的小朋友让他去排队,他就是不去,还振振有词地说:"我就在这洗,我就现在洗。""不行,你没有排队,不能洗。"皮皮不听,边洗边说:"我就洗,洗完我还得玩新玩具呢。"

【片段2】

针对上午的拥挤事件,下午,我们开展了"规则我来定"的活动。请幼儿一起分析"为什么会发生这样的事情""我们应该如何避免""以后我们应该怎么做"……有的幼儿说:"是因为皮皮总是抢先。"有的幼儿说:"抢着去是不对的,我们要按老师提的要求做。"有的幼儿说:"一个一个地就可以了。"通过发现、商讨、解决,幼儿一起制定了户外游戏回来后的过渡环节规则:"我们要一个一个排队洗手。""洗手的时候要用七步洗手法洗手。""我们要听清楚是不是自己组的音乐再去盥洗室。"下午我再次观察了皮皮是否能够遵守规则,还特意请他做"小小规则员",并最后播放他所在的小组的音乐。这时皮皮站在洗手池旁边对正在洗手的小朋友说:"你们要排好队,注意距离,不可以拥挤的。"在大家洗手的时候他还会提醒小朋友:"我们要用七步洗手法洗手,病毒才会离我们远远的!"

美的种子在发芽

🌱 我所思：

　　皮皮是个特别聪明的孩子，他知道班里有很多新玩具，总想要第一时间去玩。但同时他的自控力较薄弱，不太能遵守规则。为了能尽快地玩上新玩具，会做出不遵守秩序的事情。而过渡环节是贯穿两个活动的重要环节，因此要发挥好过渡环节的价值和作用。过渡环节是否有序，处理是否恰当，将直接影响幼儿在园一日活动的有效进行。做事有序也就是要培养幼儿的规则意识，首先要让幼儿认可规则，让幼儿参与规则的制定，熟悉规则内容，规则意识自然也就加强了。制定规则，是为了建立更好的班级常规，因此，班级常规建立的问题，就成为制定规则的关键点。我们抓住班级当前的问题，组织幼儿讨论，共同制定出规则。

🌱 我所行：

　　1.教师要为幼儿营造宽松、自由的氛围，尽量少参与、干涉规划的制定，虽然一开始执行时会有些乱，有些幼儿会无所事事，有些规则还不能形成，但在老师的引导与帮助下，幼儿慢慢地会养成习惯，这是幼儿难得的锻炼自主、自理能力的机会。在不断的反复活动中他们会从无序走向有序，从低效走向高效。同时，教师要尊重幼儿身心发展的规律和学习特点，在引导幼儿提升规则意识和养成规则行为的同时，增强幼儿的自主意识，让他们通过自定规则，自觉地养成良好的规则行为。

　　2.幼儿自己制定规则。4～5岁是幼儿规则意识形成的关键期，教师可以利用过渡环节宽松、自由的氛围，引导幼儿自己制定过渡环节规则，帮助幼儿建立自觉的规则意识和提高自觉能力。在幼儿共同讨论、发现问题、制定规则的过程中，加强对自身的要求。

3.通过榜样示范作用,在潜移默化中提升幼儿的规则意识。榜样示范对幼儿规则意识的形成有潜移默化的促进作用,请皮皮当"小小规则员",为大家重申规则,让他以榜样的标准加强对自身的要求。

4.教师要持之以恒,使规则内化为习惯。规则贯穿于幼儿一日生活的方方面面,并根据具体情况的变化而变化,在效率和效果上远远不如其他领域的教学,但是生活本身又有另外的特点可以弥补它的缺憾,借助日常生活的不断重复性,进行长期的规划,做一贯的坚持。

第二节 游戏活动

游戏是幼儿的基本活动。《纲要》中提出:"游戏是幼儿园教育活动开展的重要形式,在幼儿园教育实践活动中,应充分发挥游戏所具有的教育作用,寓教育于游戏活动之中,保教结合,促进幼儿全面发展。"《指南》中也强调:"游戏活动具有重要的教育意义和价值,在幼儿园教育教学活动中,应重视游戏的作用;教师应根据幼儿的年龄特点和兴趣需要,为幼儿创设适宜的游戏条件,提供丰富的游戏材料,满足幼儿游戏活动的时间,引导幼儿在直接感知、实际操作和亲身体验的过程中习得一系列的学习经验。"除此之外,《标准》和《规程》中也明确强调:"游戏是幼儿获取学习经验的主要方式,也是幼儿园教育活动的组织形式。教师应根据幼儿的年龄特点、身心发展水平和能力需要,为幼儿创设适宜的游戏条件,并根据幼儿的年龄特点进行有针对性的介入与指导。"

游戏是幼儿的天性,是幼儿的基本活动。在幼儿的一日生活中,除幼儿基本生活活动和户外活动外,区域游戏活动也占有较大的比重。区域游

美的种子在发芽

戏活动是指教师根据幼儿的年龄特点、身心发展水平、游戏兴趣和能力，为其创设的"有准备的环境"，引导幼儿在环境中通过与材料、同伴的互动，获得一系列学习与发展的经验。

观察对象：阳阳（6岁1个月）

观察教师：一幼塔院园　邓新颖

观察地点：表演区

观察时间：2020.10.12

观察目的：了解幼儿在区域活动中解决问题的能力

🍃 我所见：

随着进区音乐的响起，小朋友们纷纷开始了自己的游戏。阳阳搬着椅子来到了表演区，和小朋友们进行角色分工。

"你们别光顾着装扮自己呀！应该先商量谁扮演什么角色。"阳阳拍了拍身边小朋友的肩膀提示说。

其他小朋友听到后，全都放下自己的服饰，和阳阳一起来到角色分工表前讨论着自己想扮演的角色。角色分好了，可是还没开始表演，活动又暂停了。

"老师，我们表演区的人数不够，有的角色没有人扮演。"阳阳跑过来找我。

"我们之前一起讨论过呀,如果演员太少的话,可不可以一人扮演两个角色呀?"我给阳阳提了一个建议。

"可是壮壮不熟悉台词和表演的内容,其他小朋友也不好好表演,根本就没办法表演。"阳阳眉头紧皱,向我抱怨。

"你对这个表演内容很熟悉,那你可不可以来当这部剧的导演,教一教小朋友呢?"

听了我的话,阳阳好像找到了办法,面带笑容地跑到表演区说:"你们都过来,我们先把台词熟悉一下吧,不然没办法表演。"

在阳阳的指挥下,小朋友们一个场景一个场景地开始熟悉表演内容和台词,当出现小朋友们记不住台词的情况时,阳阳会一句一句地教给他们,直到他们学会为止。童话剧《胖国王减肥记》终于顺利地表演下来了。

🌿 我所思:

可以看出,阳阳对于童话剧《胖国王减肥记》的剧幕十分熟悉,语言表达能力也很强。能够将童话剧的每一幕都完整地说出来。

阳阳是一位善于思考、思维活跃的小朋友,但是遇到问题时却容易急躁,对教师的依赖性比较强,每次遇到问题时总是想找老师解决,自己解决问题的能力较弱。经过老师引导后,能够找到不同的解决办法,敢于尝试。

其他幼儿对于表演内容需加强学习,对于表演流程以及进入表演区后的步骤仍需要进一步讨论。

当遇到问题时,大部分幼儿都会出现被动、不知所措的情况,自行解决问题的能力较薄弱。

美的种子在发芽

🍃 我所行：

1. 针对幼儿进入表演区出现的不知道做什么、怎么做、记不住台词、游戏进行困难等问题，进行集体讨论，并提出解决办法。

第一，创设表演区规则：进入表演区后先选择节目，再进行分工，最后表演。

第二，自制童话剧的场景图，帮助其他小朋友能够较快地了解表演的内容及流程。

第三，台词录音，将主要角色的重点台词进行录音，当小朋友出现遗忘的情况时能够进行复习。

2. 当幼儿出现问题时，教师可以以提问的方式及时进行引导，启发幼儿思考，帮助幼儿找到解决问题的突破口。

3. 当幼儿出现情绪激动的情况时，引导幼儿遇到问题能够沉着冷静地处理；在与同伴交往的过程中，要学会协商。

4. 利用讲评环节增加幼儿的表演机会，增强幼儿表演的自信心和主动性。

观察对象：天赐（6岁1个月）、小北（5岁11个月）

观察教师：一幼塔院园　李浩然

观察地点：活动室

观察时间：2020.10.11

观察目的：了解表演游戏中幼儿自主性的表现

🍃 我所见：

区域活动时，天赐几个人选了表演区。

我问："今天你们想表演什么呀？"

天赐赶紧说："老师，我们想表演《卖水》。"

我说："好啊，谁来当导演？"别的小朋友都默不作声。

天赐继续说："我想当导演！"

只见天赐问道："谁想唱京剧？"

思佳说："我想唱京剧。"

"我也想唱京剧！"雨熙也大声说，天赐点了点头。

"好，你们两个都可以唱京剧。"

思佳选了件桃红色的花旦服装，雨熙戴了一顶长长的假发。安排好了思佳和雨熙，天赐又问："小北，你想干吗呀？要不你表演打击乐吧，有鼓，还有手铃。"可是小北不说话，天赐说："老师，老师，小北他不听我的！"

我说："你得问问小北想表演什么呀！"

"小北，你想表演什么？"天赐走到小北身边，小北看了看我，又看了看天赐，用极小的声音说："我想给你们配乐。"天赐大声说："好！"然后拿起一顶很时尚的红绿相间的假发给他，小北戴上假发站在镜子面前看了看，没有作声。

我问小北："你是不喜欢这个吗？"他点了点头。"那可以换一个。"小北看了看天赐，拿起了一顶牛仔帽，戴在了头上。这下，可以开始表演了。

美的种子在发芽

　　天赐主动站在舞台中间，说："大家好，我们要表演的节目是京剧《卖水》。"

　　音乐响起，思佳和雨熙从备场区里跳了出来站在了小舞台的中间位置。

　　"哎呀，怎么没有灯官啊？"小观众席里冒出了一个声音。还真是没有灯官，这可怎么办？

　　小北走到小观众席对小雨说："你可以来演灯官吗？"小雨爽快地答应了。好了，这下可以表演了。

　　小主持人天赐说："大家好，我们要表演的节目是京剧《卖水》。"

　　表演结束，音乐停止，几个小演员站好，一起说："谢谢大家！"

我所思：

　　从上述案例中我们可以看出，在游戏中，天赐和小北的发展是各不相同的。

　　1.合作行为。最初，天赐集策划、主持、演员于一身，小北从胆怯到主动参与，以及人手不够时主动去观众席上邀请别人参与表演，同伴间的沟通从被动到主动。

　　2.个性发展。天赐：天赐作为这个表演区的核心人物，思维、判断、解决问题的能力都获得了巩固发展。但是当成为导演之后，行事过于强势，没有在意性格内向的幼儿的真实想法。小北：小北从胆怯、不敢表演到去邀请观众参与表演，能随着自己的意愿选择自己想戴的饰品。

🍃 我所行：

《纲要》中指出，游戏是幼儿的基本活动，幼儿园应该以游戏为基本活动。教师要为幼儿创设愉快、自发的游戏环境，创造机会和条件，支持幼儿自发的艺术表现和创造。

1.教师要适当介入。当幼儿没有遇到问题时，教师的介入是多余的，应给幼儿一个思考的空间，让幼儿学会自己解决问题。

2.通过环境来提示幼儿。幼儿在活动区讲评时一起讨论京剧角色，并请动作标准的幼儿示范动作，进行拍照，照片留在表演区，用作环境提示。

3.鼓励能力强的幼儿与他人进行合作，带动能力弱的幼儿，让能力强的幼儿当导演，但是要提示其多询问性格内向的幼儿的真实想法。导演可以根据游戏情况进行轮换。本次活动中小北能力有待提高，天赐熟悉情节，动作特别到位，就可以带动小北一起游戏，从而避免小北出现不知所措的情况。

4.小北性格比较内向，所以在活动区讲评时应多给予鼓励，以及展示的机会，使其增加自信心。

观察对象：毛豆豆（4岁6个月）、糖糖（4岁11个月）、
　　　　　芊芊（4岁10个月）
观察教师：一幼塔院园　刘羽晗
观察地点：表演区
观察时间：2019.3.13
观察目的：了解表演区活动中幼儿的表现

美的种子在发芽

我所见：

早餐后的活动开始了，有六位小朋友先后进入了表演区。糖糖很快直奔换衣服的地方，她刚要拿起小熊服装，毛豆豆进来了，先她一步把小熊服装拿了起来。糖糖着急地喊道："我要演小熊，衣服是我的！"说着把衣服抢了过来。毛豆豆说："是我先拿到的！"接着两个人拽着服装拉扯起来。

毛豆豆边拉扯边说："上次你演过了，这次该轮到我演了，这次你演医生吧。"糖糖喊道："不行！这个角色我演得比你好，这次就得我演！"说着就把服装拽过来开始装扮自己。毛豆豆看到服装被抢走了，脸上浮现出失落的表情，不情不愿地走到了一边。

我站在旁边，观察着发生的一切。这时芊芊已经换好熊妈妈的服装走了过来，对他俩说："我当熊妈妈，你们都可以当我的熊宝宝呀，我妈妈就生了我和我弟弟，你俩也可以都是我的孩子啊，一个当姐姐，一个当妹妹，你俩牙齿都坏了，要一起看病。"

糖糖说："要不我和毛豆豆一起演吧！我们俩演一对双胞胎，有两个小熊宝宝。"毛豆豆："那好吧。"之后转身去拿了小熊的头饰。

在表演中，毛豆豆站在糖糖的身后，并没有说出几句台词。

🍃 **我所思：**

第一，《指南》中强调：幼儿社会领域的学习与发展过程是其社会性不断完善并奠定健全人格基础的过程。人际交往和社会适应是幼儿社会性学习的主要内容，也是其社会性发展的基本途径。幼儿在与成人和同伴交往的过程中，不仅在学习如何与人友好相处，也在学习如何看待自己、对待他人，不断发展适应社会生活的能力。良好的社会性发展对幼儿身心健康和其他各方面的发展都具有重要影响。

第二，从游戏事件中可以看出，芊芊巧妙地再现生活经历，运用已有的经验，有效地解决了幼儿之间的矛盾，使幼儿共同参与到游戏中。糖糖和毛豆豆的行为表现出中班幼儿的年龄特点，开始关注他人的感受。幼儿的社会性主要是在日常生活中和游戏中通过观察和模仿潜移默化地发展起来的。

第三，和毛豆豆相比，糖糖在平时生活和游戏中属于能力较强的幼儿，在同伴中是个比较有主见、处处都要拔尖、表现欲极强的幼儿。毛豆豆年龄较小，在班里属于性格内向的幼儿，不太会解决问题。一旦出现矛盾，基本采取"退让"方式，即使心情不快也忍受。对于这样的幼儿来讲，他们同样需要得到呵护，一味地退让会使他们难以独立和自信，会影响他们将来的发展。为此，作为教师要更多地思考如何保护每一个幼儿，让他们得到平等的对待和相互的尊重。

🍃 **我所行：**

1.制定表演区的游戏规则，引导幼儿学会相互协商，轮流扮演角色，合作做游戏。

2.鼓励性格内向的幼儿尝试有一定难度的任务，多给他机会，并注意调整难度大小，从易到难。例如报菜名、在活动区讲评时发言、合唱时担任小领唱、当主持人等，慢慢提高他的自信心，提升他的集体融入感。

3.教师要以平等的心态对待幼儿，使幼儿感到自己被尊重，对他的好的行为表现要多给予具体、有针对性的表扬，让他对自己的优点有认同感。

4.与集体有关的事情可以征求他的意见，即使意见不同，也要耐心倾听，认真回应。

观察对象：攸攸（4岁3个月）、多多（4岁4个月）、
小豆（4岁8个月）、八月（4岁10个月）

观察教师：一幼塔院园　刘哲

观察地点：建筑区

观察时间：2020.10.28

观察目的：了解幼儿在建筑区的游戏情况

🌿 我所见：

区域活动时，八月、攸攸、多多、小豆四个小朋友来到了建筑区，八月找了攸攸，多多找了小豆，两人一组搭建房子。八月和攸攸配合得很好，攸攸负责搭积木，他把自己需要的积木告诉八月，八月负责按照攸攸的需要取积木。多多和小豆是另外一种分工模式，俩人一起商量一起搭建。他们四个人认为自己的楼房搭好后，开心地请我欣赏："哲哲老师，你看我们搭得好不好？"我说："你们认为搭得好吗？"他们有的点头，有的说

"好",有的笑笑。我问:"你们认为自己哪里搭得好?"八月说:"我觉得我们搭得大。"多多说:"我觉得我们的房子有门,坏人进不来。"

为了保护孩子们的兴趣,我以他们满意的点鼓励他们说:"我也喜欢你们的作品,很大,还有门,搭得很细致。"接下来我抛出了一个问题:"用什么样的积木会搭出更大的楼房?"他们看看积木说:"都换成长板就更大了。"我说:"那咱们就试一试搭一座更大的楼房吧!"他们异口同声地说:"我们一定能成功!"接下来他们开始用长板和柱子搭楼房。

搭着搭着新问题出现了,长板只够搭两层。他们都来找我:"哲哲老师,长板不够了。"我说:"那你们看一看还有什么样的板子可以用?"他们找了找,小豆说:"有了,咱们用这个中长板搭吧。""行。"其他同伴也都同意。然后他们开始用中长板继续搭建。在搭的过程中,我看到长板搭的楼层与中长板搭的楼层中间有好大的间隔,于是我又提出了一个新的问题请幼儿思考:"在这样的平台中间可以增加什么东西能够更安全呢?"这时候八月眼前一亮说:"可以搭上栏杆,这样人就不会掉下去了。"我又问:"什么样的积木适合搭建栏杆?"他们找出了小长条积木,一会儿就把栏杆搭建好了。这时小豆提出了一个想法:"我觉得可以搭建一个屋顶。"我说:"好啊。我见过很多不同形状屋顶的楼房,你们见过什么形状的?"他们说:"我见过三角形的。""我见过半圆形的。""我见过梯形的……"我说:"那你们好好看看咱们的积木,你们能搭建出什么样的屋顶?"他们看了看说:"我们想搭三角形的。"于是攸攸拿了一个三角形积木横着放在了楼房顶上。终于,高高的楼房在四个小朋友的合作下搭建完成。

美的种子在发芽

🌱 我所思：

1.四位幼儿搭建的积木建筑引来了其他幼儿的惊叹。我请他们四位给大家分享。第一个问题我请他们和大家分享的是四个人是如何一起在20分钟内搭建好楼房的。攸攸为大家介绍了分工的情况，他主要介绍了这种分工可以加快速度。第二个问题我请他们四个人介绍板子不够时是怎么做的。八月把当时他们讨论的情况进行了简单的回顾，这样一来可以让幼儿知道，楼层大小不是非得一样，可以通过改变材料，使结构合理。

2.幼儿在建筑区里的学习是不可预知的，我们老师要仔细观察幼儿的搭建水平，用适当的语言去激发幼儿主动思考，调动内心对搭建的积极性。

🌱 我所行：

1.我在肯定幼儿作品的同时又提出了新的挑战："你们太棒了，第一关你们顺利闯过去了。第二关是美化小区的环境，你们见过的小区里都有什么？"有的小朋友说有围墙，有的小朋友说有路灯，有的小朋友说有马路。在大家的讨论中我们开始思考第二关——优美的环境。

2.例如在看到幼儿搭建水平不够高的时候，我没有否定幼儿搭建的建筑，而是给了他们一个目标——搭建更高的甚至跟自己一样高的楼房。

3.当幼儿遇到困难的时候教师并不是直接帮助他们解决，而是让他们观察材料想办法。在教师的语言启发中幼儿很快找到了办法，最终一步步完成了目标，自豪感油然而生，水平也得到了提高。

4.要想给幼儿一杯水，自己就得有一桶水。在搭建前我也做了很多的功课，首先我心中有一个预定的目标，我收集了一些楼房建筑资料，自己也将各种建筑进行分类，搭建出了多个建筑，从而能提前判断出幼儿会出现什么问题，有目标地促进幼儿发展。

> 观察对象：彤彤（5岁3个月）、岳岳（5岁1个月）
> 观察教师：二幼双榆树园　杨静
> 观察地点：建构区
> 观察时间：2019.12.13
> 观察目的：了解幼儿在有主题的搭建活动中的搭建水平

我所见：

彤彤一进门看到前几天搭建好的建筑就大声说道："哇！这也太好了吧。但我想把它拆了，用这些积木来搭火车，因为我最喜欢火车了。"岳岳马上说道："不行，不能拆。你想搭火车，不行，没有积木了。"彤彤想了想说道："那怎么办？不拆的话积木不够啊。"岳岳说道："要不然，咱们把这些矮的房子拆了，反正它们摆在这里也有点乱。""我同意。"于是两个人一边拆矮的建筑物及垫子周围的圆柱围挡，一边开始用这些积木搭建火车轨道。彤彤先把若干长条积木摆到地上并连接起来，一边调试着积木连接的方向，渐渐地，积木连接到了"陈塘关"的位置。岳岳说："够长了，够长了，我们已

经把'龙宫'和'陈塘关'连上了。"轨道搭建好了，岳岳和彤彤选择用圆柱积木横放在轨道上，再在两个圆柱上面放上长方形积木作为车厢。他俩用这种方法搭了好多节车厢。由于圆柱会在轨道上前后滚动，所以他们在搭车厢的时候很小心，轻轻地将积木放到圆柱上，并反复调整圆柱的位置，以让车厢更稳。当一节车厢的底层搭建好后，两个人又商量着用正方形积木搭车厢的四周，并在车厢上搭建不同的车厢顶。

我所思：

1.幼儿在搭建火车的过程中，能够主动探究如何让放在圆柱上的积木保持平稳。幼儿经过反复的试验，发现把两个圆柱积木放得近一些，上面的积木就会平稳一些；在放的时候，要让圆柱积木保持静止不动，这样比较好放稳；在拐弯的地方，可以将其中的一根圆柱斜着放在铁轨上。幼儿在遇到问题的时候能够通过试验的方法来解决问题，有较好的学习品质。

2.积木搭建对于幼儿的思维、情感发展具有重要作用。在对建筑区幼儿的观察中发现，幼儿出现了三种不同的社会游戏模式：独自搭建、合作搭建、主副搭建。这三种搭建模式下的搭建时长和建构水平也明显不同。独自搭建情况下的幼儿搭建时长较短，为5～10分钟，搭着搭着就会停下来观望其他人的搭建情况；合作搭建和主副搭建的幼儿，搭建时长相对较长，有15～20分钟，其搭建水平也是逐渐上升的。

三种不同的搭建方式的比较

搭建方式	搭建时长（分钟）	出现频次（次）	完成情况（%）	搭建效果
独自搭建	5～10	3	60	单一
合作搭建	15～20	5	100	丰富
主副搭建	15～20	5	100	多层、变化

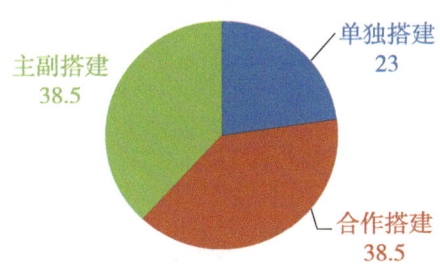

出现频次占比示意图（%）

我所行：

1.保证幼儿的搭建时间充足，并为幼儿提供更多的积木材料，同时鼓励幼儿能够使用替代物。

2.丰富幼儿对于不同积木特点、功能的知识。

3.多给予幼儿任务式、解题式的引导，让幼儿能够有主题、有目的地搭建。

美的种子在发芽

> 观察对象：小七（5岁6个月）、乐乐（5岁1个月）、悠悠（5岁3个月）
> 观察教师：二幼双榆树园　宋蕊
> 观察地点：建构区
> 观察时间：2020.5.7
> 观察目的：了解幼儿的建构水平，并关注幼儿在活动中根据游戏的
> 　　　　　需要主动思考及解决问题的能力

我所见：

【片段1】

自从建构区成立以来，幼儿对搭建玩具的喜爱可谓是只增不减，这不，今天又有三个幼儿来到建构区进行游戏。

小七："乐乐你快点过来，今天我们得把这个书柜搭完。"乐乐："好嘞，我们动作快点。"说着，两个小朋友就坐在地垫上开始搭建。乐乐给小七递正方形的木块，小七用连接扣将木块拼接到原来的小书柜上，他们在原有的基础上，把书柜加高了一层，看着"长高"的书柜，两个小伙伴拍手笑着说："不错，终于搭完了。"突然小七站起来围着小书柜转了一圈说："乐乐，要不咱们放几本书试试看这书柜结实不结实吧！""好啊！两个小伙伴合力把小书柜运到了图书区，小书柜受到了图书区小朋友的热烈欢迎，他们在上面放置了三本绘

本，乐乐扶着书柜左右摇晃了一下说："很结实。""没错，我们搭的肯定结实，我们将它放在图书区，给大家放书用吧！""没错，这个主意好。"于是他们将搭建好的小书柜留在了图书区。

【片段2】

在经过建构区的时候，两个小伙伴看到正在放置自己作品的悠悠，"唉，真烦人！这么多玩具都没地方放了！"悠悠拿着玩具往柜子里推了一下，哗啦一声，一个正在展示的城堡就被悠悠碰掉在地上，摔坏了。小七和乐乐见状连忙

把掉落的作品捡了起来。"你以后小心点，可别再弄掉了。"小七说道。"不是的，是这个地方太小了。"乐乐说："没事，要不我们也帮你做一个柜子吧，这样展示区就有地方放东西了。""对，我们帮你做一个柜子，我们做的可好了。"小七也说道。"你看我们刚才就完成了一个书柜，就在图书区呢！"两个小伙伴拉着悠悠来到图书区看自己做的小书柜。"你们真的这么厉害？好，那我可要看看你们的本事了。"

【片段3】

两个小伙伴回到建构区开始了新一轮的搭建工作，他们先是观察了提示墙，并指着墙上的图片说道："我们这次用长方形的木块来搭建吧，这样可以多放一点作品。"乐乐选了几块长方形的木板和一些不同形状的连接扣，来到小七身边说："小七，你看我拿了好几块长方形积木，这次我们一定要搭大一点。"小七说："没错，你看咱们班玩具柜多大，我们就照着它

来做！"小七将两块长方形木块的凹槽进行拼插，然后对乐乐说道："我扶着它，你把这块积木接上。""好嘞。"于是乐乐利用连接扣将另一块积木和它接在了一起，就这样两个小伙伴一起商量着，一起拼搭着。

🍃 我所思：

随着年龄的增长和心理等各个方面的发展，大班幼儿不再满足于追随、服从老师，而是有了自己的想法和主见，他们活动的自主性、主动性明显提高。他们的行为少了些盲目性，多了些目的性和计划性，同时他们喜欢有一定挑战性的学习内容，克服困难、解决问题带给他们极大的满足和快乐。因此两个小伙伴看到悠悠遇到困难，主动帮忙解决，通过观察提示墙、主动思索、互相探讨、相互合作的方式找到制作展示架的方法，最终完成展示架的制作，在帮助同伴的同时获得了满足和快乐。

🍃 我所行：

1.通过活动讲评、全班讨论、分组探讨等多种方法，请幼儿互相分享自己的搭建方法，同时针对幼儿遇到的问题进行讨论，来解决实际问题，丰富幼儿的搭建经验，增强同伴间的互动。

2.在建构区增设不同的低结构材料和辅助材料，给幼儿的创作提供充分的材料支持。并根据幼儿不同的能力水平，不断丰富墙面支持性材料，给幼儿的游戏提供支撑。

3.通过家园合作，带幼儿到各种建筑场馆，如天坛、故宫、鸟巢等有建筑特点的场所参观，引导幼儿观察各种不同建筑物，了解不同建筑物的构造，开阔幼儿的视野，丰富幼儿的生活经验，为幼儿的搭建活动起到支撑作用。

4.通过引导幼儿关注班级物品的造型特点,支持幼儿对班内物品的形态进行模仿搭建。

观察对象:小承(4岁)、暖暖(4岁2个月)
观察教师:二幼双榆树园　王静
观察地点:娃娃家
观察时间:2020.12.15
观察目的:了解在娃娃家进行角色扮演的幼儿的社会交往情况

🍃 我所见:

【片段1】

今天的区域游戏开始了,小承第一个来到了娃娃家,戴上了爸爸的挂牌,在小卧室里的婴儿车旁抱着娃娃,哄娃娃睡觉。这个时候暖暖也进来了,拿起了妈妈的挂牌挂在了胸前,大声对小承说:"小承,我要做饭了。"小承一听立刻放下娃娃来到了小厨房说:"我也要做饭。"小承走到暖暖的旁边,用手摸摸碗,然后又摸摸菜。随即把蔬菜放到切菜板上,高兴地摆弄起来。

美的种子在发芽

【片段2】

暖暖见小承切了很多菜,也加快了切菜的速度,不一会儿,俩人就切了一大盆的菜,盆里都放不下了,我忍不住走到他们身边和他们说道:"爸爸、妈妈快做饭吧!我都饿了。"暖暖听了我的话回答道:"马上就好!"暖暖打

开柜子,拿出了两个锅,把蔬菜放到了锅里,盖好了盖子,然后转头对我说:"再等几分钟就好。"小承听到暖暖说的话,把柜子里的锅都拿出来了,把蔬菜往锅里一倒,就放在灶台上,转头对我说:"我这个也马上就好了。"这时我和暖暖说道:"妈妈,你闻闻爸爸做的饭香不香,我闻得都要流口水了。"只见暖暖凑到小承的饭锅前,闻了闻:"是挺香的,小承你做了什么好吃的?""我做的是肉包子和蒸饺,暖暖你做的是什么好吃的?""我做的是炒白菜。"两个小朋友聊了起来。

饭菜出锅了,爸爸妈妈开始找盘子来盛食物,好吃的点心、蔬菜都摆上了桌子。暖暖把娃娃抱出来放在了宝宝椅上,自己搬着椅子坐到了小娃娃的身边,拿起勺子准备喂娃娃,小承见状也搬着椅子坐到了餐桌旁,拿起筷子开始吃饭。

58

🍃 我所思：

1.两名幼儿对于娃娃家的角色扮演游戏很感兴趣,一进去就选择了自己喜欢的角色,而且特别喜欢扮演爸爸、妈妈的角色。尽管如此,等他们真正玩起游戏的时候又经常会忘记自己扮演的角色,忍不住去摆弄娃娃家里琳琅满目的玩具。

2.在游戏中,小承总会被暖暖所做的事情吸引,也去做和暖暖一样的事情。想加入别人正在进行的活动中,这样的行为是幼儿想加入对方游戏所发出的信号,根据马斯洛的需要层次理论,幼儿具有归属的需要和被同伴群体接受的需要,所以小承会有这样的跟随行为。作为教师,我们看到幼儿有强烈的交往意愿时,可以在中间起到桥梁的作用。

🍃 我所行：

1.为幼儿在娃娃家提供角色特征明显的道具,像妈妈做饭的围裙,爸爸的领带,爷爷奶奶的白色假发和老花镜,可以更加形象具体地提示幼儿其所扮演的角色。

2.教师可以组织全班幼儿在区域点评环节对娃娃家中的角色进行梳理,引导幼儿明确爸爸、妈妈不同的角色认知。游戏中,老师可以用游戏的口吻来引导幼儿,帮助他们建立角色意识。

3.通过和幼儿一起阅读相关的绘本,从中找到一些和同伴交往的好办法,助力幼儿之间的顺利交往。

4.可以请家长在家中帮助幼儿丰富一些"生活中的爸爸、妈妈"的生活经验,可以在爸爸、妈妈做事情时,让幼儿在旁边观察,并通过聊天的方式,帮助幼儿理解与其角色相对应的责任和使命。

美的种子在发芽

> 观察对象：源源（5岁8个月）、小宝（6岁）
> 观察教师：二幼双榆树园　王祎航
> 观察地点：科学区
> 观察时间：2020.10.22
> 观察目的：了解幼儿在科学区进行电路组合游戏的情况及幼儿社会
> 　　　　　领域发展水平

我所见：

在科学区电路组合游戏中，源源先选择了电池、灯泡，再尝试拧松螺母，观察了一下插口，将"×"形铜片对准连接处，最后将螺母拧紧。电池与灯泡两端用对应色的红、黑线相连。灯泡亮起来时，源源笑着拍手："哈哈！

我成功了。原来真的一点也不难，我一看图就会了！"一直在旁边尝试的小宝皱眉求助："怎么弄啊？"源源说："我教你！"源源帮助小宝连接电池、灯泡，但却发现小宝的灯泡不亮了，源源问我："老师，怎么回事啊？"我检查了两人的连接方式后，推断应该是电池没电了，马上拿来了两节新电池。此时的源源已经做完记录并拿来了放大镜说："我已经会玩这个电路了，我不想玩了，咱们换一个游戏吧。"小宝说："可是我还没成功。"

源源收走小宝的电路组合游戏材料，说："放大镜那个玩具特别好玩，还能找其他人的名字！"于是两个人很快将注意力转移到放大镜上了。

🍃 我所思：

1.两位幼儿在进行电路组合游戏的过程中有一定的自主性和专注性，当遇到问题时能够自己想办法解决问题，有合作意识和行为。

2.在游戏中，源源遇到了困难愿意向别人请教，能主动与他人交流合作，遇到困难一起克服；游戏成功后愿意和身边的好朋友一起分享成功的喜悦。由此可见，源源的人际交往能力较好。

3.源源在游戏中具有较好的观察学习及模仿的能力，能快速根据示意图进行组装。有自信且能够关注别人的情绪和需要，并能给予力所能及的帮助，当小宝向他求助时，愿意帮助小宝。缺乏耐心和游戏兴趣的持久性，等不及更换新电池而进行了其他游戏，没有完成第二次的电路组合。

🍃 我所行：

1.游戏前及时检查并更新区角材料，避免幼儿因游戏材料的问题而降低游戏兴趣。游戏材料可根据进度逐步添加，如初次投放一套电路操作材料，在幼儿的游戏兴趣开始降低时再添加两套、三套，潜移默化地引导其进行深层次游戏的探索。

2.开展一些有趣的角色游戏，通过角色游戏使幼儿学会不同的交往方式，如商店的营业员与客人、医院的医生与病人。教师在幼儿游戏时有意识地引导幼儿处理好各种关系，培养幼儿的集体观念与合作意识。

3.根据大班幼儿喜欢比赛的特点，利用体育游戏"两人三足""接力运

球""抬轿子"等活动让幼儿感受到合作的重要性,提升合作意识和能力。

4.鼓励幼儿自带玩具、图书,让幼儿学会与同伴交往、分享。如让幼儿带自己心爱的玩具、图书到班里,并在大家面前介绍,与同伴分享自己喜欢的玩具和图书,感受集体生活中与同伴交往的乐趣。

5.注重环境的创设,积极创造温馨和谐的环境,为幼儿提供充分的自由交往的机会。对于交往能力差或性格较内向的幼儿,引导他们参与集体游戏,让他们体验交往的乐趣和产生与同伴交往的欲望。

6.及时与家长进行沟通,鼓励家长为幼儿做好榜样,在家多为幼儿提供交往的机会。比如家中来客人,要有礼貌地打招呼和交谈;鼓励幼儿拿出玩具和好朋友一起分享。培养幼儿的交往能力,在交往中学习礼貌待人。

观察对象:萌萌(4岁7个月)、哲哲(4岁6个月)
观察教师:二幼双榆树园　沈一蒙
观察地点:科学区
观察时间:2020.12.15
观察目的:了解幼儿对科学区新投放材料"探索冰花"的
　　　　　游戏情况

我所见:

科学区活动中,哲哲和萌萌选取了科学区新投放的材料"探索冰花"。萌萌对哲哲说:"上次我用小锤子锤的方法,有点敲不动,用空调吹的方法我们没有试过,这次我们可以试一试用空调吹是不是能取得更快。"哲哲大声说:"那我们要用沙漏计时才行!"萌萌停了一会儿,皱起眉头问:"那沙漏怎么计时呢?"哲哲和萌萌的头一起转向了我。我蹲下来问他俩:"如果沙漏的沙子漏完了,我们需要怎么做才能让沙漏重新开始计时?"这时哲哲站起来挥舞着胳膊说:"把沙漏翻过来就可以让沙子继续漏了。"我说:"是个好办法,你们可以在记录表上记录沙漏翻转的次数,这样就知道时间是多少了。"哲哲拿起了笔:"我来记时间吧。"萌萌一边跳着一边说:"那我去拿冰花啦!"萌萌走到了盥洗室,从盆里拿出了冰花,慢慢地走到了空调前面吹冰花,但她发现风太小、太远了,吹不到,需要站在椅子上吹。

萌萌对哲哲说:"我拿着冰花呢,你帮我搬来一把椅子可以吗?"哲哲说:"好的!"马上搬来了一把椅子放在空调前,萌萌站到了小椅子的上面,用两只手举着冰花,伸直了胳膊踮起了脚,这时我走过去扶住了萌萌。哲哲拿着沙漏和记录表,看看萌萌,看看沙漏。过了一会儿,哲哲说:"沙漏漏完一次了,你好了没有?"萌萌说:"冰花化了一点能取出来了,虽然有点累但是比用小锤子锤快一些。"哲哲在记录表上写上了数字"1"。并在"空调吹"这种办法的下面画了一个爱心,边画边说着:"这是有点困难的。"萌萌说:"这里还有很多其他的工具我没试过。"她拿起铲子、小棍说:"我觉得这两种方法也很好玩。"萌萌用铲子铲着冰花,胳膊肘抬了起来,脸憋得通红:"好费劲呀,弄不出来,这可没有用空调吹的办法快。"于是她在铲子和小棍的下面画了个月亮:"用空调吹的办法很快,而且不需要那么大的力气。"萌萌说:"需要用力气的工具都要慢一些,不过太有意思啦。"哲哲说:"你们都没试过用手焐着吧?很凉的,我觉得这种办法下次不要用了，不过我还有一种好方法，就是用水冲，可是我不知道该用凉水还是热水。"我给了哲哲一张纸："我们的表格上没有设计，你可以用这张新纸去设计你想出的好办法。"哲哲到美工区拿了黑色的勾边笔，在纸上画出了水龙头，并且在下面画了冰和冒着热气的水。画完后哲哲把冰花拿到盥洗室，先把水龙头转向蓝色凉水的一边，冲了一会儿，说："我再试试热的。"哲哲把水龙头转向红色热水的一边，冲了一会儿大笑着说："哇，冰化啦，好快呀！"哲哲对萌萌说："这次你用沙漏来计时吧。"萌萌说："好的。"她把沙漏拿了过来。等沙漏漏完了，萌萌说："用热水冲的方法快一些，而且凉水和热水冲完后冰的大小不一样了。"

我所思：

1.本次活动中，幼儿自己探索尝试用不同的方法取出冰花，发挥了自主性。萌萌发现用小锤子锤的方法有点难，于是这次用了她没有尝试过的方法——用空调吹，并且能进行一个猜想——空调吹会快一些，然后用实际操作证明了的确快一些，不过稍微有点累。萌萌能在实验过后自己得出结论，说明她在活动中思考得非常认真。后来，萌萌发现她还有很多其他的工具没试过，便尝试了用铲子和小棍的方法，能运用多种工具探索，可以看出她对此次活动非常感兴趣，想进行持续的探索。

2.在探索的过程中，萌萌遇到了一些困难，她发现自己的高度不够，便请哲哲帮忙搬来小椅子，成功地让空调吹到了冰花，说明她在活动的过程中，勤于动脑思考，能自己找到解决问题的办法。

🍃 我所行：

1. 幼儿在游戏的时候，离不开游戏材料的支持，所以在游戏过程中教师应该适时地介入到幼儿的游戏中，但不要影响幼儿的创新。应该依据游戏情节，提供适当的材料，让幼儿的游戏能够顺利进行。面对哲哲提出的新想法，教师的应对策略是提供一张纸，让幼儿发挥创意，自己设计，帮助幼儿把活动进行下去。

2. 在活动后期，我和幼儿一起设计完善了表格，有探索需要的工具，还有计时的沙漏，看看用哪种方法能最快把冰花取出来，并选择了图形和画钩的记录方法。在每一种取冰花的方法下面，都有沙漏计时的表格（见下表），看看沙漏翻转了几次冰花才能被取出来。表格的右侧是取出冰花的难易程度。最后萌萌提出的"凉水和热水冲完后冰的大小不一样了"，这个发现非常好，教师应利用好此次教育契机，延续此活动，和幼儿一起把表格设计得更好。

记录	方法						说明
	🛠	∥	▬	👏	🍖	⭕	很容易 ☺ 有点困难 ♡ 拿不出来 ☾
	时间						
	1次 ☐ 2次 ☐ 3次 ☐	1次 ☐ 2次 ☐ 3次 ☐	1次 ☐ 2次 ☐ 3次 ☐	1次 ☐ 2次 ☐ 3次 ☐	1次 ☐ 2次 ☐ 3次 ☐	1次 ☐ 2次 ☐ 3次 ☐	⧗

美的种子在发芽

> 观察对象：芊芊（4岁1个月）、牛牛（3岁6个月）
> 观察教师：二幼双榆树园　孙倩楠
> 观察地点：美工区
> 观察时间：2020.11.17
> 观察目的：了解幼儿对画水墨画的兴趣以及在活动中是否能够大胆、自主表达自己的想法

🍃 我所见：

教师在美工区提供了写生小鸟、鸟窝和水墨材料。

美工区游戏开始了，芊芊和牛牛都选择了美工区。芊芊拿起毛笔用笔尖蘸了一下墨，在宣纸上飞快地画了起来。她画的线条有粗有细，互相交叉在一起。毛笔画出来的颜色越来越淡，芊芊先是把毛笔从纸上拿起来，用手指捏住毛笔靠近笔尖的位置，再把笔尖放到墨盘的边缘，小心翼翼地用笔尖蘸了一下墨，又轻轻地用整个毛笔肚蘸了蘸水。芊芊用笔在纸上使劲按了按，纸上印出了两团淡墨。芊芊继续将笔拿起来在墨盘边上捺了捺，又把笔放在了旁边试笔纸上捺了捺，再用手指摸了摸毛笔的笔尖。这时，牛牛问道："芊芊，你在画什么呢？"芊芊说："我在画小鸟和它的家。"说着，芊芊又用笔尖蘸了蘸墨，在纸上点了起来，"你看，我画的小鸟。"牛牛说："我想和你一起画。"牛牛拿起毛笔在水盘里用

66

力按了一下。芊芊看到后说:"不行,你的笔上有好多水呀,我帮你把水吸了吧。"说完,芊芊拿起纸巾把牛牛笔上的水吸了吸。"你得蘸墨画,要不然你的画就没颜色了。"芊芊继续说道。牛牛听了芊芊的建议后,给毛笔的整个笔头蘸上了墨。他拿着毛笔的最远端在纸上涂了起来,很快纸上就出现了一大团浓黑的墨团。

🍃 我所思:

1.《指南》中指出,幼儿喜欢自然界中的美好事物。根据小班幼儿的年龄特点和重视趣味性、生活性的特点,教师在美工区为幼儿投放了小鸟、鸟窝的写生物,外形可爱,结构清晰、简单,激发幼儿画水墨画的兴趣。通过游戏可以看出,两名幼儿都能够积极主动地画水墨画,对水墨画感兴趣,并能够用水墨画材料大胆表现自己的想法。

2. 幼儿有画水墨画的前期经验。可以看出芊芊对水墨画的技法有初步的认知,如用笔尖画细线(中锋),用笔肚子画粗线(侧锋),能用水墨画的形式表现线条的粗细;也形成了正确使用水墨材料的习惯,能够有序地使用水墨材料。牛牛还不能够很好地使用水墨材料,画水墨画的方法还没有完全掌握,如手拿在毛笔最远端的位置;将笔整个放进水盘,出现了毛笔吸水太多的现象。

3. 小班幼儿的水墨写生,还不能将看到的物体完整地表现在画上,画面内容是部分观察加部分想象,就像幼儿相互交流中说的,点点就是画小鸟。观察解读芊芊的作品,能发现她通过观察到鸟窝里的树枝是粗细不同

的，能够用毛笔画出粗细不同的线条，也能够尝试用不同的墨色表现她观察到的鸟窝颜色。观察解读牛牛的作品，发现他的作品主要是自己的想象，没有形成观察的习惯。

我所行：

1.在美工区为幼儿提供符合小班幼儿年龄特点的写生物，如外形可爱、结构清晰、简单、色彩对比强烈的写生物，激发幼儿画水墨画的兴趣。

2.活动区点评环节，不以画得像不像来评价幼儿的作品。小班幼儿还不能准确地观察和准确地塑造客观事物，幼儿画出来的内容与实际事物并不相符，幼儿只是按照自己的生活经历和自己头脑中的印象来绘画。因此教师要鼓励幼儿在分享时说出他们的想法，并尝试去理解幼儿的图画语言。

3.幼儿绘画时，教师不要给幼儿出示范画，不把成人对事物的看法强加给幼儿。教师要尊重幼儿的作品，让幼儿有自己的绘画语言。支持、重视幼儿自由作画、幻想和创造，促进幼儿的身心健康发展。

观察对象：俊俊（5岁）、梦媛（5岁1个月）、昊昊（4岁8个月）、兜兜（5岁）

观察教师：二幼双榆树园　杨静

观察地点：数学区

观察时间：2019.11.8

观察目的：了解数学区幼儿操作"叠影重重"材料的情况

🍃 我所见：

【片段】

今天的数学区，俊俊、梦媛、昊昊、兜兜四个人选择了新投放的材料"叠影重重"。俊俊和梦媛作为游戏的主要"对手"开始了游戏。他们从盒子里拿出所有卡片，按照教师教授的游戏方法，将16张卡片一张一张整齐地摆放到了桌面上，每一排摆放了4张卡片，一共摆了4排。卡片摆放好后，开始掷骰子。俊俊将骰子随意向上一扔，掷出了5，梦媛将骰子在手里转了几下，用右手使劲握住，然后往桌子上一撒，掷出了3。俊俊说："我的数字比你的大，我先拿卡片。"梦媛点头同意。

俊俊开始找卡片并将卡片上的图形进行重叠，他拿起一张上面画有橘色圆圈和蓝色圆形的卡片，又往桌上摆放卡片的地方看了半天，拿起这张和手里的卡片比比，发现上面的圆形和另一张卡片上的圈重叠不上。"不是这张。"俊俊嘴里嘟囔着，把手里的卡片放下了，换了另一张进行重叠。图形重叠这个游戏内容反复了4次，大概持续了3分钟，俊俊还是没能找到能够完全重叠好的两张卡片。他对梦媛说道："梦媛，还是你来吧，这个太难了。"

接下来，由梦媛开始找卡片进行圆形与圆圈的重叠游戏。梦媛仔细看了看桌子上面的卡片，拿起了第二排的一张卡片，上面是画有紫色圆圈和绿色圆形的卡片。她将卡片放到桌子的一角，双手撑在桌子边上，身子往桌子上方探着，睁大双眼看着桌面上的其他卡片。边看边对站在旁边的俊俊、兜兜和昊昊说："你们也快点帮我找找啊。""是这个吗？"俊俊拿起了一张画有橘色圆形和蓝色圆圈的卡片。"好像不行，我看看。"

 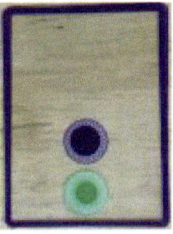

美的种子在发芽

梦媛拿过俊俊挑出的卡片，将它和手中的卡片重叠在一起，"不行不行，你看，这个圆形和圆圈对不上。""你把卡片倒过来试试呢？"兜兜在一旁给出了建议。梦媛听了兜兜的建议，将其中一张卡片上下翻转了一下，然后再进行重叠，两张卡片上的图形是错位的。梦媛说道："不行，你看它们的颜色都不一样，圆形的位置也不一样啊，这个在中间、上下的位置那张的圆形都跑歪了，怎么重叠啊？咱们再找找。"梦媛边说，边继续在卡片里寻找。经过了7次比对，找到了上面有紫色圆形和绿色圆圈的卡片。她将两张卡片进行重叠，看到紫色圆圈和紫色圆形重叠在一起，绿色圆形和绿色圆圈重叠在一起，形成了一个新的图案。俊俊看着新图案，拉着梦媛的手说："这也太难了吧，真不容易。"兜兜说道："我觉得特别有意思，虽然有点难，但咱们一起找就快了，也就不觉得难了。"昊昊说："这个挺好玩的，让我试试。"

我所思：

1.此游戏需要幼儿仔细观察，能发展幼儿的观察力、专注力，在反复操作探索的过程中，提高幼儿视觉空间感知力和逻辑分析能力，在图形的摆弄、操作过程中，发展其空间方位感。四名幼儿对于新投放的"叠影重重"配对卡片特别感兴趣，活动中能够遵守游戏的规则，轮流进行掷骰子、找卡片的内容。同时，在找卡片的过程中，幼儿能够互帮互助、分工合作完成。

2.在找卡片的游戏中，俊俊观察画面不够仔细，反复找了几次没能成功，有了要放弃的想法。梦媛的主导地位较为明显，她能够在自己寻找卡片的过程中，发挥主导作用，让同伴帮忙寻找。兜兜和昊昊对"叠影重重"的游戏也很感兴趣，但他们两个人的参与度没有俊俊和梦媛高，昊昊偶尔会有游离的情况，兜兜一直在观察着俊俊和梦媛两个人是如何玩游戏的，并能给予一些建议。

3.大班幼儿已经具备了一定的观察能力，游戏的专注度也有显著提高。他们能够带着自己的小任务去观察卡片上的图形，从而找到适宜的卡片。梦媛拿到卡片后，很快想到了能够跟自己手中卡片重叠的卡片上的图形和颜色。但幼儿的观察持续时间短，观察的过程中，容易受到外界的干扰。游戏中，俊俊在帮助梦媛找卡片时，找到了图形是橘色和蓝色的卡片，受到了颜色的干扰。昊昊在游戏时，出现了游离的状态，他看了一会儿在旁边的科学区做实验的小朋友，然后又回到了兜兜的身边。此外，幼儿观察时不能持久稳定，游戏中，俊俊因为没能很快找到对的卡片，出现了放弃的想法。幼儿观察不够细致和全面，时常会出现遗漏现象。兜兜一直作为一名旁观者，在观察着俊俊和梦媛的游戏，从他的话语中，能够发现他的观察能力也比较强，通过观察，他发现在重叠卡片时，可以将卡片的上下位置进行互换，并将这个发现及时告知了同伴。

🍃 我所行：

1.将游戏卡片分层投放，可以设置三个层次，每个层次里面的卡片是能够正好完成重叠任务的卡片。

层次1：从16张卡片里找出圆圈和圆圈、点和点能够重叠的卡片；

层次2：从16张卡片里找出圆圈和点能够重叠的卡片；

层次3：3张卡片重叠在一起。

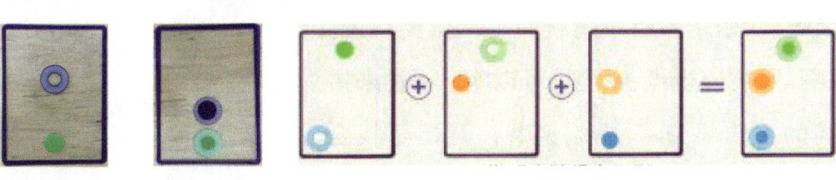

层次1　　　层次2　　　　　　层次3

2.设计游戏的情景,如小特工角色,既可以是夺宝也可以是解救小动物,激发幼儿参与游戏的兴趣。

3.指导幼儿进行游戏的记录及校验。

4.待幼儿熟悉后再增加难度,如由颜色干扰到不同形状与颜色的双重干扰,再到圆圈和点的位置的叠放,形成了颜色、图形、位置多维度的干扰;叠放的张数逐渐增加到5张或者更多。

观察对象:乐乐(5岁3个月)、儒儒(5岁5个月)、
宸宸(5岁10个月)

观察教师:二幼南区园 李丽娜

观察地点:建筑区

观察时间:2020.10

观察目的:了解幼儿合作搭建的情况

🍃 我所见:

区域活动开始后,三位小朋友来到建筑区,乐乐、儒儒和宸宸进区后开始商量今天的搭建内容。儒儒说:"今天我们来搭建火箭吧。"乐乐一听眼睛就亮了,微笑着说:"好啊。"宸宸也点头说:"可以啊。""我来搭火箭的主体部分。"儒儒说着,开始寻找合适的积木准备搭建。他走到圆柱形积木摆放

区，抱起了两个最大、最粗的圆柱形积木放到地上搭了起来，他说："我得把中间的主火箭搭得更高一些。"宸宸开始帮他运送圆柱形积木。乐乐在一旁提醒："咱们上面得用尖的积木。"于是找来了圆锥形积木放到了三个圆柱形积木的顶端。儒儒说："行了，主火箭完成，旁边还得有助推器呢，得比火箭矮一些。"宸宸说："我来帮你们运送积木吧。"于是开始帮助他俩运送积木，乐乐和儒儒分别在主火箭的两旁搭建了矮一点的助推器，样子和主火箭相同，只是高度相对矮一截。

火箭部分搭建完成。宸宸问道："那咱们下面搭建什么？"儒儒想了想，说："还得有发射架。"乐乐说："宸宸，咱俩一起完成。"于是，两人开始在火箭的后面用小块的长方形积木，一块块挨着搭高，高度为主火箭的一半。儒儒在一旁说："咱们还需要搭建个空间站。"接着他们继续搭建。

🍃 我所思：

1.现状分析

乐乐、儒儒和宸宸对建筑区游戏非常感兴趣。进入区域后马上开始讨论搭建主题。经过商量确定搭建火箭发射的内容后，开始分工合作进行搭建游戏。儒儒和乐乐在游戏中合作能力表现得尤为突出。儒儒寻找合适的积木尝试着搭建火箭的主体部分，他用最大、最粗的圆柱形积木，搭建中间的主火箭，还强调主火箭要更高一些。宸宸协助运送圆柱形积木。乐乐

美的种子在发芽

提醒火箭要更像一些，根据已有的经验，上面得用尖的积木，于是找来了圆锥形的积木放到了圆柱形火箭箱体的顶端。在搭建完主火箭后，儒儒提出主火箭完成，旁边还得有助推器呢，而且得比火箭矮一些。可见三位幼儿对建构游戏充满了兴趣，并按照预定的目标一步步来完成建构内容。

2.原因分析

内部因素：

乐乐、儒儒和宸宸三个人的家住得比较近，平时经常在一起玩耍。在园里他们也是经常在一起游戏，这次在做活动区游戏计划时，他们三个一起选择了建筑区，一起完成任务。教师要因材施教，满足幼儿个性化的发展与自主游戏的探究，从而提升幼儿的游戏经验和水平。

外部因素：

儒儒的父母都是航天科研人员，儒儒受到父母的影响，对科学类的玩具特别感兴趣，同时对航天知识知道的也多，喜欢分享关于航天的知识。在儒儒的影响下，乐乐和宸宸对火箭知识也有一定的了解。他们喜欢在建筑区进行搭建活动，并把喜欢的内容设计成游戏主题进行搭建。三位幼儿的主动性、探索欲望在幼儿合作搭建的过程中得到了充分的体现。

我所行：

1.可以投放一些与航空航天相关的书籍，帮助幼儿增加对航天知识的了解。

2.邀请儒儒当小老师与大家一起分享航空航天知识。在搭建方法上，可以邀请乐乐、儒儒和宸宸与大家分享更多的搭建方法，讲讲他们是如何分工合作完成搭建的。

3.邀请班里从事航天工作的家长，拍摄工作中有关航天方面知识的内容，带到班里与幼儿分享和交流，丰富和提升幼儿的知识、经验。

> 观察对象：小博（4岁5个月）、涵涵（4岁10个月）
> 观察教师：二幼南区园　曹燕佳
> 观察地点：建筑区
> 观察时间：2020.10
> 观察目的：了解建筑区中幼儿遇到困难和挫折时的表现及幼儿社会领域发展水平

🍃 我所见：

区域活动中，涵涵和小博一起进入建筑区进行游戏。两人商量要搭幼儿园前的过街天桥，在搭到第三节的时候，大桥晃了一下，涵涵马上用两只手护在大桥的两边，还好大桥没有倒，他松了口气。但在搭到第四节的时候，大桥倒了下来，还把下面的桥也压垮了。涵涵停下来半天没有动。小博说："没关系，大桥倒了没关系，刚才你搭到哪里了？""这里。"涵涵无精打采地回答。"没关系，要不咱们再搭一次，看看能不能把它修好？""好的。"这次，他们更加小心了。终于，用刚才的办法搭出了一座五节大桥，创造了最高纪录，他

高兴地喊:"老师,你看我们搭出了一座五节大桥。"

🌱 我所思:

中班幼儿好动、好奇心强,喜欢参与各种有挑战的游戏,但是持久性不够,尤其是在游戏中遇到挫折和困难时,表现得更明显。从两名幼儿的表现可以看出,在遇到挫折时幼儿能够调整心态和情绪,勇于面对失败,尤其是小博小朋友,还能够引领同伴一起积极面对困难、克服困难,社会性发展达到了较高的水平。抗挫折的问题是中班年龄段幼儿的共性问题,需要教师及时鼓励和引导。

🌱 我所行:

首先,日常利用活动区讲评环节,引导幼儿展开讨论,围绕活动中遇到困难时我们应该怎么办,共同梳理战胜困难的好办法。其次,通过讲故事、阅读文学作品等形式对幼儿进行挫折教育,引导幼儿遇事不怕困难。同时,家园合作,从坚持一件事做起,有针对性、有目的地共同培养幼儿勇于克服困难的精神。

观察对象：安安（4岁4个月）、诗雅（3岁5个月）、
　　　　　小仙（3岁11个月）、久久（4岁2个月）、
　　　　　欢欢（3岁6个月）
观察教师：三幼志强园　王悦娇
观察地点：表演区
观察时间：2020.10.21
观察目的：了解表演区幼儿的游戏情况及幼儿社会领域发展水平

我所见：

【片段1】

　　表演区的游戏开始了，今天的游戏是去小兔家参加新年音乐会。背景音乐提示道：小朋友如果已经准备好了就赶快去找小火车出发吧。诗雅一边准备过去拿火车头的衣服一边说："我当火车头吧。"安安说："今天别拿火车头的衣服了，我们假装开火车吧。"其他小朋友纷纷表示同意。小火车的音乐响了，小朋友跟着火车头一起穿过山洞，绕过大树。小仙却在穿过山洞后快速跑了起来，想要超过前面的小朋友。前面的诗雅看到后说：

美的种子在发芽

"你不能超过我,我是火车头。"可小仙还是站在了诗雅的前面。诗雅皱着眉,想要把小仙拉到她的后面。我说:"我们是一列长长的小火车,我要跟上我前面的小车厢。"我一边说一边跟上了我前面的久久。小仙看了看我,又看了看诗雅,回到了她原来的位置,我们的小火车继续开动了。

【片段2】

《小兔乖乖》的表演开始了,小朋友们来到玩具柜前选择自己的头饰。安安说:"我要当大灰狼。"小仙说:"好。"小仙选择了兔妈妈的头饰,诗

雅、久久和欢欢选择了兔宝宝的头饰。选好头饰后,他们开始做表演前的准备,诗雅、久久和欢欢把蘑菇房搬到了舞台上,安安正在给自己装扮大灰狼的尾巴,小仙在把胡萝卜放到地里。这时,诗雅走过去把兔妈妈的篮子拿走了,小仙发现后,走过去大声说:"我是兔妈妈。"说完就把篮子拿了过来,回来继续摆胡萝卜,诗雅一边拉着她的裙子一边跟着小仙走过来,还是想要把篮子拿走。小仙一只手拿着篮子(离诗雅远的一边)一只手摆弄着胡萝卜,眼睛看着胡萝卜说:"我是兔妈妈,篮子是我拿的。"诗雅站在旁边说:"我也想拿篮子。"说着就要伸手去拿。这时,旁边的欢欢说:"小仙戴的是兔妈妈头饰,篮子是兔妈妈拿着的,兔妈妈要去摘胡萝卜。"诗雅没有说话,还是看着小仙手里的篮子,我说:"等一会儿兔妈妈摘完胡萝卜回来,兔宝宝去帮妈

妈提篮子好不好?"诗雅点点头,走到舞台上。《小兔乖乖》的表演开始了。

🌿 我所思：

1.在表演区进行游戏的五位幼儿,都喜欢集体游戏,有与人交往的意愿。在他们游戏的过程中,安安、欢欢和久久能够与同伴友好地表达自己的想法,有一定的与人交往的能力。在表演时,也能跟随音乐大方自信地表演故事情节。部分幼儿在选择道具时不争抢、不独霸玩具。

2.表演区一直是比较受到幼儿喜爱的区域。在游戏中,诗雅表现出想要当火车头、想要拿兔妈妈的篮子的意愿,当别人没有顺从她的想法时,她会出现短暂的消极情绪,但是当成人或同伴对她进行劝解或提示时,她能够听从他人的劝解,缓解自己的消极情绪,继续进行游戏。

3.小仙也很喜欢表演区,可是她时常与别人发生冲突,发生争抢材料的情况。小仙本身是比较有想法的幼儿,但是她不能很好地表达自己的想法,并将想法传递给一起游戏的同伴。在游戏中,小仙总是想让其他人按照她的想法游戏,当同伴不能按照她的想法游戏时,就会与同伴发生矛盾,出现争抢、独霸玩具的情况。

🌿 我所行

1.与幼儿共同讨论：游戏时发生矛盾可以怎样解决？例如应礼貌地与同伴进行协商等。

2.在之后教幼儿沟通技巧的教学活动中,让幼儿学会与别人沟通协商的策略,如："我也想用这个头饰,我们可以交换吗？""我们可以一人演一次兔妈妈吗？"

3.结合幼儿爱模仿的年龄特点,在角色游戏中,教师以游戏者的身份介入游戏,以恰当的语言与幼儿商量,为幼儿提供示范学习的机会。

4.与幼儿家长进行沟通,引导家长帮助幼儿学习与同伴游戏的沟通技巧与方法。

> 观察对象:兜兜(6岁3个月)、淘淘(6岁2个月)
> 观察教师:三幼志强园　侯晓琪
> 观察地点:建筑区
> 观察时间:2020.11.5
> 观察目的:了解建筑区幼儿搭建"天安门"游戏情况及幼儿搭建
> 　　　　　技能的相关经验

🍃 我所见:

【片段1】

淘淘和兜兜来到建筑区,两个人看了看昨天"天安门"搭建的情况做了今天的计划,兜兜说:"我们今天把'天安门'的观礼台和房檐搭了吧?"淘淘很兴奋地说:"好。"做好计划后,淘淘快速地从柜子里拿出长条积木递给了兜兜,兜兜进行底座的封顶工作。两个人快速将底座完成后,兜兜拿来了红色薯片桶准备搭建天安门的观礼台。淘淘看着兜兜说:"不对,还需要两个最长的积木呢!"兜兜说:"我记得不用长积木。"淘淘说:"我看过照片,需要,用长积木是为了方便搭上面的顶。"说完,淘淘带着兜兜来到建筑区背景墙,两个人一起观察照片。兜兜说:"乔乔他们搭的有长板,我和东东最早搭的时候就没有。"淘淘说:"后来,老师说了有长板更好。"我问淘淘:"为什么有长板更好呢?"淘淘说:"这样搭薯片桶的时候就会更稳了。"兜兜说:"对,而且搭顶的时候也特别快。"我问:"为什么会特别快?"兜兜说:"因为都一样。"我说:"嗯,因为它们一样宽。"

【片段2】

在搭建飞檐翘脊时,兜兜没有让淘淘帮忙拿积木,而是自己来到了30°的三角形单元积木前,拿了两块积木,来到"天安门"前将两个30°三角形直角边朝下对称地进行连接搭建。淘淘看到后,也拿了同样的三角形放在了"天安门"上,但她是将直角边朝上,这样一来和对面的三角形总有一个缝隙。淘淘看了看自己搭的,又看了看兜兜搭的,拿起刚才的三

角形仔细观察，之后她再一次将直角朝上放在了"天安门"上，发现还是不对。这时她看向了我，我走了过去拿起前面兜兜搭好的三角形说："你看这个直直的角在下面，你的这个在上面哟。"淘淘恍然大悟，拿起自己手中的三角形进行调整。这次她顺利地将三角形完美对接。兜兜则认真地衡量着每一个三角形之间的距离，进行飞檐的搭建。

🍃 我所思：

1. 从整体活动中可以看出幼儿愿意参与活动，能够围绕主题"天安门"进行搭建，搭建时能主动与同伴进行交流，在交流过程中也能够通过协商解决问题，有计划、有顺序地进行建构。二人能够主动参与游戏，计划性强，如在搭建前先观察了前期搭建的情况，根据看到的情况进行今天搭建的计划，他们选择先给底座封顶，而且二人在计划的时候，能够很好地进行交流和分工，兜兜负责放长板，淘淘负责递材料，两人共同完成搭建，将协商后的内容有目的地记录在计划本上。这些行为显现出大班幼儿已经有了初期的计划性，能够设定当日游戏主题。幼儿还有解决问题的能力。如在遇到问题时，淘淘没有放弃，而是选择查看背景墙上的搭建日志——前期幼儿搭建"天安门"的方法，尝试自己解决出现的问题。教师在此需要提供背景墙面的支持。

2. 二人在搭建水平上是有前期积累的，特别是对积木元素的认知，知道采用什么形状的积木进行搭建更为合理，二人在搭建底座时对照搭建日志能够较为迅速地进行底座的搭建。

3. 二人在出现问题时能够采用观察同伴作品的方法来解决问题。

4. 淘淘在搭建飞檐的过程中发现了问题，但是多次尝试后仍然找不到解决问题的方法，这是由于她对图形的翻转经验不足，不知道怎么通过移动与翻转才能与空间位置相符合，使两个三角形之间的组合出现了阻碍，幼儿对于图形的组合能力还需要提升。

🍃 我所行：

1.幼儿的学习需要直接感知、亲身体验、实际操作，实践之后更需要帮助幼儿合理固化和提升经验，区域讲评环节就很好地起到了促进提升的作用。所以此次活动后，我首先肯定了二人在建筑区的搭建活动，其次帮助幼儿形成开放与接纳的讲评氛围，运用"答记者问"的形式引导幼儿围绕主题进行提问与回应，力求通过围绕一个主题来将话题深入推进，如提问幼儿遇到问题时是怎么解决的，有效帮助幼儿总结活动中的好办法。再如，提问幼儿当发现房檐出现了缝隙时是怎么进行三角形的组合的，让幼儿归纳自己的经验，同时告诉同伴搭建时的一些技法，以及搭建时需要仔细观察的地方。通过讲评从不同维度来帮助幼儿积累经验，助推幼儿在建构游戏中的深度学习。

2.教师需要帮助幼儿梳理好的方法。首先教师应该给予幼儿一个开放与接纳的讲评氛围，采取问答式的讲评模式，这种方法可以有效地增强幼儿自信心，让幼儿以发言人的身份在前面介绍，能够对活动中的内容进行归纳小结，提高幼儿的概括能力。在回答时，幼儿可以得到同伴的肯定与赞赏，获得成功的喜悦体验。其次可围绕一个主题来将话题深入推进，如提问幼儿是用什么好办法来解决两个三角形对接时没有缝隙的，这个问题需要解决的最为核心的问题就是图形的翻转，于是我们一起实际操作，让淘淘边做边讲解，教师在一旁帮助幼儿将语言表述清晰，如我们要将直角朝下放，两个直角对着放，这样它们就变平了，没有缝隙了。从而更好地帮助幼儿巩固今天所习得的经验。

3.继续扩充建筑区的背景墙饰。幼儿每一步观察,每一次发问,每一次实践,每一次结论,每一次总结的好方法,都以幼儿的记录来呈现,切实有效地支持幼儿的建构游戏。

4.作为大班老师,还应关注幼儿对于单元积木组合与分解的应用情况,引发幼儿合理运用和使用多种方法去建构。可以将此内容延伸到益智区,让幼儿在益智区扩充相应的经验来支持搭建。

5.教师积极介入,即教师在幼儿遇到困难的情况时,解释一下或者提示一下,给予幼儿一个支架,帮助幼儿继续操作下去,这样才能更好地促进幼儿的学习。如淘淘不会进行两个三角形组合,尝试多次但都失败了,教师需要及时给予帮助,否则幼儿会失去对活动的积极性。所以当幼儿建筑水平停滞不前时,教师需要用语言、动作来提升幼儿的游戏水平,帮助幼儿掌握新的技能。因此教师首先要了解幼儿内心的强烈欲望,并基于对幼儿的动作行为观察作适当的支持。本案例活动中教师采用语言提示来帮助幼儿习得新经验。

观察对象:凡凡(5岁6个月)、泡泡(5岁1个月)、
　　　　　嘉嘉(5岁5个月)
观察教师:三幼学院路园　刘建梅
观察地点:棋类区
观察时间:2020.10.25
观察目的:了解幼儿游戏时是否能遵守游戏规则

我所见：

【片段1】

今天区域游戏时凡凡去了棋类区，只见他和泡泡坐在棋桌两边下起了跳棋，嘉嘉站在一旁看着，泡泡一步一步走得比较快，凡凡走每一步都要想半天，有时还没轮到他走他就自己一下走好几步，泡泡开始没说话，可过了一会儿，泡泡和嘉嘉都指着凡凡说："你违反规则了。"泡泡还说："我不跟你下了，我跟嘉嘉下棋。"凡凡自己站起来走到一边去了，我看到

他低着头坐在旁边的椅子上，一副无精打采的样子，马上走过去问："凡凡，你怎么不去下棋了？""他们都不跟我下棋。""他们为什么不愿意和你下棋呢？""他们说我不遵守游戏规则。""哦，原来下棋要学会遵守游戏规则，不然别人就不愿意和你玩了，对吗？""嗯。""凡凡，老师想玩飞行棋，我们一起玩飞行棋，好吗？"他使劲地点点头。我对他说："凡凡，老师没玩过飞行棋，怎么玩呢？我们一起看看棋谱上的游戏玩法和规则吧。"凡凡认识了许多字，我们一起小声地读了一遍游戏玩法，还讨论了有关的规则。我问凡凡："你知道怎么玩了吗？"他说："我知道了。"于是我们开始下棋了。在下棋的过程中，我故意违反游戏规则，如我扔到了5就出棋，凡凡马上就指出来："老师，你违反游戏规则了，要扔到6才能出棋。"

【片段2】

第二天,我发现凡凡又去了棋类区,和嘉嘉一起下五子棋,这一次凡凡知道和嘉嘉轮流下棋,凡凡走一步嘉嘉走一步,两个人认真地下着棋。活动结束时,凡凡还特意跑过来跟我说:"刘老师,我知道遵守规则了,他们也愿意和我一起玩了。"我问他:"你开心吗?"他笑着说:"很开心。""哦,原来遵守规则大家都喜欢你,玩得都高兴,是不是?"听了我的话他微笑着点点头。

我所思:

凡凡比较活跃,自我约束力较弱,在下棋时不遵守游戏规则,其他幼儿都不愿意和他下棋了。看到他无精打采的样子,我和他展开了一次谈话,从谈话中可以看出他已经意识到遵守游戏规则的重要性了。当我提出想和他一起玩飞行棋时,凡凡使劲地点了点头,说明他还是很想下棋的。在我的引导下,凡凡理解了飞行棋的游戏规则,当我故意违反游戏规则时,他还能及时指出来。第二天在玩棋类游戏时他已经能够约束自己遵守游戏规则了,这样其他幼儿也愿意和他一起下棋了。

我所行:

1.通过谈话、了解游戏规则、按规则做游戏等方式引导幼儿进一步理解规则的意义,知道游戏时需要遵守规则,逐步提高幼儿的自我约束与自我管理能力。

2.老师采用与幼儿一起游戏的方法,帮助幼儿理解棋类游戏的规则及遵守规则的重要性。

3.大班幼儿喜欢与同伴互动和交流学习，可以请幼儿多观看同伴是怎么下棋的，或者请其他幼儿带着他一起下棋，逐步提高他的交往能力和解决问题的能力。

4.发现幼儿的点滴进步要及时鼓励、表扬，激励他坚持下去，提高自律性。

5.家园共育，请家长在家可以多和他玩玩下棋的游戏，一方面丰富他对棋类游戏规则的了解掌握，另一方面开拓他的思维，增进亲子感情。

> 观察对象：王子（6岁）、宣宣（5岁10个月）
> 观察教师：四幼知春里园　李婉贞
> 观察地点：建筑区
> 观察时间：2020.11.19
> 观察目的：了解建筑区幼儿的游戏情况以及搭建水平

我所见：

【片段1】

今天早上，宣宣等几位小朋友选择了建筑区，他们进入建筑区之后拿出了几块长积木，搭建了一个房子的地基，接着又用积木错落着把房子搭高了几层。这时候王子拿走了很多中等长度的

美的种子在发芽

积木要搭建公路，宣宣对他说："你不能拿这么多这样的积木，都被你拿走了，我们的房子就没办法建高了。"王子说："那如果我不拿的话我的公路就没法搭建了。"就这样，两个人因为想要同样的积木而争执了起来。

【片段2】

　　这时候我走了过去，对宣宣说："你的房子搭得很漂亮，地基很稳固，但是我觉得中间楼层用的柱子有些多了，看上去有点乱，如果去掉一些支柱会不会有影响呢？"宣宣用手挠了挠头说："嗯，我也不知道。"我说："那你们可以尝试一下呀。"宣宣回答："那好吧，我们试一试。"说着她小心地撤掉几个支柱，在上面搭上楼板，又用小型积木垒起一个小阁楼，房子更漂亮了。

【片段3】

　　王子用很多中长积木搭建公路后，坐着发呆，我说："王子，你的公路搭建得不错，但都是笔直的公路，你见过立交桥吗？"王子说："我见过呀，爸爸开车走过立交桥，哦，我可以搭建立交桥。"于是王子选择了用半圆形的积木开始搭建立交桥，立交桥向周围延伸的路他选择了用短积木拼接。

我所思：

　　幼儿升入大班之后，自主意识进一步加强。最近我们围绕"垃圾分类我先行"的班级主题开展各项区域活动，建筑区的背景墙上有孩子们自主设计的"美景小区""美景家园"的图纸，但就在每天的搭建过程中，总会遇到一些孩子想要相同积木的问题，我分析原因：

　　1.材料投放问题：建筑区的材料有些单一，长条积木较多，偏厚的积木较多，轻型的主题积木较少，不能够满足较为复杂的搭建主题，孩子们有时候容易被积木的形态限制住。

2.材料的投放与指导没有考虑个体差异，能力不同的孩子有着不同的游戏想法，如果没有合理的指导与分配，幼儿很容易产生分歧、争执或者无事可做。

3.在区域活动中，教师是观察者、引导者，我们要支持、鼓励幼儿自发地选择、探索、操作材料，但也要根据幼儿在区域活动中的表现及时给予一定的帮助。今天两个幼儿因为想要同样的积木而发生争执导致游戏似乎无法进行，这时我的点拨能够让他们换一个角度去设计自己的建筑，这也是一种对幼儿解决问题能力的培养。

我所行：

1.调整建筑区的积木，投放主题积木，并在活动区前的过渡环节为幼儿介绍搭建方法。

2.观察指导要适时、得当、有针对性，给予幼儿一定的空间去发挥，同时观察幼儿在活动中出现问题时是否能够自己解决，是否需要老师介入指导。我们要多从幼儿的角度去想、去看问题，这样才能让幼儿的能力得到发展，让幼儿的游戏水平得到提高。

观察对象：帅帅（6岁1个月）、青歌（5岁10个月）

观察教师：四幼知春里园　周爽

观察地点：棋类区

观察时间：2020.12.15

观察目的：了解幼儿在活动区游戏发生冲突时会如何解决

美的种子在发芽

🌿 **我所见：**

棋类区，青歌和帅帅一起下棋，下了几个回合，总是帅帅赢。青歌是个十分要强的孩子，一看自己老是输就急了，在第三回合时，他移动了一枚已经下好的棋子，硬说连起来是五枚棋子，自己赢了。

帅帅不高兴了，于是两人争吵了起来，帅帅说："你赖皮，刚才这棋明明放在这儿的，不可以再移过去了！"青歌争辩说："我刚才放错了，我是想放这儿的呀。"帅帅说："放好了就不可以动来动去，不能后悔的！你违反游戏规则了。"青歌说："你刚才又没说不可以动！"帅帅没有办法，生气地来向我告状。

见帅帅来找我求助，我就问他："你们在开始玩游戏前有没有说好下好的棋子不能再动了？"他摇摇头连忙说："上次我和贝贝下棋，她说了，下好的棋子就不能再动了。"我又问："那贝贝是在什么时候说的呢？"帅帅说："是在游戏开始之前说的，这是游戏规则，不能悔棋的。"我又问青歌："如果下好的棋子我也动来动去，你愿意吗？"青歌想了想，摇摇头。"那这可怎么办好呢？"我问他们。他们俩互相看了看，帅帅说："那我们现在说好了，下好的棋子谁也不能动，怎么样？"青歌点头答应："好的。那我们重新开始，这次不算。"然后两人又高兴地下起棋来。

🌿 **我所思：**

1.争吵是幼儿交往中不可避免的现象，《纲要》中指出："儿童通过交往，逐步认识自我并接纳他人，初步了解生活必需的基本行为规范。"

2.幼儿正是在争吵中学会保护自己，收敛自己。当幼儿在争吵中无法说服对方时，往往会找老师做自己的"依靠"，希望通过老师的权威话语帮助自己反败为胜，从而达到自己的目的。如果老师经常充当幼儿的"依靠"，那就剥夺了幼儿参与交往的权利，也阻碍了幼儿交往能力的形成和发展，影响幼儿学习交往的过程，当幼儿再次碰到类似的问题时，又会以告状找老师的方式来解决，这不利于幼儿的社会性发展。

3.大班幼儿具有一定的解决冲突的能力，把问题抛给幼儿让幼儿学会相互之间多思考多沟通，在不断的讨论与交流中找到适宜的解决冲突的方法，学会遇到冲突先冷静、多思考、多沟通，协商解决冲突问题。

我所行：

1.帮助幼儿建立规则意识

根据大班幼儿的年龄特点，竞赛性的游戏增多了，幼儿共同游戏时，往往会更看重输赢而忽视游戏规则，从而在游戏过程中产生矛盾，引起争吵。作为教师，看到幼儿发生争吵时，要做一个旁观者，关注幼儿解决问题的过程，帮助幼儿分析争吵中的是非对错，同时制定一些游戏规则，让幼儿按游戏规则进行游戏，体验"和平共处"的愉快。

2.树立自信，友好交往

当幼儿跑来告状时，老师应该鼓励他，靠自己的努力去说明自己想说的事情，要有信心把事情经过说清楚，幼儿间要学会相互沟通与交流。让幼儿自己探索更好的方式进行交往，让他们通过实践去发现不争吵也能解决许多问题。教导幼儿学会谦让，学会宽容，引导幼儿学习处理纠纷的方式方法，学会用协商的方法来解决问题，逐步形成和发展交往能力。

美的种子在发芽

观察对象：芊芊（5岁7个月）、安娜（5岁10个月）
观察教师：五幼东升园　倪紫
观察地点：活动室
观察时间：2020.11.11
观察目的：了解幼儿纸杯叠叠高的游戏情况

🌿 我所见：

今天区域活动时间，芊芊和安娜一起选择了挑战区的纸杯叠叠高游戏。芊芊和安娜分别拿了一摞纸杯，却迟迟没有开始游戏，而是把两摞纸杯立在地上分纸杯，分完以后又把纸杯放到地上比了比。

分完纸杯以后两个人开始商量搭什么，安娜说："我们还搭'金字塔'吧，这边搭一个，那边搭一个，然后把中间围起来。你昨天没来时我搭的就是这个。""好呀，那我们搭一个比你昨天搭的还大的吧，你昨天搭的是几排的呢？""我昨天搭的是六排的。"两个人开始摆放纸杯。他们先用纸杯围成一个正方形，然后再把正方形里面摆满纸杯。安娜一边调整着纸杯间的距离，一边轻轻地往上摆纸杯；芊芊则是看看这看看那，很随意地把纸杯放上去。他们摆完第一层开始摆第二层，摆到第三层的时候纸杯塔倒塌了几个，安娜把第二层纸杯的位置调整了一下，继续往上搭。过了一会

儿，他俩的"金字塔"快要搭成的时候又倒塌了，并且在补救的过程中越塌越多，最后两个人开始收纸杯。我走过去问："你俩怎么收纸杯了呢？"安娜说："我自己就可以搭成功，和芊芊一起搭纸杯塔就老塌。"我接着问："这是为什么呢？"安娜边抬起脚边对我说："芊芊就这样老把纸杯碰倒。"芊芊低着头小声说："我不是故意的。"

又过了一会儿，我看到他们两个又开始搭爱心，搭完第一层后，我听到安娜在数："……33、34、35个纸杯。"芊芊说："第二层我们用彩色的纸杯吧，也需要35个。"他们两个就这样一层一层搭起了爱心塔，直到活动结束。

🌱 我所思：

1.安娜和芊芊都喜欢玩纸杯叠叠高的游戏，安娜能主动邀请芊芊加入到叠纸杯游戏中来，说明安娜社交能力比较强。

两位幼儿都能根据主题进行搭建，他们俩一开始是要搭建"金字塔"，后来二人在合作的过程中，一起致力于"金字塔"的搭建，虽然最后失败了，但是他们都能做到依据主题搭建。

2.两位幼儿性格不同，安娜认真、踏实，芊芊活泼、好动。在搭建"金字塔"的过程中，安娜能认真地进行搭建，而芊芊在搭建过程中表现出不专注、很随意的状态，后来更是给合作搭建造成了危机，不过芊芊及时向安娜道歉，通过沟通解决了问题，最后两位幼儿又合作进行了其他主题的搭建，合作效果很好。

3.在玩叠纸杯游戏的过程中，两位幼儿由单一叠高—围拢叠高—垒高，过渡到创意造型搭建，他们的动手能力、想象力，以及审美能力都得到了提高。

🍃 我所行：

1. 在平时的游戏活动中，要给予幼儿自主解决问题的机会。比如，幼儿因为游戏产生冲突，可以让幼儿通过协商、交流等方式自己解决问题。

2. 引导幼儿进行其他主题的搭建活动，提升幼儿的搭建技能。

3. 在平时的游戏活动中，鼓励芊芊坚持完成游戏，在游戏中遵守游戏规则，保持专注力，不随意游戏。

4. 在游戏结束后，可以组织幼儿进行交流分享，进行经验总结，并引导幼儿尝试表达自己的想法。

5. 注重家园共育，与芊芊家长沟通，家庭游戏中，家长也要注重培养幼儿游戏时的专注力、持久性。

观察对象：茂茂（4岁7个月）、小五（4岁8个月）

观察教师：五幼万泉河园　唐思宇

观察地点：益智区

观察时间：2020.10.13

观察目的：了解幼儿玩"轨道拼图"游戏的情况

🍃 我所见：

【片段1】

茂茂进入益智区拿出"轨道拼图"，对小五说："我们一起来玩这个吧！"小五笑着说："我来了。"然后坐在了茂茂旁边。茂茂边拿题卡边说：

"我们来比赛吧,看谁先用四块拼图拼出这个形状。"小五笑着说:"好,我肯定会赢的。"小五拿过题卡看了一会儿,然后把题卡放在桌子上,茂茂快速从桌子上拿走题卡说:"我也要观察它。"然后把题卡放到了另一边。小五走过去把题卡拿走,茂茂伸出手去抢小五手里的题卡说:"我也需要看一下。"小五大声说:"你到我这儿看。"茂茂把题卡夺过来放在自己面前说:"放这边我们一块儿看。"小五快速拿过题卡说:"放这边我还得站起来。"茂茂再次夺过题卡放在自己旁边说:"我先看。"小五大声说:"那等会儿你就该赢了。"然后小五拿起题卡放在中间说:"我有一个好办法,放中间咱俩都能看。"茂茂点了点头。

【片段2】

茂茂盯着题卡看了一会儿,然后拿出四块拼图拼在一起,拼完后又对着题卡看了一眼,把拼在一起的拼图拆开,变换拼图方向后继续拼;小五拿出四块拼图拼在一起,看了一会儿后,他拆开一块拼图放到一边,又重新拿起一块拼图拼,然后叹了一口气说:"实在太难了,我们拼不上这个最难的吧?"边说边趴在桌子上看着拼图。茂茂看着小五说:"你没有仔细观察,你就一直都拼不上。"然后拿起题卡看了一眼,又继续拼,试着拼了几块后说:"我好像想起怎么拼了。"拼好后茂茂皱着眉头"咦"了一声,边对着题卡看边拆开一块拼图。小五把身体转向拼插区,看了一会儿拼插区的小朋友,又把身体

向后转看着美工区的小朋友。

过了一会儿,茂茂突然身体往后退了一下,睁大了眼睛说:"嘿嘿!"然后边把双手握成拳头向上举边笑着说:"耶!我拼好了!耶!耶!"然后转过头对着小五大声说:"我拼完啦。"小五不说话盯着拼图看,茂茂把自己的拼图推到小五面前说:"你看,是这样拼的。"小五转过头看了一眼,又回过头,茂茂拿起四块拼图中的两块举到小五的面前说:"你看,是这样拼的,先拿出这两块……"茂茂还没说完,小五一转身子,背对着茂茂大声说:"不需要看!"然后垂下脑袋,嘴角往下一撇。茂茂边把拿起来的两块拼图重新拼上边说:"我先拼完喽。"

我所思:

1.在游戏过程中,两位幼儿争抢一个题卡时,小五能够动脑筋想出好的解决办法,可以看出小五爱思考,并且解决问题的能力比较强;而茂茂能够接受同伴的建议,但是还需要老师给予更多的支持提高他解决问题的能力。

2.在比赛拼拼图时,茂茂能够仔细观察题卡上轨道的形状,并不断动手尝试不同的拼法,可以看出茂茂的观察能力和动手操作能力比较强;在拼的过程中,小五动手操作的次数很少,有时还会被其他事情吸引,所以还需要老师给予更多的支持来提高他的专注力和动手操作能力。茂茂成功拼完后,小五表现出失落的情绪,当茂茂想要告诉小五怎么拼时,小五激动地拒绝了,可以看出他的挫败感比较强,需要老师帮助他增强自信心。

3.在游戏过程中,两位幼儿发生争抢,可能是因为中班幼儿交往技能不足的年龄特点和"比赛"这种游戏形式导致的,还需要老师多教给幼儿一些解决问题的办法。由于中班幼儿的专注力不够,注意力容易转移,做事情的持久性不够，以及游戏难度的问题，导致在比赛时小五出现消极的游戏状态。

🌿 我所行：

1.利用过渡环节组织全班幼儿一起讨论"只有一个玩具时两个小朋友都想玩怎么办"，请小五分享他的解决办法，并教给幼儿一些解决问题的办法，提高幼儿解决问题的能力。

2.在区域分享时，请茂茂分享他的拼图方法，鼓励幼儿思考不同的拼图方法，提高幼儿的游戏水平。

3.引导小五先从简单的题卡开始挑战，积累一些经验和方法，从游戏中获得一定的成功体验，帮助他建立自信。

4.在益智区中投放走迷宫、找不同等主题玩具，在游戏中提高幼儿的专注能力。并与小五家长沟通交流，建议家长能够与幼儿多进行亲子阅读等活动，培养幼儿的专注力。

> 观察对象：晴晴（6岁2个月）、真真（5岁11个月）
> 观察教师：五幼万泉河园　刘杏湄
> 观察地点：活动室
> 观察时间：2020.11.20
> 观察目的：观察幼儿自主阅读的情况

美的种子在发芽

🌿 **我所见：**

【片段1】

教育活动到了幼儿自主阅读的环节，我看到晴晴和真真坐到一起，翻开了绘本《爷爷一定有办法》，开始阅读。晴晴指着绘本封面说："这本书叫作《爷爷一定有办法》。"说完翻开了绘本："当……这两个字我不认识啊，是什么？"说完眼睛看向了真真，真真摇了摇头说道："我也不认识。"晴晴说："这个看着像人名，

但是念什么呢？"说完把手放在了额头上。真真凑近一些看了看也不认识："这两个字我也不认识。"这时，两人停止了阅读，手一会儿指着不认识的字，一会儿指着画。看到两人一直不能继续阅读，我走到他们身边蹲下来说道："还记得老师讲的时候说过小男孩叫什么吗？"晴晴大声说道："约瑟！我知道！那这两个字就是'约瑟'！"真真说道："太好了，那我们继续读吧，看看爷爷到底做了哪些东西。"

【片段2】

晴晴说："你看这个毯子多好看，盖上还不会做噩梦，真神奇。"她一边说一边指着书中对应的位置。"可是妈妈说这个毯子太旧了，爷爷是不是要帮忙再缝一条新的？"真真问道。晴晴摇了摇头说："爷爷应该是做了别的吧？"说完又翻了一页，"你看，底下的小老鼠，它们捡了一些没用的材料。""真的，而且你看小老鼠都在下面等着要那些材料，它们给自己做了衣服。"真真瞪大眼睛，往后翻了几页书说道。

【片段3】

"通过阅读绘本,小朋友们你们发现了没有?爷爷为约瑟制作了什么东西呢?"晴晴举起手来,我说:"来,请你们俩来和大家分享一下吧。"两位幼儿拿着绘本走到前面,晴晴说道:"有毛毯,而且我还看到小老鼠也用约瑟毛毯的材料做了新衣服。""哦,你观察画面观察得真仔细,看到了画面最下面的小老鼠,也发现了小老鼠用爷爷做东西的边角料给自己做了衣服,那你知道为什么小老鼠的衣服越来越多吗?"听到她的回答后,我追问了一句。"因为,爷爷给约瑟改的东西越来越小了,边角料也就都被小老鼠拿回家里了,所以,小老鼠的衣服越来越多了。"晴晴说道。

🍃 我所思:

1.5~6岁是幼儿即将进入小学的年龄,可称为入学前准备阶段,这个年龄段的幼儿有强烈的求知欲和认知兴趣,对文字的认知兴趣更强,在阅读绘本时会通过部分特征辨认一些常见的字词。就像今天晴晴翻开书的第一件事,是用手指着文字开始阅读,当遇到不认识的字时,则选择了停止阅读,在得到教师的帮助后,才开始继续阅读。

2.《指南》的语言领域中提到,幼儿能根据故事的部分情节或图书画面的线索猜想故事情节的发展。在片段2中,一开始晴晴是带着问题进行阅读的,但之后她观察到画面最下面有小老鼠。其实晴晴在阅读的时候很专注,并能通过仔细观察发现书中的细节,一直在看里面的小老鼠发生了什么,但也由于过于专注细节,没能关注到画面整体情节,最终没能将细节与故事情节建立联系。

3.语言教学活动的核心就是提问,教师在活动中对幼儿进行有效性的

提问，可以提高幼儿对事物的理解和认知能力。晴晴的语言发展在我们班一直是比较突出的，经常会把自己听过的故事讲给小朋友们听，也成为了我们班的"故事大王"。在她对故事情节发展没有讲述清晰时，作为教师，在引导提问的时候我选择了分层次提问方式，表扬了她观察画面很仔细，也通过小老鼠继续追问了原来的问题。此时幼儿需要进行思考，与画面联系后再进行回答，之后晴晴运用了因果连接词将想法表述了出来。

我所行：

1.在组织早期阅读活动或幼儿自主阅读时，教师可根据幼儿对文字的感兴趣程度，适宜地进行指导。例如：介绍绘本封面及名字等。

2.自主阅读前教师要提出清晰的问题，引导幼儿带着问题进行阅读。总结时，帮幼儿梳理、提升经验。

3.教师可以运用图例、符号等，隐性引导幼儿发现画面细节，从而帮幼儿建立细节与故事情节发展的必要联系，起到教育支持作用，激发幼儿自主阅读和探索答案的欲望。

4.通过有针对性的提问以及给幼儿充分自主阅读和思考的空间等方法，帮助幼儿梳理故事线索，从而发展幼儿的创造性思维和语言表达能力。

观察对象：恬恬（3岁4个月）、希希（3岁6个月）

观察教师：六幼金沟河园　高京京

观察地点：角色区

观察时间：2020.10.22

观察目的：了解幼儿在娃娃家分配角色产生分歧时的解决办法

🌿 我所见：

娃娃家的角色牌有五个，爷爷牌、奶奶牌、爸爸牌、妈妈牌和小朋友牌。小朋友们进区不久，就发出了争吵的声音："我要当妈妈，我才不想当奶奶呢！"原来是希希和恬恬都争着当妈妈，而其他三个小朋友都已经戴好了角色牌，睁着大眼睛看着他们争吵。我走过来，他们马上用求助的目光看着我。

我蹲下身子问希希和恬恬："你们为什么都要当妈妈呢？"希希抢先回答："因为我平时最喜欢妈妈，我觉得当妈妈好玩一些。"恬恬也说："我也喜欢当妈妈，当奶奶不好玩。"想到我们刚刚学过的一首儿歌《我有一个幸福的家》，我就对娃娃家的小朋友们说："那我们先来朗诵刚学过的《我有一个幸福的家》的儿歌吧！"大家马上大声地念起了儿歌，儿歌念完，我马上问："为什么说是幸福的家呀？家里有些什么人呢？"一旁的"爷爷"彦彦说："有爷爷、奶奶、爸爸和妈妈。""爸爸"小羽也在一边补充道："还有小朋友呀！"我接着说："对啦！我们一家人在一起很幸福，是因为我们是一家人，大家在一起相亲又相爱！"希希点点头说："我也觉得是这样。"

小朋友们都点点头，我接着说："在我们的家里，每一个人都很重要，今天娃娃家的小朋友们也是一家人，大家要当好每一个角色，我们来试试当不同的角色好不好？"小朋友们都说好。我转过头看看边上那三个戴好角色牌的小朋友说："'爷爷''爸爸''小朋友'真棒，不争不抢地选好了自己的角色。"我又看看希希和恬恬说，"老师提个建议，今天希希来当'妈妈'，恬恬当'奶

美的种子在发芽

奶'，到下一次游戏的时候换角色，看看谁当'妈妈'或者'奶奶'当得好？可以吗？"通过调解和劝说，希希当上了"妈妈"，恬恬当上了"奶奶"。刚开始"奶奶"还噘着小嘴巴，可过了一会儿，"奶奶"就开心地投入到角色中去了。

🍃 我所思：

1. 现状分析：幼儿在娃娃家已有了初步的规则意识，如有三位幼儿自己分配好角色，戴好了角色牌。

2. 原因分析：我们有时会问幼儿最喜欢家里的谁，大部分幼儿都回答的是妈妈。虽然小班的幼儿还不能用语言去表达得很清楚，但他们心中就是觉得妈妈是温柔、漂亮、能干的，相比之下，奶奶在幼儿心中的分量比妈妈要稍轻一些。所以当有"妈妈"和"奶奶"的角色选择的时候，就会出现以上案例中的一幕：两位幼儿都争当"妈妈"的角色。

3. 我最初是想培养幼儿的独立性，给幼儿自主选择的权力，让幼儿自己去选择角色牌。其实幼儿对于角色扮演有着浓厚的兴趣，但有的幼儿碰到自己喜欢的角色就会争抢，这也与幼儿的以自我为中心的心理有关。

🍃 我所行：

1. 在日常的生活学习中，加强幼儿的亲情观念的培养，让幼儿知道家里的成员都是很重要的。

2. 幼儿在游戏中出现问题，教师要及时出现，并用亲切的语言和适宜的方式去引导幼儿。比如：两位幼儿都争选"妈妈"的角色，我及时用念儿歌的方式，让幼儿停止了争吵，并加以提问，加深幼儿对家庭角色的认识。

3.教师要引导幼儿自己去分配角色，不能硬性指派幼儿去担当什么样的角色。我用建议的方式让两位幼儿协商和分配谁当"妈妈"，虽然当"奶奶"的幼儿刚开始还是有点不高兴，但当她投入到游戏当中的时候，能马上忘掉不开心，这也是小班幼儿的心理特点。

4.小班幼儿在自选角色的规则意识上是比较薄弱的，幼儿无法协商角色的选择时，教师要酌情参与指导，制定轮换角色的规则，并用图片的形式记载幼儿表演过角色的轨迹，让每个幼儿都有机会担任自己喜欢的角色。当幼儿得到自己喜欢的角色时，要给幼儿提出游戏的要求，让幼儿学会珍惜自己的机会，同时对能自主协商分配角色和谦让的幼儿进行表扬。帮助幼儿逐步学会协商、合作，学会克制自己、遵守规则，加强幼儿的社会交往能力。

5.在评价环节，运用情景再现法，让全班幼儿发现问题，并寻求解决问题的方法，引导幼儿把遵守规则内化，逐步培养他们自愿、自觉地遵守轮换规则的好习惯。

观察对象：松松（3岁4个月）、成成（3岁6个月）
观察教师：六幼小灵通园　孙立军
观察地点：建构区
观察时间：2020.12.11
观察目的：了解幼儿能否在游戏中观察、感知物体的大小和形状

美的种子在发芽

🍃 我所见：

成成在建筑区用两块半圆形的积木拼成一个圆形，然后放上一个塑料小人，说："过生日了。"我说："这么多小动物，这么小的蛋糕好像不够吃呀。"松松说："可以再搭一层。"说着在上面放了一块圆形的板材，看了看说："这个圆形挺合适的。""为什么你觉得很合适呢？"我问道。他说："因为这个板的大小跟那个蛋糕一样大。"成成找来两块小点的半圆形积木，放在第一层上面，然后把塑料小人放上去。松松手里拿了两个小人和两块大的半

圆形积木。他把成成搭的第二层拿下去，放上了自己找来的半圆，拼成了一个两层一样大的蛋糕，然后放上三个塑料小人。成成说："你的不行，蛋糕都是下面大，上面小的。"说着又把自己的小圆形放上去。松松说："可是我要放三根蜡烛，你的太小放不下。"说着又换成自己的大圆形。两人争执不下，都不肯让步，结果把蛋糕推倒了。"那你们就一人做一个自己喜欢的蛋糕吧。"我说。之后，两个小朋友分别去搭建，但是没有了之前的热情。

🍃 我所思：

成成选取半圆形的积木拼成圆形做成蛋糕，又用小一点的半圆搭第二层蛋糕，说明他对生活中的蛋糕很了解，并且对于积木的形状也很了解，知道用什么形状的积木可以拼成圆形。通过比较积木的大小，搭建成大小

不同的两层。松松具有一定的目测估量能力，能够很快找到与蛋糕大小匹配的板材，判断出是否合适。这两个小朋友在游戏中已经可以观察、感知到物体的形状和大小。游戏中两个小朋友争执不下，都各执己见，不能听取别人的意见，表现出小班幼儿以自我为中心的年龄特点。老师的介入虽然使幼儿的游戏能够继续进行，但方式过于简单直接，没能给孩子提供有效的支持，也没能真正解决问题，错过了一次良好的教育契机，使幼儿降低了游戏兴趣。

🍃 我所行：

反思自己的教育行为后，我意识到如果能引导孩子自己去想办法，寻找适宜的材料，合理解决蛋糕小蜡烛放不下的问题，会更有效地支持幼儿游戏，让幼儿获得更多的关于比较和计数的有益经验，如：

1. 以丰富的低结构材料，帮助幼儿提供"以物代物"的能力。可以鼓励幼儿从其他区角选择需要的材料运用到游戏中，比如用吸管和橡皮泥制作蜡烛。支持幼儿将科学领域的经验、创意迁移于游戏中。

2. 关注、支持幼儿自发的游戏行为，当他们在游戏中遇到需要比较物体的量的情景时，观察他们感知、操作的过程和发展水平，必要时加以引导。比如哪种材料更细一些，更适合做蜡烛；怎样能让蛋糕变大一些。

3. 不断更新"比较物体的量"的情景，吸引幼儿的注意力，使他们保持比较长时间的兴趣。比如用大小不同的积木和板材搭成多层蛋糕。

4. 采取请幼儿帮助拿积木的方式，引导幼儿关注和比较积木间的差异。可以给幼儿发出指令：请帮我拿一块最大的圆板。

5. 游戏后可以让幼儿说说跟小朋友一起过生日的感觉，引导幼儿体验跟同伴一起游戏的快乐。

美的种子在发芽

> 观察对象：亮亮（4岁8个月）、佳芃（4岁9个月）
> 观察教师：六幼小灵通园　张丽媛
> 观察地点：建筑区
> 观察时间：2020.10.12
> 观察目的：了解幼儿在建筑区游戏时自主选择材料的情况

🍃 我所见：

早餐过后，佳芃和亮亮一对好朋友又来到了人气很高的搭建区。今天，俩人先在搭建区里一边翻找着材料，一边聊着天，说着各自喜欢的玩具。佳芃在装有交通工具玩具的纸箱里找到了一辆小坦克，她对亮亮说："咱们今天搭个大炮吧。他们男孩子老是搭这些东西，我也想试试。"亮亮想了想说："好吧！"于是俩人就开始搭大炮了。

渐渐地，搭建区又来了一些小朋友，看到他们俩正忙着搭建，就问："你们在搭什么呀？"一听说是大炮，就兴奋了起来，连忙说："我也要搭，我也要搭。"

有的幼儿搭建的作品不够称心，将搭好的又拆掉。过了一会儿，佳芃和亮亮的大炮建成了，一旁小朋友的战车也搭好了。他们相互观赏比试着。"我们的大炮可厉害了，有三个炮口呢，能一下子打出去三个炮弹。""我的更

厉害,是万能的轮子,什么地方都能去,我的车先开出去找到敌人,你们就打炮。"大家搭得都很棒,孩子们开心地完成了搭建工作。

🍃 我所思：

从幼儿的活动情况能够看出,他们对班级搭建区的材料比较熟悉,日常区域活动时经常选择搭建区。对搭建区的材料,能认真比较其形状,依据形状选取适合的材料来搭建自己的作品。比如：佳芃的"大炮",充分利用了圆柱体形状的奶粉筒和薯片筒,根据大小摆放,使炮筒由粗到细,使作品非常逼真,也使作品更具有层次性。

此外,还用两个圆柱体铁罐,放在了"大炮"的最顶端,就像望远镜一样,真是巧妙的构思,一点也不像出自女孩子之手。旁边的幼儿也不弱,"战车"创作,将搭建的对称、架空、加盖等技巧都充分地展现了出来。

适当鼓励,使之独立完成操作。教师可利用幼儿喜欢表扬的这一特点,及时、适当地给予一个微笑、一句肯定的话语、一个满意的点头,逐步消除他们的依赖心理,从而增强他们自主操作的信心。

🍃 我所行：

1.丰富班级搭建区的材料,收集纸箱、盒、筒等形状不同的材料,帮助幼儿进行大胆想象及创造,提升幼儿的动手能力。

2.在持续的搭建活动中,教师可以在活动区背板上呈现一些实物照片,为幼儿提供参考。

3.为幼儿提供隐性的指导,利用身边的物品给幼儿做参考。

4.让幼儿在搭建之前有更进一步的交流,在交流中提升幼儿的想象力。

5.为幼儿提供更多的图片和搭建技巧,例如,垒高、围拢等方法,在搭建过程中给予幼儿充分的支持。

观察对象:杨杨(4岁9个月)、鸿鸿(4岁7个月)、大奥(4岁11个月)

观察教师:七幼定西园　胡紫明

观察地点:科学区

观察时间:2020.10.20

观察目的:了解幼儿在科学区游戏的状态以及材料的支持情况

🍃 我所见:

今天科学区来了三位小朋友,由于科学区最近新添了"牛奶动画"的小实验,他们早早地就吃完饭,准备进去做实验了。三位小朋友已经做好了准备。大奥先是按照昨天讲解的步骤开始操作,在盘中倒满牛奶,鸿鸿和杨杨则在一旁看着他,鸿鸿说:"你慢点倒,别洒了!"大奥小心翼翼地倒着牛奶,生怕实验不成功。这个时候该滴色素了,杨杨拿起一瓶色素开始滴了起来,鸿鸿也选了自己喜欢的颜色,这个时候大奥说:"鸿鸿,我喜欢这个颜色,我要滴!"他俩开始抢了起来,最后鸿鸿把色素瓶让给了大奥。都滴完后,该进行下一步了。三位小朋友一人拿一根蘸有洗涤灵的棉签点色素。大奥快速地用棉签把所有的色素都点了一遍,杨杨正要继续点,大奥大声说:"杨杨,你干什么,颜色都被你破坏了!"鸿鸿也跟着说:

"哎呀，就是，你一会儿再点！"然后三个人开始记录实验的结果，大奥说："我去拿彩笔。"三个人围着一张纸画了起来，鸿鸿说："你先画，然后我再画，最后杨杨画。"大奥和杨杨说："行。"当轮到杨杨画的时候，大奥说："你画到我那块上了！"

🍃 我所思：

  三位幼儿能够遵循科学区的游戏规则，并且对新实验非常投入，能看出他们很愿意挑战新实验；能够与同伴进行交流，在交流过程中，他们能进行商讨并尝试着解决问题，同时也能够做到等待和合作。

  《纲要》中指出："幼儿主要是通过感知觉以及各种操作活动认识周围世界的。此时他们对事物的认识虽然是直接、简单和表面化的，但他们对事物的操作感知活动是其积累认知经验的重要方式，这些经验的获得是幼儿今后进一步理解周围事物及相互关系的基础。"在实验过程中可以看出三位幼儿敢于尝试，非常乐于接受挑战。

  在游戏中，从大奥的说话语气和声音中能感受到他总想自己做这个实验，并且不能够与伙伴共同合作；杨杨在实验的参与度上明显比其他两位幼儿要低一些，在游戏中都是听着别人说，或者是别人让做什么就做什么。

在实验过程中,三位幼儿的礼貌用语的使用要加强,耐心程度需要提高。

中班的幼儿已经具备了一定的规则意识,能够遵守游戏规则,并且也能够与同伴交流。大奥在实验过程中表现欲望很强,从声音、动作都能看出,他想自己玩这个游戏。在一日生活中,大奥也总是大声说话,做其他游戏的时候也喜欢表现自己。在整个实验过程中,大奥在社交礼仪方面有所欠缺,可见教师和家长缺少在此方面的引导和榜样示范。

我所行:

1. 在科学区为幼儿提供与此实验相关的更多的材料,将材料进行分化,提升幼儿与材料互动的有效性,为幼儿进行更高水平的游戏提供材料支持。应将科学区实验小游戏的材料准备充分,使多名幼儿能够同时进行游戏。

2. 作为教师要在以后的一日生活中注意文明礼貌用语和动作的使用,潜移默化地影响幼儿。

3. 在日常活动中要多关注像杨杨一样不太主动的幼儿,要积极引导这样的幼儿,给他们搭建平台,鼓励他们多表达自己,并持续观察做好记录。

4. 在家园合作中,也要及时向家长们反馈幼儿的各方面情况。

观察对象:安安(3岁5个月)

观察教师:七幼定西园 刘碧柳

观察地点:图书区

观察时间:2020.10.29

观察目的:了解幼儿在图书区的阅读情况及幼儿社会领域发展水平

第一章 看得见的呵护

🌿 **我所见：**

【片段1】

不感兴趣的图书：

故事时间，安安跟几个同伴商量好一起阅读《你看起来很好吃》。安安充当主读者，其他同伴陪读，几个人口中不断地讲述故事中的内容。不一会儿，陪读小朋友陆续走开，安安看到小朋友走了，他也放弃阅读《你看起来很好吃》，自己另外找了一本读物。

【片段2】

感兴趣的图书：

第二周故事时间，安安拿着一本图书，独自走到书吧一角开始阅读，我走近一看，那是一本科学探索类书籍，阅读过程中同伴在安安身边走来走去，安安依然认真地阅读手中的图书，没有受到任何干扰，一直到故事时间结束，才不舍地将书放回书吧。

🌿 **我所思：**

1.安安平时很活泼，我从来没有真正地去仔细观察、了解过他。第一次阅读时，他不能坚持阅读一本书，是受到同伴的影响和对选择的读物不

111

感兴趣。第二次在阅读自己感兴趣的读物时，能够一直坚持阅读，表明安安是有一定的阅读坚持性的。

2.每个孩子的性格与发展水平、兴趣与爱好都不相同，在阅读活动中的表现也不同。作为教师，首先要了解幼儿，掌握每个幼儿的方方面面，给予幼儿更多的关注和不同的指导，同时充分发挥家园共育的作用，做到有计划、有目的、有步骤地实施家园合作。

3.善于抓住每个教育契机帮助孩子在不知不觉中改善阅读习惯，使得幼儿尝到阅读的乐趣及在此过程中与同伴交往的快乐，促进孩子语言表达能力和想象力的发展，特别是使发音不清、自信心不足的问题得到改善。

我所行：

1.多给予幼儿参与班级活动的机会，提高幼儿活动的积极性。
2.在活动中帮助幼儿建立自信，鼓励幼儿与他人交往、沟通、分享。
3.通过多种活动形式，帮助幼儿养成良好的阅读习惯。
4.幼儿在阅读活动开展的过程中对分享有着很高的积极性和主动性，教师可根据幼儿的这些表现，不断地激发幼儿在其他方面的进步。
5.在每次观察到幼儿不能坚持完成一件事情的时候，教师应该立即参与进去，帮助幼儿及时解决困难，这样有利于提高幼儿对下一次活动的坚持性。

观察对象：超超（6岁1个月）、然然（5岁10个月）、
　　　　　辰辰（6岁3个月）
观察教师：七幼沙沟园　张路
观察地点：科学区
观察时间：2020.11.5
观察目的：了解幼儿在科学区玩"齿轮如何转动"游戏的情况

🌿 我所见：

【片段1】

活动区时间，超超、辰辰和然然都选择了齿轮玩具，他们三个先是自己玩自己的，玩着玩着超超提议道："咱们把三个人拼的齿轮连在一起怎么样？这样我们就能拼成一大片齿轮了。""好主意！"两个小朋友都表示赞同，于是他们便开始了合作。

"咦？齿轮为什么不动了？明明咱们刚才分开拨动齿轮的时候齿轮都是转的呀！"超超边说边拨动齿轮上的杆，发现齿轮一动不动，仿佛哪里卡住了。"对呀，刚才我们三个分开玩的时候，齿轮都能够转起来，可连在一起就不行了。""是什么原因呢？""我觉得我拨动这个杆时有点费劲，弄不动，好像哪里卡住了。""那如果我们能找到哪里卡住了，是不是就能解决这个问题了呢？"发现是齿轮卡住了以后，他们开始寻找卡在

了哪里。"我觉得我们这里好像安得太近了,是不是齿轮安得太近就卡住了呢?"说着,然然把那个齿轮拿了下来,再次拨动齿轮杆,"能动了!这边动了。""可是拿掉这个齿轮的话,中间就断开了,另外一边还是不动。""那我们调整一下齿轮的位置吧,让它们别离得太近。"于是他们尝试调整齿轮的位置,将齿轮间的距离扩大了一点,安好齿轮再次拨动齿轮杆时,终于所有的齿轮都旋转了起来,他们开心地欢呼起来。

🌱 我所思:

1.《指南》中指出:5~6岁幼儿能探索并发现常见的物理现象产生的条件和影响因素,并能经常动手动脑寻找问题的答案,在探索中有所发现时会感到兴奋和满足。三位幼儿对自己感兴趣的齿轮玩具进行探索,在探索的过程中,发现齿轮被卡住的问题,并积极动脑筋思考原因,能够积极寻找解决方案,并能向同伴寻求帮助,勇于探索,不怕失败。当探索成功以后,会表现出满意的表情,而后继续深入探索。

2.丰富的区域材料激发幼儿自由探索的欲望,孩子们乐于在"玩中学、学中玩",孩子做游戏不只注重于结果,更重要的是在游戏中探索游戏的方法和享受游戏的过程,感受科学探究带给自己的快乐和成就感。

3.科学区游戏的目的不是让孩子掌握多少科学知识,而是基于发现幼儿的探究兴趣,发展幼儿动手操作探究解决问题的能力。

🍃 我所行：

1.根据幼儿的兴趣和能力，增加材料的层次性，并为幼儿提供游戏记录表，在游戏过程中及时做记录，推动幼儿游戏的发展。

2.合作游戏是大班主要的游戏形式，在合作游戏过程中，幼儿经常会遇到一些困难或问题，教师应及时将问题抛给幼儿，并适时给出一些建议，推动游戏的发展，同时帮助幼儿进行思考和梳理已有经验，达到深度学习。

3.鼓励幼儿分享学习中发现的问题及解决问题的好办法，从而培养幼儿的合作能力、探究能力、表达能力等。

观察对象：翼扬（5岁5个月）、谦谦（5岁3个月）、
小岳（5岁6个月）、妮子（5岁6个月）

观察教师：九幼安宁里园　郝娜

观察地点：建构区

观察时间：2020.1.20

观察目的：了解幼儿是否能够使用不同形状的积木搭建"天安门"的房顶

🍃 我所见：

【片段1】

区域活动又开始了，在期盼中，翼扬、谦谦、小岳三个男孩又兴高

采烈地来到了建构区继续搭建"天安门"。他们今天还搭建了城门,有高有低的,"天安门"越来越形象了。小岳把设计图纸也改了,还不忘告诉谦谦说:"这样更像了。"看着精心的设计图纸,俩人满足地哈哈大笑起来。

【片段2】

此时,翼扬穿上鞋走到美工区说:"你们今天帮我们做房顶了吗?"忙碌的妮子看了一眼不远处的门,又看了看身旁的材料,说:"你们要的那个房顶太大了,你看这个合适吗?"翼扬有些失望地摸了摸妮子给准备的房顶。这时我发现建构区真的需要帮助了,妮子很自然地帮助他们在美工区找到了很多材料,还用毛线去测量了房顶的长度。翼扬拉住妮子的手说:"我们一起去试试吧。"妮子高兴地答应了。

【片段3】

众人拾柴火焰高,妮子的加入使建构区又热闹起来,大家兴致勃勃地开始建造。房顶放什么都好看,妮子和翼扬摆弄着房顶,妮子还不时去积

木柜上拿不同形状的积木来试一试。翼扬指着设计图告诉我:"老师你看我们还设计了连环桥。""可是我们今天不是设计'天安门'吗?"谦谦抢着回答说:"我们在去'天安门'的路上堵车了,有了连环桥就不会堵车,我开车速度就

会很快啦!"我听着他们单纯奇妙的想法,茅塞顿开,他们的想法很真实。翼扬在找房顶的过程中,发现桥柱子便会递给谦谦,这边妮子突然站了起来,开心地走过来拿着两个梯形的房顶摆在一起,问我:"老师您觉得像吗?"我说:"可以啊!走!我们再去看看天安门的照片!"我带着他们又重新翻看了大家去天安门的合影,发现天安门不是一个两个图形组成的,而是多个图形组合在一起的,就像妮子将两个梯形对接在一起一样,我们找来了不规则的三角形也拼在一起当作房顶,最后我们把拼好的房顶放在城楼上摆了摆还真是很像,孩子们高兴地跳起来欢呼:"成功啦!成功啦!"

🍃 我所思:

1. 在游戏活动中,幼儿的团队精神和团队意识逐步形成,团队的作用得到发挥,幼儿的能力也得到提高。团队协作意识是应该从小培养的,让幼儿对于集体的归属感和认同感根深蒂固。

2. 鼓励和保护幼儿的创新思维与发散性思维。谦谦告诉我,为防止堵车,他设计了连环桥。刚开始我是不理解的,但听了他的讲述后豁然开朗。这种思维是很宝贵的,作为教师应该珍视并鼓励。

3. 实际能力不可少。建构区的目的是培养幼儿的空间结构建造能力。实际上也达到了预期的效果。幼儿逐渐了解房屋的构造,逐渐学会利用拼接、垒高的方法来分工、合作、协商,最终完成搭建。

我所行:

1.在游戏活动中有需要分享学习的教育契机时,教师要及时介入。教师应给予幼儿暗示,帮助其解决问题,并抛出问题引发幼儿思考,通过这些方法,使幼儿的自主能力得到提高。

2.以朋友的身份参与幼儿的活动,要和蔼可亲,和幼儿一起思考,一起动手制作,增进和幼儿之间的情感。

3.教师要具备一双"慧眼",善于发现并激发幼儿的潜能,这不仅对于活动的正常开展起着积极作用,对于幼儿全方面的健康发展也有着不可忽视的作用。

4.鼓励幼儿迁移数学活动中的测量概念,来测量房顶的长度。将学与玩有机结合,达到在快乐成长的同时兼顾高效学习的完美效果。

观察对象:佳佳(3岁5个月)

观察教师:九幼安宁里园 谷立靖

观察地点:数学区

观察时间:2020.11.19

观察目的:了解幼儿是否能够仔细观察自己感兴趣的事物,并发现其明显特征

我所见:

佳佳来到数学区,盯着柜子里面的区域游戏材料看了好久,选择了她

之前没有玩过的"送点点宝宝回家"的游戏材料。佳佳看着长方块上面的小点点,摸了摸,一边摸嘴巴还一边数"1、2、3"。随后,佳佳用手摸了摸长方板子,小手指又摸了摸长方板子上面的洞洞,嘴巴又开始数"1、2、3"。紧接着,她就转动小长方块,把小点点往大的长方板子上压,小手用力压一压,小嘴巴继续数"1、2、3",小手还不停地转动小长方块。我站在一边装作不经意地问:"这个怎么玩呀?"佳佳听到了这句话说:"我会玩,你看我玩。"然后,小手开始转动小长方块,试探着往大长方板子上压。

🌿 我所思:

佳佳平时喜欢玩娃娃家的游戏,今天对数学区的"送点点宝宝回家"的游戏材料产生了兴趣。她在选择玩具的时候,在一定程度上会被玩具漂亮的颜色和各种各样的形状所吸引,这正是小班幼儿的年龄特点。这个游戏中,带有点点的长方块都是单个的,其操作难度不同。当她一开始尝试将各种单个的小长方块送回"家"时并没有遇到困难,能够一眼在大长方板子上找出与之对应的位置。当佳佳拿到点点数量与长方板子上面洞洞的数量相同的小长方块时,还是依据刚才的经验进行摆放,但她失败了。不过她没有放弃,继续摆弄游戏材料,接着就发现了小长方块上的点点和板子上洞洞的数量不匹配,发出了"怎么放不进去""为什么放不进去"的疑问,在这个过程中,佳佳对感兴趣的事物能仔细观察,发现其明显特征,在遇到困难时能通过操作、比较和多次尝试等

方法去解决困难，体现出较强的探索兴趣。

🍃 我所行：

《指南》中科学领域提出，3～4岁儿童能"感知和发现周围物体的形状是多种多样的，对不同的形状感兴趣"。因此，我将引导幼儿对感兴趣的事物仔细观察，发现其明显特征，应分层投放不同难度的此类游戏材料，鼓励幼儿有目的地观察单个长方块，以及长方板子上的形状、点数及特点，帮助小班幼儿在简单观察的基础上学习对比观察，掌握积木和洞洞之间的一一对应关系。同时，在数学区注意调整活动材料，鼓励幼儿尝试有一定难度的任务，让不同能力水平的幼儿都能够获得"跳一跳摘到果子"的成功体验。同时我还会用引导幼儿感受生活中各种物品的形状特征的方法，鼓励他们尝试识别和运用语言描述，指导他们按不同的形状分类整理物品。在区域游戏中，我将继续支持幼儿用积木、纸盒、拼板等各种形状的材料进行建构游戏或制作活动，让幼儿在与各种物品的互动中进一步注意事物的形状特征，丰富相关的知识经验，提高其探索的兴趣和能力。

observation对象：格格（5岁7个月）、青青（5岁4个月）、
　　　　　琪琪（5岁6个月）
观察教师：九幼锦顺园　李春秀
观察地点：建筑区
观察时间：2020.10.12
观察目的：了解建筑区搭建主题中幼儿的活动情况及幼儿社会领域
　　　　　发展水平

🍃 我所见：

当老师说可以开始活动了，幼儿就都奔向自己喜欢的区域进行活动。格格、青青和琪琪是选择留在建筑区活动的儿童。他们将所有的积木拆下来，进行拼搭重组。刚开始他们每个人都自己玩自己的，格格的性格比较活泼，他主动跑来问我："老师我想拼一个幼儿园怎么拼呀？你能告诉我吗？"我微笑着说："可以呀，老师和你一起拼。"

我们照着图片开始拼起来，到了一些比较关键的地方，我还会问格格该怎么拼，看他有没有自己的想法。青青和琪琪两个人的性格比较内向，喜欢独自琢磨，搞一些自己的东西。我通过观察他们两个发现，他们都非常有自己的想法，他们能照着给出的图片拼出各种各样的图形和建筑。

青青的动手能力比较强，不一会儿已经自己拼出三个图形了。他招呼我过去看他所拼出的三个图形，我看了之后觉得他很棒，表扬了他："青青继续加油努力哦，你真棒。"琪琪自己玩了一会儿，遇到了困难，皱着眉头过来找我："老师，我想让这个小朋友进入这个幼儿园里，但是我不会拼，你有办法吗？""好的琪琪，老师看看。"我按照琪琪的想法将这个小朋友成功送到了幼儿园里，琪琪看到小朋友进入了幼儿园，非常开心。我问他："琪琪，老师想让这个小朋友从幼儿园里出来，你能将他送出来吗？"琪琪很聪明，按照我刚才的做法，将小朋友从幼儿园里送了出来，我为他鼓掌，表扬了他。

这时候大家好像都已经玩了一段时间，他们已经将自己脑海中的事物呈现了出来。琪琪和格格凑在了一起，格格问琪琪："我想拼一个特

美的种子在发芽

别大的儿童房,你能跟我一起完成吗?"琪琪说:"好啊,我们一起拼。"说着两个人合作将各自的积木拆下来,放到了一起。只是在给儿童房拼房顶的时候,他们遇到了困难。于是格格就去求助青青:"青青,你能帮我们拼一下房顶吗?"此时,青青也放下了手中的积木,说:"没问题呀。"三个人凑在一起开始合作,不一会儿一个又大又漂亮的儿童房就拼好了。我适时地走过去问道:"多漂亮的儿童房呀,是谁拼的呢?"格格对我说:"是我们三个一起拼的。""你们真棒,老师给你们鼓掌。"

我所思:

1.三位幼儿能够遵守建筑区的游戏规则,不大声喧哗,认真拼自己手中的积木,为其他幼儿能够认真思考提供了特别好的氛围,并且在交流合作的过程中能够使用礼貌用语,合作的过程非常愉快,体会到了合作的乐趣。

2.每个人都用自己手中的积木拼出了各种各样的图形和各式各样的房子,都能够主动思考主动学习,将脑海中的事物呈现出来。在遇到困难的时候,能够积极地求助别人。格格和琪琪在遇到不会拼的时候求助了青青,这是一个具有合作意识的行为。

3.青青在活动中表现出了平时少有的耐性和坚持性,特别是一步一步对积木进行拼接组合的时候,很有自己的想法。格格同学相对来说思维比较活跃,善于与同伴进行交流合作,是一个主动学习能力强并且具有合作意识的幼儿。琪琪具有很好的合作意识,能够与格格一起合作完成积木拼接,同时也能够自己独立完成积木拼接,具有很好的创作意识。

🍃 我所行：

1.积极培养幼儿的主动学习能力，在建筑区为幼儿提供更多丰富有趣的材料，相信能够更大程度地调动他们的创作积极性。摆放一些更为有趣且复杂的拼接模型，能够有效调动幼儿的模仿和思考能力。

2.可以多多表扬具有合作意识的幼儿，发挥榜样作用，为他们日后能够有效地合作奠定基础。

3.在日常活动中，多关注一些性格比较内向的幼儿，多多表扬他们，增强他们的自信心。

4.作为教师，在日常生活中一定要严格要求自己，使用文明礼貌用语，为幼儿树立一个好榜样。

5.与家长进行沟通，将幼儿在园内的各种行为及时地反馈给家长，让家长对幼儿有一个全面的了解。

观察对象：皓皓（5岁3个月）

观察教师：九幼永泰园　陈学颖

观察地点：图书区

观察时间：2020.11.9

观察目的：了解图书区投放幼儿自带图书前后幼儿的阅读行为表现

🍃 我所见：

【片段1】

今天早上来园，皓皓将书包放好之后自己来到图书区，从书架上随意拿起了一本书，翻到第一页看了看，又翻到第二页，在翻到最后一页时自言自语地说："看完了。"接着又随意翻了翻，然后把书合上，放到书架上，之后又拿了另一本书同样随意翻了翻。

【片段2】

今天分散时间到了，皓皓来到了图书区，刚开始他拿起一本书来看，结果透过玻璃看到阳台上的小朋友在玩魔尺，注意力马上就被吸引过去了，他放下了手里的书走到窗边，看了一会儿后又回到了小沙发上，拿起了另外一本书看起来，相比第一本书来说，这本书看的时间更长一些。

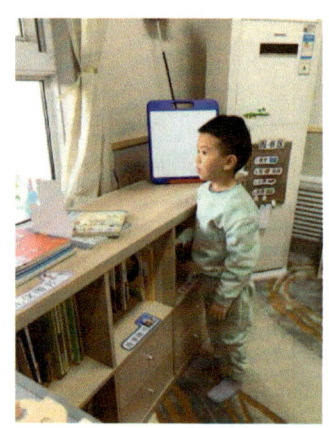

【片段3】

早上，皓皓主动去书架上拿了一本《海洋生物》，他从第一页开始认认真真地看了起来，看了四五页之后停了下来，好像在思索着什么，眉头紧紧地皱着，然后拿着书去找涵涵，说："这本书是你带来的，能给我讲一讲这海洋巨人是谁吗？它是世界上最大的海洋动物吗？这么大的动物它吃人吗？"涵涵把自己的书收了起来，连忙坐到皓皓的旁边给他一页一页地讲解起来，这两个小朋友边看书边交谈："我在平板电脑里面见到过这个超大的海洋动物，它是鲸？""没错，它是蓝鲸，是世界上最大的海洋动物。它身长30米，体重相当于22头大象的重量。虽然生活在海洋里，但它属于哺乳动物。鲸是不吃人的，吃海洋里面的鱼和虾。"这是皓皓看书时间最长的一次。

🍃 我所思：

1. 皓皓是中班时插班进来的幼儿，在班里年龄较小，注意力不够集中，看书时容易走神。幼儿是有表达意愿和兴趣的，在观察中我看出，皓皓对于喜欢的图书，是愿意和同伴交流、讨论的。

2. 从前两次的观察中可以看出，皓皓在看书时持续时间不长，但他还是有阅读兴趣的，只是对书中画面的理解还存在局限性，只局限于看单页画面内容，不能把整本书的内容结合起来看。另外，从他翻书的行为也可以看出，他在寻找自己感兴趣的图书。

🍃 我所行：

1. 通过观察皓皓的看书习惯，作为教师的我认为首先要培养他的阅读兴趣。让他体验阅读的乐趣。同时应和他成为朋友，取得他的信任。

2. 从家园共育入手，共同关注幼儿的注意力问题，引导家长在陪伴幼儿阅读的过程中关注走神问题，适当提醒。

3. 继续丰富图书区图书的数量和种类。鼓励更多的幼儿为大家讲述自己带来的图书。根据本班的阅读活动进行了"家园亲子阅读合作行动"。在班级图书区每半个月投放一次幼儿自带的有趣的图书。每位幼儿可以从家里带图书到幼儿园，因为他们更加熟悉家里的图书的故事内容，父母已经给他们讲了很多遍，带到幼儿园后幼儿自己就成为了伙伴们的小老师，可以为大家讲述，帮助大家阅读。在幼儿相互交流的过程中，语言表达能力及逻辑思维水平都会有所提高，而且教师可以借此机会发现幼儿感兴趣的内容，提前熟悉故事情节，这是一个引导幼儿主动阅读的很好的契机。

美的种子在发芽

> 观察对象：林林（3岁10个月）、俊俊（3岁11个月）
> 观察教师：十幼铁路园　张旭
> 观察地点：科学区
> 观察时间：2020.10.21
> 观察目的：了解科学区幼儿的游戏情况

🌱 **我所见：**

科学区，林林和俊俊正在玩磁力片的小汽车。林林把磁力片小汽车一个一个地摞起来。因为小汽车具有磁力，两辆小汽车就轻松地吸在了一起。一辆汽车摞一辆汽车，很快就摞了一个高高的汽车塔。俊俊学着林林的样子也摞起来。他俩边玩边说，我的高，我的高，我的最高……

过了一会儿，林林又把筐子里的小汽车码在桌子上排队，俊俊也模仿他的样子，给手里的小汽车排队。俊俊说："你往你那边点，我这都没地方了。"

我走过去想仔细看看他们究竟是在玩什么玩具，于是我问道："你们在玩什么玩具呢？"林林说："我们在玩小汽车呢。"我追问道："除了小汽车，这个筐里还有什么玩具呢？"林林说："这个我也不知道是什么，可能是小卡片吧。"我接着问："你说得对，那这些小卡片是做什么用的呢？"俊俊又说："那我看看吧。"接下来俊俊说："林林你看，卡片上画了好多小汽车，你看这个卡片和这个小汽车是一样的，你看这个。"他边说边拿起一辆磁力小汽车。

🌿 **我所思：**

  1.科学玩具玩起来很具有挑战性，小班幼儿注意力不够集中，逻辑思维能力薄弱，但求知欲、想象力、探索欲并不薄弱，他们喜欢在动手操作的同时发现科学的奥秘。两名幼儿对科学玩具都具有浓厚的兴趣，选择了他们喜欢的方式进行游戏。

  2.根据小班幼儿的年龄特点，此时的幼儿爱模仿，如俊俊模仿林林的游戏方式进行游戏。还喜欢做一些简单的事情，往往乐此不疲地重复去做。

  3.在科学区投放适合小班幼儿玩的玩具，不过没有投放全部的游戏玩法提示，需要幼儿自己探索和研究。

  4.今天林林和俊俊玩的是"会玩数学"系列里的玩具，有一一对应的相关内容，还有磁力相关的科学知识，需要小朋友们动手动脑参与。他们一开始游戏时，只发现了与磁力相关的游戏点，他们感受到磁力，把具有磁性的小汽车吸在一起，并高高垒起，还应该让他们进一步研究这款玩具的其他玩法。

🌿 **我所行：**

  1.在科学区投放一些适宜小班幼儿探索和研究的科学类玩具，使科学材料丰富多样，利于幼儿尝试探索。

  2.《指南》中提到幼儿有了初步的探究能力就具备了主动学习的能力和获取知识的方法和能力，从中体会到探究发现的乐趣，幼儿通过仔细观察思考能自己解决、分析问题，通过自己亲身去感受、去观察，印象会更加深刻。所以教师应鼓励幼儿在发现问题时尝试独立思考，自己多想一想处理办法，尝试自己解决困难，这样可以提高幼儿的学习能力和思维水平。

3.发现幼儿在探索新的游戏玩法时，应及时拍照记录，并在科学区展示，作为其他幼儿游戏的参考和提示。

> 观察对象：威廉（4岁1个月）、程程（4岁3个月）、
> 　　　　　玥玥（4岁4个月）
> 观察教师：十幼铁路园　段文谢
> 观察地点：建构区
> 观察时间：2020.10.14
> 观察目的：了解幼儿搭建积木的水平

我所见：

威廉、程程和玥玥将软积木搭成一横排，然后任意取一些积木纵向搭建。

我问："小工程师们在搭什么呢？"程程说："房子。"威廉说："不对，这是一座城堡。""啊！真厉害，你们都垒出一面墙啦。可是，这一面墙怎么能住进人呢？"我问。玥玥赶忙说："我知道，得这样拐弯，就像上次老师说的，房子得围起来。"于是，三位幼儿将积木围成了一个长方形。

威廉说："老师，这不是房子，其实这是一个池塘。"程程说："是鱼池塘。"我说："哇！太棒了，真是个好主意。不过这三面墙太矮了，你有什么办法不让

水流出去吗?"于是,三位小朋友开始用积木将剩下的三面墙垒高。突然,积木都倒了,威廉继续将积木往上放,不一会儿积木又倒了。威廉问:"老师,积木怎么老倒啊?"玥玥抢着说:"我知道我知道,这个积木太轻了。""那你觉得用什么样的积木比较合适呢?"我问。玥玥说:"木头的。""很好,可以试一试!你们再看看最下面的这层,是放大块积木结实还是小块的?每层高矮一样的积木和有高有低的哪种搭建得更稳固?"三个小朋友思考了一下,不一会儿,程程拿来了大块木质空心积木,威廉比较着两块积木的大小,一边选一边说要拿一样大的才结实。

不一会儿鱼池塘就搭好了,几个小朋友拿来了很多的圆柱形软积木往"池塘"里扔,威廉说:"吃吧,吃吧,多吃点吧!"原来孩子们在用小块积木当作小鱼和鱼食进行游戏,真的是太有创意了!

三个小朋友不停地往"池塘"里"喂食",眼看"池塘"就满了,我灵机一动,说:"不要喂太多了,不然小鱼吃多了会生病的哦。""对,喂太多了会撑死的!"玥玥认真地对我说。

🌿 我所思:

1.小班幼儿爱模仿,有思维"拟人性"的特点,他们喜欢故事,同时也常生活在自己的故事世界之中,经常以物代物,如喜欢把积木当作小鱼、鱼食。在搭建的过程中喜欢边做边说,常常伴有想象。

2.幼儿在搭建的过程中遇到了"积木总是倒"的问题,能够寻求帮助,

并在老师的鼓励和帮助下坚持完成"池塘"的搭建,从而获得成功的体验和喜悦。

3.幼儿能够感知积木的质地和软硬等明显特征,会辨别上、下方位。

我所行:

1.理解并接纳幼儿的特点,运用这一特点进行教育,如融入幼儿的游戏中,比空洞抽象的说教有效得多,当看到"池塘"满了,我说:"不要喂太多了,不然小鱼吃多了会生病的哦。"在使孩子们保持愉快的游戏心境的同时,把教育的要求顺利转化成幼儿自身的需要。

2.提供模拟玩具:小鱼;废旧物品:塑料桶等。

3.支持幼儿的自发游戏,尊重幼儿的游戏意愿,一同享受创造的快乐。如支持幼儿搭建鱼池塘、允许幼儿将积木当作鱼和鱼食。

4.在适当的时候向幼儿提出问题,引导幼儿将游戏引向深入,如你觉得用什么样的积木比较合适呢?放大块积木结实还是小块的?每层高矮一样的积木和有高有低的哪种搭建得更稳固?引发幼儿深度思考。

观察对象:桐钧(5岁10个月)、小杨(6岁3个月)、
　　　　　大乐乐(6岁6个月)
观察教师:十幼铁路园　康超
观察地点:班级互动群
观察时间:2020.5.12
观察目的:了解幼儿科学探究能力

我所见：

今天，我在大三班的班级互动群里发了一个"紫甘蓝彩虹汁"的科学小实验。班里的小朋友们都跃跃欲试。其实，早在上周五我就在班级群中提前预告了今天的活动准备材料，因为紫甘蓝不是这个季节经常吃的食物，

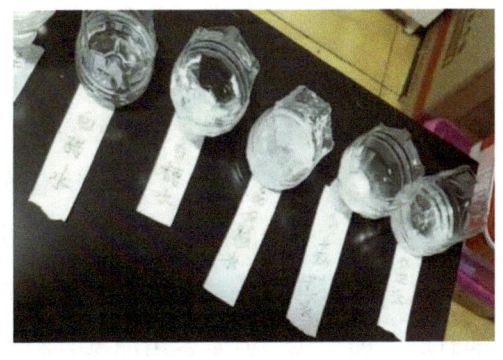

所以需要小朋友们提前准备好。除了紫甘蓝，还需要碱性和酸性的各种生活中常见的液体。为了方便家长辅助小朋友们操作，我将操作方法和操作图示也发给了家长，孩子们就开始做实验了。

桐钧准备的几种材料有：盐水、小苏打水、洗衣粉水、白糖水、白醋、洗洁精水。首先他将紫甘蓝汁加入盐水中颜色变成了蓝色，加入小苏打水中颜色变成了深蓝色，加入洗衣粉水中颜色变成了绿色，加入白糖水中颜色变成了紫色，加入白醋中颜色变成了紫红色，加入洗洁精水中颜色变成了玫红色。

小杨准备的材料除了洗衣粉水、洗洁精水、小苏打水、白醋以外，还有碱水和雪碧。加入紫甘蓝汁后，洗衣粉水颜色变成了深绿色，洗洁精水颜色变成了玫红色，碱水颜色变成了绿色，小苏打水颜色变成了深蓝色，雪碧颜色变成了粉红色，白醋颜色变成了紫红色。

美的种子在发芽

大乐乐不但准备了洗衣粉水、洗洁精水、白醋、盐水、糖水外，还准备了柠檬水和食用油。加入紫甘蓝汁后，洗衣粉水颜色变成了深绿色，洗洁精水颜色变成了玫红色，白醋颜色变成了紫红色，盐水颜色变成了蓝色，白糖水颜色变成了紫色，柠檬水颜色变成了粉红色，而食用油的颜色则变成了紫甘蓝汁的颜色——深紫色。大乐乐说："其他的液体都有颜色的变化，但是食用油没有颜色的变化，还是深紫色。"

我所思：

《科学核心经验》中指出："科学猜想是科学研究的思维方式，即在一定的科学事实的基础上，人们的创造性思维对于某种现象提出的猜测性的设想。"

将紫甘蓝汁加入到酸性和碱性溶液之前，可以先让幼儿猜测溶液颜色会如何变化，然后在记录纸上记下自己的猜想，待到试验结束后再让幼儿记录下试验结果，前后对比验证假设，这样幼儿会有更深的印象。这就是科学探究的问题—假设—验证—结论的探究过程。在幼儿教育中我们不强调幼儿能够像科学家那样精确地做实验，但是可以有意识地创造条件让幼儿实际参加探究活动，感受科学探究过程是《纲要》所倡导的科学教育理念。

孩子们在整个实验过程中，有动有静，自由操作，充分表达。同时，所选用的材料全部来自生活，紫甘蓝、塑料袋、柠檬汁、雪碧、盐等都是幼儿十分熟悉的材料。从观察结果看，不仅活动基本达到了之前所设定的目标，而且整个过程中幼儿参与度很高，兴致很高。

🍃 我所行：

科学性是幼儿科学教育活动需要达到的基本要求，包括科学知识的准确性、科学方法的合理性、科学与幼儿年龄的适宜性。

在活动准备上，幼儿之前榨取过紫甘蓝汁，对紫甘蓝汁有了初步了解。但是在实验中我们发现了一个小细节：当紫甘蓝汁与酸性液体混合时，由于颜色变化很小，有些幼儿没有发现紫甘蓝汁变成了粉红色，而说是紫色，这一问题在之后一直出现。因此，对于教师来说，在进行实验类科学教育活动之前，自己需要先实验一下，并且及时发现实验中可能出现的小意外，对于粉红色不明显的这种问题，可以先在科学活动之前开展辨认颜色的准备活动，确保幼儿能够辨认淡淡的粉红色与紫色的区别。

另外，在活动中还可以使用实验记录表，在记录表的制作上，不一定非要用汉字来表达各种材料，从观察结果看，幼儿可以用文字来表达，还可以用图片或简单的符号来表达。

观察对象：萱萱（3岁3个月）、舒译（3岁4个月）
观察教师：怀柔分园　崔林怡
观察地点：小二班活动室
观察时间：2020.12.29
观察目的：了解幼儿发现问题及解决问题的情况

美的种子在发芽

🍃 我所见：

【片段1】

　　萱萱和舒译在图书区看书。萱萱低头看到了一个蓝色的画着大牙齿的图片，便弯腰捡起了卡片，旁边的舒译扭头看到萱萱手中的卡片说："这是长颈鹿家的！"

　　萱萱紧皱眉头说："不是的，这是小鱼家的。"

　　舒译再次说："不是！这是长颈鹿家的，你等我给你找。"舒译边说边翻开了手中的图书，"这是长颈鹿家的，我告诉你，长颈鹿家。"

　　萱萱伸手要去拿舒译手中的图书，但是舒译一转身，萱萱拿了个空，萱萱手里拿着卡片皱着眉头看了看我，我没有给出回应。萱萱又扭头看向舒译，再次伸出手，这一次她将舒译手中的图书拿了过来，然后快速地翻到有鲨鱼的那一页，拿起手中的卡片在页面上比画了一下。

　　舒译趁萱萱没注意，又将书拿回到自己手上，还把萱萱手上的卡片也拿了过来，然后直接转身坐在地垫上，拿着卡片在页面上比画。卡片被拿走的萱萱先在原地扭了几下身子，之后又凑到舒译身边看着她比画。

　　我问道："看来这本书坏了，我们该怎么办呢？"

　　舒译看着我说："坏了要帮忙！"

　　我说："那我们想一个好办法来帮助这本书吧。"

　　舒译没有说话，将手中的书和卡片扔在地上，站起身来跑出了图书区。萱萱拿起了地上的图书和卡片跟着舒译一起出去了。

134

【片段2】

我跟着他们来到了美工区，舒译的手中已经拿了一个胶棒，萱萱打开图书，皱着眉头用卡片来回比画，舒译直接将书拿到自己面前，然后再拿过萱萱手中的卡片，用胶棒大面积地涂抹到卡片的背面，涂完后将卡片立在页面上，但是卡片一下子就倒了，我又说："舒译，你可以让萱萱试一试。"

萱萱和舒译一起看看我，然后舒译将胶棒递给了萱萱，萱萱拿起胶棒大面积地涂在了页面上，涂完后也将卡片立在页面上，但是卡片还是倒了下来。

萱萱拿着胶棒的手垂了下来，眼睛盯着桌面上的书和卡片一动不动。舒译看着桌面上的书，挠了挠头，噘着嘴将头转向美工车，再回过头看向萱萱，小声地说："要不我们再找找别的方法吧！"萱萱抬起头来也看向美工车说："行！"

我跟随两个小朋友来到美工车前，只见萱萱拿起了一卷宽胶带，然后用小手指在胶带表面一点点抠，舒译伸着脖子看萱萱手里的胶带。过了一会儿，萱萱并没有将胶带的一端抠出，舒译皱了皱小鼻子说："不行！再瞅瞅。"萱萱将胶带放回了原位。舒译蹲下来向美工车里面望去，然后突然伸手拿出了一卷纳米胶，她抠起纳米胶的一端用小手摸了摸，又将纳米胶的塑料外皮抠下摸了摸，然后赶紧递到萱萱面前："你摸摸！"萱萱伸手摸了一下，大大的笑脸出现在了萱萱的脸上，舒译也露出了微笑："试试这个！"说完，舒译拿着纳米胶跑到美工区，萱萱拿起美工车上的剪刀跟着来到美工区。舒译一把拿过萱萱手里的剪子，试了两次都没有成功将纳米胶剪下来，萱萱在旁边咬着嘴唇盯着舒译手中的剪刀，第三次终于剪下了一块小小的纳米胶。萱萱赶紧拿起纳米胶贴在书上，再拿起卡片立在纳米胶上，并用力按了一下，这回卡片没有倒下。

我所思：

1.现状分析：当看到掉落在地上的卡片时，萱萱能够快速准确地锁定掉落卡片的页面，可以看出萱萱的阅读质量是比较好的。两位幼儿都想通过反复比画来确定卡片没掉落前是什么样的，有想恢复的意愿但没有行动，在老师通过提问题的方式引领后，他们主动去美工区寻找材料，尝试修补图书。老师没有明确说明该怎样修补图书，但舒译有自己的想法，并能快速锁定所需工具和工具的位置，可以看出舒译积累了一定的前期经验并且对班级内的材料很熟悉。两位幼儿使用了不同的方法去解决出现的问题，虽然没有奏效，但是可以看出两位幼儿都愿意去尝试实现自己的想法。具有一定的责任感，有爱护班级物品的意识，但对工具的使用方法和选择缺少经验，需要教师给予更多的支持。

2.内部因素：小班幼儿独立性和对周围环境的控制欲明显提高，表现出更多的同伴交往需求，自我认识和评价能力也逐渐提高。从案例中可以看出萱萱属于黏液质幼儿，在两名幼儿的交往过程中表现出安静、迟缓、有耐心，舒译属于多血质幼儿，在交往中表现出活泼、灵活、好交际。

3.外部因素：近期班里在开展21天好习惯养成活动，我们鼓励家长与幼儿积极参与，进行亲子阅读，在这个过程中多积累阅读经验，使幼儿逐步养成了爱看书的好习惯，能够一页页地翻看，并且有爱护图书的意识，不乱扔、不撕书。因此，两位幼儿在发现图书损坏时，马上意识到要修补图书。

🍃 **我所行：**

1.在图书区创设图书医院的环境支持，根据幼儿能力在美工区放置安全剪刀、胶条、胶棒等工具，区域流通，鼓励幼儿根据需要自主寻找解决问题的办法，结合小班幼儿的年龄特点，用步骤图的形式创设图书区提示牌——"图书坏了怎么办"，并提示区域间相互融合。

2.利用过渡环节或教育教学时间，帮助幼儿丰富工具使用的经验，方便幼儿选择适当的工具，并进行安全教育，防止发生危险。

3.合理利用分享环节，对两名幼儿的行为进行肯定，进行积极正面的引导，激发幼儿保护图书的意识，增强幼儿的责任心。

4.结合小班幼儿的年龄特点，创设情景，引导幼儿掌握正确的阅读方法，在遇到问题时，能够积极主动地解决，培养勇于承担的品质。

观察对象：轩轩（3岁5个月）

观察教师：怀柔分园　孟思宇

观察地点：小一班玩具屋

观察时间：2020.12.22

观察目的：了解幼儿的建构水平

🍃 **我所见：**

【片段1】

轩轩在玩具屋把装有磁力片的筐放在垫子上，低头从筐里拿出四个

美的种子在发芽

不同颜色的正方形磁力片拼在了一起，平铺到地上，然后高兴地拍着手说："我拼出了一个房子，我拼出了一个房子！"

【片段2】

　　轩轩又从磁力片筐里拿出了多种颜色的正方形磁力片，继续坐在地垫上一块一块地拼，最终拼出了一个长方形后，大声说道："孟老师，我拼出了一个大房子，你看漂亮吗？"我说："你的房子真好看，可是小龙猫怎么住进去呢？你能搭一个小龙猫的家吗？让小龙猫真的住进去。"轩轩挠了挠头说："我不会。"我说："你看，墙上图片里这个房子就可以让小龙猫住进去，你能也搭一个吗？"他回头看了看墙饰，又低头看了看自己的作品，说："我试试吧。"他把墙上的图示取了下来，放在自己的作品旁边，然后把作品一点点拆除，放进磁力片筐里，用小眼睛仔细看着图示上的房子，一边看一边用小手指着图片说："这下边是正方形。"于是他就用正方形的磁力片搭成了一个"立方体"，又继续看向了图片，用小手指着房顶说："这是三角形的磁力片。"矮层的房子搭完了，还有一个高层的房子没有进行搭建，他又继续按照同样的方法搭房子，在搭的过程中，他数了数图片上高房子的层数有四层，而自己搭的只有三层，但是没有正方形磁力片了，他停了下来，思考了一会儿，然后开始用手摸摸其他形状的磁力片，最后选择了长方形的磁力片代替正方形磁力片，最终他的高房子搭好了，搭完之后，轩轩说："我搭出了一个高城堡"。

【片段3】

　　今天轩轩来到玩具屋后依旧选择了磁力片。刚进入这个区，轩轩就大声说道:"我今天要搭一个大房子。"然后拿磁力片一点一点地拼出跟昨天一样的房子。

🌿 我所思:

《指南》科学领域中指出:"小班幼儿要能感知形状与空间的关系。"因此,在区域游戏中让幼儿感知形状与空间的关系尤为重要,比如搭建游戏。

现状分析:通过这三次对轩轩搭建水平的观察,在最初的搭建过程中,他只能通过平铺来表现自己的作品,对形状和空间没有充分的认识和了解。但后来能通过老师的引导,结合图示进行搭建,在搭建的过程中掌握立体搭建的方法,所以在之后的搭建过程中,他可以不用借助图示进行搭建。

内部因素:通过观察轩轩搭建磁力片的整个过程,能够看出轩轩没有掌握符合年龄阶段的搭建水平,只能通过平铺去展现,对物体形状与空间关系也不熟悉。

外部因素:首先,教师对幼儿的搭建技巧没有进行持续性巩固,导致轩轩不能熟练掌握相关搭建技巧。其次,教师为幼儿提供的环境支持墙饰没有充分利用上,幼儿在搭建过程中不会借鉴图示进行搭建。

🌿 我所行:

1.巩固幼儿搭建技巧

通过集体活动或者区域活动再次带领幼儿学习搭建技巧,并给幼儿充分的练习的机会,让幼儿进行多次练习,从而熟练掌握搭建技巧。

2.带领幼儿解读图示

为幼儿提供适宜的、有针对性的环境支持,并为幼儿提供丰富的搭建图示(搭建案例、搭建技巧),带领幼儿进行环境解读,帮助幼儿进一步了解和认识墙饰,知道环境中的墙饰是有意义且有价值的。

3.鼓励幼儿展示作品

在每次搭建结束后,为幼儿作品拍照留存,并鼓励幼儿将自己的作品放在作品柜上进行展示,同伴间进行相互学习,增强幼儿的自信心。

> 观察对象:梓琛(5岁8个月)、千圣(5岁11个月)、
> 　　　　　思源(5岁7个月)
> 观察教师:怀柔分园　王盼
> 观察地点:科学区
> 观察时间:2020.11.18
> 观察目的:了解科学区幼儿在游戏中的发展水平和游戏现状

🍃 我所见:

【片段1】

区域游戏时,千圣和思源在一起玩轨道小球的游戏,这时听见千圣对思源说:"你快帮我找一个带轨道的正方形,我要把这个柱子抬高点。"思源听了千圣的话,立刻站起来走到了玩具筐前,蹲下身子开始翻找带轨道的正方形。

找到一个以后拿在左手,然后用右手继续翻找,不一会儿又找到一

第一章 看得见的呵护

个，然后拿到千圣面前说："给，我给你找了两个呢，我怕一个不够用。"千圣抬起头刚要用手去拿却又停住了，说："不对，不是这个，我要的是带直轨道的，就是这样的。"千圣一边说一边用手指着。思源说："哦，我明白了，这就帮你去找。"思源迅速地从玩具筐里找到了一个方形后直接站在玩具筐旁递给了千圣，千圣一边接过玩具一边说："对，就是这个，谢谢。"

【片段2】

"没有拐弯的方形了怎么办呀？没办法实现咱们的计划了。"千圣一边说一边低下了头，思源和梓琛站在作品前看了又看，没有说话，也没有继续游戏。过了一会儿梓琛加大音量说："我有一个好办法，你们看这个柱子不是有这么多的方形吗，把它拆下来就可以了。"这时思源赶忙接话说："那可不行呀，你把它拆了柱子就倒了，咱们的作品就被破坏了。"梓琛又说："我觉得它不会倒的。"思源一边跺脚，一边甩动胳膊说："那万一倒了怎么办呀？不就半途而废了吗？"千圣走近作品看了看说："我觉得可以试一试，你看这个轨道吸在绿色方形的上边，好像跟黄色没什么关系吧？"梓琛听后说："是啊，咱们试试就知道了，如果倒了咱们再搭。"思源一边看着作品一边特别小声地说："那好吧，一定要小心点。"说完，梓琛右手扶住最右边的柱子，左手轻轻地拿着黄色的方块，他噘着嘴一点一点

141

地把黄色方块往外挪,旁边的思源眼睛一直盯着梓琛手里的方块,双手使劲攥着拳头放在胸前。千圣右脚着地,左脚脚尖点地侧着身子望着梓琛的手说:"千万要慢点啊!"就这样梓琛一点点地把黄色方块拿了下来,双手自然垂直仰着头说:"哎呀,总算没倒,我这小心脏都快蹦出来了!"千圣见状开心地笑了,思源双手击掌说:"太棒了!"然后又近距离观察作品,左看看,右看看,还用手摸了摸轨道与绿色方块的衔接处。千圣一边指着一边说:"你看,它俩能吸在一起,下边粉色的这些方块也可以拿走了,咱们还能搭其他的路。"

【片段3】

三位幼儿把几个方块从柱子上拆下来以后,又开始研究不同的路,每个人研究一个,都在自己的那条路上探究着,这时梓琛对思源和千圣说:"一会儿我们给小朋友们介绍介绍吧,让他们也试试咱们搭的作品。"思源说:"可以呀,但是一定要让他们遵守规则,不能把咱们的作品碰倒。"千圣沉默了一会儿说:"咱们这有三条路,哪个是第一条,哪个是第二条,哪个是第三条呀?小朋友也分不清楚呀。"梓琛挠挠头说:"还真是,那咱们得赶紧想个办法,要不一会儿区域时间结束了该分享不上了。"思源身体

往前一倾笑着对千圣和梓琛说:"我有好办法呀,你们忘了数字符号这事了吗?把数字符号贴在上边小朋友就一下能分出来了。"梓琛听完伸长胳膊竖起大拇指对思源说:"你真棒,我都忘了这个好方法了。"千圣说:"我来解决这个问题吧,我最擅长写数字了,你们先试试轨道还有没有问题。"说完千圣就去美工区拿材料,梓琛和思源开始测试轨道。

🍃 我所思：

1.三位幼儿能够一直专注地进行游戏，积极地与他人合作、交流，能够看出三位幼儿喜欢参加科学活动，并在发现减少一个柱子也不会倒时感到兴奋和满足，能乐在其中。

2.大班幼儿已经具备了一定的探究能力，并能对问题进行反复思考和持续不断的观察，活动中通过同伴耐心表达想法、说明原因后敢于接受建议并验证自己及同伴的猜测，通过前后的对比感受到了磁铁具备的特性和磁性玩具之间的联系。

3.幼儿能够通过动手动脑探究出材料不对、不够和轨道分辨不清的问题，掌握了玩具材料之间的异同和联系。

4.幼儿能够运用数字符号解决问题，说明在开展"有趣的符号"主题活动中孩子们对于符号的了解与运用有了一定的经验，并能把这个经验运用到自己的游戏当中去，解决多条轨道分辨不清的问题。

5.在整个游戏过程中，能够看出孩子是具备基本科学核心素养的，有好奇心、喜欢探究、能够发现乐趣、能够细心观察，同伴之间也能勇于质疑对方的猜想，但是对于解释自己的观点的能力还是有所欠缺的。

🍃 我所行：

1.丰富区域材料中有关磁性的玩具，让孩子们在动手动脑探究中对磁性玩具有更深入的探究，丰富幼儿已有的知识经验。

2.在搭建游戏中和幼儿一起探究柱子起到的作用和它与整个作品之间的关系，初步感受重力的作用。

3.继续延续"有趣的符号"的主题活动，让幼儿感受不同符号起到的

不同作用，能用不同类型的符号解决生活和游戏中的问题。

4.为幼儿创造分享的机会，并让班中其他幼儿与他进行互动或提问，如收获是什么？遇到了哪些问题？是怎么解决的？从而激发幼儿的表达兴趣。

5.在组织科学领域游戏或者教学活动时要引导幼儿从探究过程、问题、结果阐述、解释、辩论、验证等方面进行表达，培养幼儿的科学思维。

第三节 户外活动

《纲要》中明确规定，幼儿园要开展丰富多彩的户外游戏和体育活动，培养幼儿参加体育活动的兴趣和习惯，增强体质。户外活动是幼儿一日生活中的重要组成部分。

幼儿的发展离不开与周围环境的积极互动，幼儿在进行户外活动时，能与自然直接接触，能沐浴阳光，体会气温的变化和四季的交替，同时户外活动中不同种类的材料也为幼儿的游戏提供了支持。户外活动不仅有利于提高幼儿对环境的适应能力，也起到了促进身体健康发展、促进心理健康发展、促进社会性发展、促进智力发展等重要作用。

第一，户外活动对幼儿生理健康具有重要的意义。户外活动对幼儿的运动技能、身体素质的提高和思维的发展有着不可替代的作用，幼儿的机体得到充分的运动，骨骼和运动机能增长，促进生长发育，增强幼儿体质，提高免疫力。第二，户外活动能带来良好的情绪体验，促进幼儿情绪情感的健康发展，户外的自然环境、广阔场地为幼儿提供了尽情活动的空间，幼儿心理得到满足，体能获得释放，消极情绪获得有效抒发。第三，户外活动的开放性和自由性为幼儿提供了一个自然、轻松的人际交往的环境，能很好地促进师幼之间的有效互动和幼儿与同伴之间的交往与互动。第四，户外活动能促进幼儿的智力发展，所处的自然的、丰富多彩的环境，为幼儿提供更多探索的机会，与周围世界发生着交互作用，在活动中培养幼儿对事物的兴趣和爱好，使幼儿的认知能力得到启蒙和发展。

> 观察对象：小渡（3岁7个月）
> 观察教师：一幼塔院园　姚莉娟
> 观察地点：幼儿园操场上
> 观察时间：2020.12.21
> 观察目的：了解幼儿运动游戏情况及幼儿动作发展水平

🍃 我所见：

户外游戏"小兔蹦蹦跳"开始了，我把6个塑料圈依次排成一列摆在地上，孩子们扮演小兔，模仿小兔双脚并齐连续向前跳。小渡站在一边，看着其他小朋友跳。轮到他跳了，他却站在原地看着我，我对他说："小渡，快和小兔子们一起跳一跳吧。"他一只脚在前、一只脚在后，两脚前后落地。跳完了3个大圈之后，站在原地不动了，说："姚姚老师，我累了，我不想跳了。"我拉着他的手，说："没关系，你把小脚并齐，不分脚，我拉着你的手，和你一起跳，好吗？"他点点头。于是我拉着他的两只手跳过了一个大圈，我对他说："小渡，这次把两只小脚丫并在一起，就会跳得更好了。"小渡低头看着自己的脚，把小脚丫挪着合在了一起，我扶着

美的种子在发芽

他的手继续跳，这次跳的时候他的小脚并得紧紧的。我问道："这回小渡自己跳好吗？"他点点头，可跳的时候他的小脚还是一只在前一只在后，分脚落地，我说："小渡，别忘了小脚要并齐。"他停下来，把小脚挪在一起，又继续跳。终于跳到终点了，他拿着"大萝卜"放在嘴边，嘴巴一张一合"吧吧吧"地吃了起来。我问他："大萝卜好吃吗，下次我们还来拔萝卜吃好吗？"他笑着说："好！"

🍃 我所思：

1.《指南》在健康领域中的"动作发展"，"目标1具有一定的平衡能力，动作协调、灵敏"中提出"能身体平稳地双脚练习向前跳"这个目标，因此这段时间班里开展了"双脚连续跳"动作的练习，由此，设计了"小兔蹦蹦跳"这样有情节的运动游戏，以此激发幼儿对体育游戏的兴趣。小渡在动作方面的发展水平比同年龄的孩子低一些，在今天的活动中幼儿从开始不敢跳、不会跳，到最后通过教师的引导和自己的努力终于完成，取得了成功。

2.通过平日的观察和与家长的沟通，我了解到小渡的运动能力比较薄弱的原因，一方面与遗传因素有一定的关系，另一方面由于父母工作很忙，孩子主要由家里的老人和阿姨负责照顾，因此包办代替的现象多，孩子在生活能力、运动方面缺少锻炼的机会，与同年龄的孩子相比存在一定差距。在幼儿园日常活动中我也观察到，小渡在身体的平衡和协调能力方面偏弱，害怕自己做不好，从而在活动中表现得不够主动。但是在老师的引导与帮助下，他能够参与游戏，初步体验到成功的快乐，感受到体育游戏的乐趣。

🍃 我所行：

1.户外活动时，教师要多关注他，并对他进行个别指导，先让他感受到与小朋友一起活动的乐趣，之后教师在游戏活动中鼓励他与小朋友一起玩，体验游戏的快乐，从而激发他参与体育活动的积极性。

2.开展小游戏，利用多种体育活动发展幼儿身体平衡能力和协调能力。如玩"母鸡下蛋""跳房子""小青蛙跳荷叶"等游戏。在游戏中让幼儿先练习双腿夹物跳，如夹小软包、小球等物，比一比谁跳的时候小包不会掉下来，这样逐渐帮助幼儿掌握跳时双脚并齐、不分脚的方法。

3.教师对幼儿的发展要做到心中有数，针对不同幼儿的发展水平提出不同的要求和目标，逐渐增加难度，要用发展的眼光看待幼儿的进步，对幼儿的表现要及时肯定、鼓励，要让幼儿感到"我会做""我能行"，树立幼儿的自信心。

4.针对幼儿的实际发展水平与家长进行交流。利用晚离园的时间，有意识地在家长面前多夸夸他，如"今天小渡跟小朋友一起运动了""模仿小兔跳吃大萝卜了，可棒了"等，对他参与运动的表现予以肯定和鼓励，同时给家长提出建设性的意见，请家长多带他到户外运动，感受体育活动的快乐，从而发展幼儿的基本动作。

美的种子在发芽

> 观察对象：蛮蛮（4岁9个月）
> 观察教师：一幼塔院园　刘岩
> 观察地点：操场
> 观察时间：2020.11.10
> 观察目的：了解蛮蛮小朋友的投掷动作的发展水平

🍃 **我所见：**

【片段1】

蛮蛮小朋友在操场上扔沙包，他怀里抱着两个沙包，从玩具筐旁边跑到小豆身边说："我们一起扔沙包吧，看谁扔得远。"小豆说："好。"蛮蛮自己拿了一个沙包，给小豆一个沙包说："我们站在这，往国旗那扔，看谁扔得远。"小豆说："好。"他们俩站在横线上，蛮蛮左手拿沙包，两只脚一前一后分开，左脚在前，右脚在后，然后右手臂向后使劲，做出把沙包扔出去的姿势，蛮蛮说："准备好了吗？"小豆说："好了。"蛮蛮说："扔。"蛮蛮奋力一扔，腰都弯下了，沙包直直地朝地上飞去，滚了几圈，扔了半米远，他发出一声"嗯"的叹息，因为没有小豆扔得远。蛮蛮说："不玩了，咱们运沙包玩吧。"小豆说："行。"蛮蛮和小豆跑去把沙包捡了回来。

【片段2】

第二天，教师给幼儿示范了投掷动作后，蛮蛮右手拿着一个沙包，两只脚一前一后分开，左脚在前，右脚在后，然后右手臂向后，弯曲，做出把沙包扔出去的姿势，左手手臂朝前伸直，把沙包向上扔，他伸长脖子看，看到沙包落地了，指着沙包，看着我说："老师，你看。"我点点头，给了蛮蛮一个肯定的微笑，蛮蛮笑了一下，跑过去，捡起沙包，回到原地，又扔了一次。

【片段3】

隔了一天，第四天，蛮蛮拿着两个沙包去找小豆，说："小豆，咱们玩扔沙包吧，这次我肯定比你扔得远。"小豆说："好。"他们俩站在横线上，蛮蛮右手拿着一个沙包，两只脚一前一后分开，左脚在前，右脚在后，然后右手臂弯曲向后，右手放在肩膀上，做出把沙包扔出去的姿势。左手手臂朝前伸直，向远处扔，沙包抛物线似的扔了出去，这次蛮蛮扔得比小豆远，蛮蛮朝小豆笑了笑，说："我们再扔一次。"说完跳着去捡沙包了。

🍃 我所思：

1.本班幼儿喜欢参加体育活动且注意力较集中。蛮蛮在教师的示范指导下，从一开始不怎么会投掷沙包，到体会到进步的喜悦，再到后来的越来越喜欢投掷沙包。

2.在游戏中，幼儿之间的互动，让幼儿游戏兴趣大增，激发幼儿积极性、竞争性，大胆探索投掷沙包的玩法。

3.中班幼儿已经具备了一定的投掷动作技能，在整个游戏的过程中，

给予幼儿适宜的练习机会、练习时间和正确的指导,幼儿的投掷动作有很大进步。

🌿 我所行：

1.在集体体育活动中多为幼儿提供适宜的练习机会、练习时间和正确的指导,鼓励幼儿积极思考,掌握正确的投掷姿势和发力部位。提升幼儿与材料互动的有效性,为幼儿更高水平的游戏提供引导支持。

2.在日常活动中关注像蛮蛮一样缺少运动技巧的幼儿,给予更多的关注,平时多与这些幼儿交流,共同探讨运动的正确动作,鼓励他们遇到困难不放弃,并对这些幼儿开展为期两周的持续观察。

3.作为教师要在以后的一日生活中多用鼓励的话语和动作对幼儿产生潜移默化的影响,激发幼儿对事物的兴趣。

4.与家长多沟通,在家和幼儿一起练习投掷的动作。

观察对象：菠菜（5岁3个月）、轩轩（5岁6个月）、
　　　　　宁宁（5岁5个月）、皮特（5岁）、涵涵（5岁）、
　　　　　泽泽（5岁4个月）
观察教师：三幼志强园　张辉
观察地点：操场
观察时间：2020.12.30
观察目的：了解户外游戏时幼儿自主游戏的状态

🍃 我所见：

【片段1】

宁宁今天选择了套圈游戏，他一个人拿了许多套圈，自己跨了进去，一个圈一个圈往自己身上套，玩得不亦乐乎。其他小朋友看到这个玩法后，也跨进了套圈里面进行尝试。这时涵涵发现自己刚才玩的套圈被其他的小朋友拿走了，菠菜

还拿起圈来学着他的样子往他身上套圈，于是饶有兴致地向菠菜介绍："你玩过套圈游戏吗？我们可以一起玩。"菠菜听了非常高兴，大声说："你这样玩太有意思了，我怎么没想到，这可比跳圈好玩多了。"于是他们俩开始一起玩套圈游戏，同时吸引了周围的小朋友，不时有其他的小朋友想加入他们一起玩套圈。

【片段2】

户外活动分散游戏时，轩轩、皮特、泽泽这几个小朋友又像以往一样玩起了开汽车游戏，他们一会儿拿塑料圈当汽车方向盘，各自开着车，一会儿合作套在身上当一辆大汽车开着玩，时不时发出哈哈哈的大笑声。过了一会儿他们还在乐此不疲地开着"大汽车"，皮特是车头，带着当车身的小朋友一起

开到了大滑梯下边,这时,其他小朋友纷纷跟着跑到了大滑梯下边不出来了。我关注到这一情况,赶紧跑过去请小朋友从狭小的空间里出来,到宽阔的空间继续游戏,可过了一会儿,他们又都纷纷跑回到滑梯下边玩耍。这时,我弯着腰小心地钻进去,"不小心"撞到了头,于是我揉着头问:"这里好玩吗?"

他们齐声说:"这里真好玩。""有什么好玩的呢?又不能滑滑梯。"我继续追问。"我们把车开到停车场里,在这休息呢。"皮特赶紧大声说着,轩轩也跟着说:"这里没有别人,停在这里很安全。"泽泽也赶紧提醒我:"张老师你的个子比较高容易撞到头,你钻过来时一定要小心。""张老师你可以弯着腰,像我们这样钻进来就不会碰到头了。"孩子们你一言我一语,向我说明了选择离开汽车游戏场地的理由,我得知孩子们在游戏中有自我保护的意识后,就悄悄地走到一旁,继续陪伴孩子们进行游戏。

我所思:

1.教师要想被幼儿所喜爱并接纳,就一定要认真倾听幼儿的声音,了解他们的想法,知道他们要做什么。在我们的日常生活中,许多事情以成人的角度、眼光来看,或者以成人的思维来思考分析,是理解不了的,教师如果一味地站在成人的角度思考,只会让工作适得其反。

2.同样是玩套圈,以往集体组织游戏时,总是让幼儿用来做障碍。跳圈的玩法比较多,变化的玩法不多,幼儿逐渐对它失去了兴趣。但是在分散游戏时,幼儿重新选择了套圈进行自主游戏,还发明了新的玩法,这让他们在游戏中更加自主,也更加喜欢参与游戏,由此也生成了许多幼儿真正喜欢的新游戏,充分调动了幼儿参与游戏的积极性。

3.针对开汽车游戏,幼儿都有自己的想法,在与我进行交流时纷纷表达了自己的看法，我也了解了幼儿对这个汽车停进停车场的游戏十分感兴趣，并且有规避危险的能力。教师认为不好玩或者不应该玩的东西，幼儿往往有自己的理解，玩出自己的花样来。

4.教师单凭自己的经验，简单地认为幼儿的自发、自主游戏不适合或者不安全就去制止幼儿，也许他们不会理解教师的意图，导致降低游戏兴趣，也抑制了幼儿自发游戏的创造性。

5.研究表明，幼儿在形成伙伴关系的环境中最有可能参与学习，实现更高水平的发展。在幼儿玩得有创意、讲得有道理时，教师应该基于对幼儿的理解，用儿童的理解方法去沟通解决问题。

🍃 我所行

1.保证充足的游戏时间，才能保证幼儿探索的质量。在户外活动中严格按照一日生活活动常规安排活动，保证幼儿户外分散游戏时间，为幼儿提供更好的自主游戏支持。

2.自主选择游戏项目。在户外自主游戏活动的过程中，教师放手让幼儿选择自己喜好的游戏项目。因为幼儿对于自由的向往是无限的，在充分自主的前提下，提高幼儿的运动能力，引导他们自主选择、自主参与，全面激发幼儿参与户外活动的兴趣。

3.为幼儿提供感兴趣的游戏活动、材料，以支持幼儿自主游戏。为幼儿创造自发性合作活动的机会，帮助幼儿自主选择游戏材料、伙伴，使幼儿更愿意遵守游戏规则，自觉和同伴互相协商，分工合作，遇到困难鼓励幼儿勇敢面对，商讨解决。

4.做细心的观察者。利用户外自主性游戏活动的最佳时机对幼儿有侧重地进行观察，了解幼儿运动发展能力。在户外游戏中，当幼儿出现各种

各样的状况和遇到各种各样的困难时,老师及时给予适当引导、帮助,鼓励幼儿遇到问题想办法去解决,进一步促进幼儿户外活动自主性的发展。

5.教师形成换位思考的思维模式,打破固有思维定式,抛弃陈旧的观念,转化成儿童视角,以发展的眼光看幼儿,以幼儿的眼光看世界。

> 观察对象:充充(5岁11个月)、小雨点(6岁2个月)
> 观察教师:三幼志强园　田滨
> 观察地点:操场
> 观察时间:2020.12.25
> 观察目的:了解幼儿掌握跳绳方法的情况

🍃 我所见:

户外活动时,充充在操场上进行跳绳运动。只见他抡起了绳子后,等绳子停到身前片刻才跳过绳子。跳了两下后,他看见小雨点已经能够连续跳许多个了,就把跳绳卷好放回了玩具箱中,准备去玩沙包了。这时我走过去问他:"充充,你怎么不玩跳绳了呢?"充充说:"我舍不得练,我想把机会让给其他小朋友。"我接着说:"你能为他人着想,老师特别感动。但我还想看你是怎样跳绳的。"他说:"我已经会跳一个了,还不会连着跳,所以一着急就不想练了。""你还差多少就学会了?让我看一看好吗?我想把你跳绳的视频拍下来让爸爸妈妈看一看。"一听到要录像,充充兴奋地拿起了跳绳,和刚才一样抡一下跳一下,跳绳一会儿挂在了羽绒服的帽子上,一会儿被他踩在了脚下,我鼓励他说:"加油,我们再试一试。"这回他把跳绳抢出去以后，双腿弯曲腾空，向前跳了一大步，由于重心不稳直接坐在了草地上。只见他气喘吁吁地噘着嘴说："好了吗？我已经跳不动了，再也不想跳了。"我说："我看到你的努力了，非常好，就是你的跳绳怎么老是在帽子上挂着？"充充想了想说："我抢绳子不够使劲，使劲一点就好了。"我说："对，你的胳膊要用力，把绳子使劲抢出去就不会挂在帽子上，我们先解决这个问题，再试试怎么能让手和脚配合得更好。这样你就能连续跳了，我相信你一定能做到。"说完我给他看刚才的录像，他笑着说："哈哈，真是呀。老师，我再来一次吧。"话音刚落，充充就抬起胳膊，使劲地把绳子抢了出去，这次绳子没有挂在帽子上。我趁热打铁，再一次提醒他："绳子要抢得特别有力，抢出绳子的同时双脚并拢跳起来，看看这次的配合会不会比上次有进步，我觉得你就要成功了。"充充大声地说："好呀！"第三次的尝试开始了，充充双手摇绳使劲向前抢，同时配合着双脚并拢向上跳，虽然这次没有跳过去，但是已经有了连续跳跃的意识，而不再像以前一样停顿跳跃。我继续鼓励他："你又进步了很多，这次记住当你手抬到肩上时就要双脚并拢往上跳，加油啊！"充充点点头，一鼓作气尝试了第四次后脸上露出了喜悦的笑容。最后终于成功地完成了连续跳绳，虽然只连续跳了三个，但是动作要领基本掌握了。从充充那里听到的不再是"我不想跳了"，而是"老师我会连着跳三个了"，为充充高兴的同时我也用镜头记录下了他成功的一刻。

美的种子在发芽

🌿 **我所思：**

1. 从充充一开始的表述中我们就能看出，跳绳对于他来说是有难度的，因为没有掌握方法所以他没有信心，以给别的小朋友锻炼的机会为借口逃避困难。其实，不仅仅是在跳绳方面，在平时的活动中充充对有难度或有挑战的事情都存在畏难情绪，总想躲避，他的坚持性、勇于战胜困难的学习品质有待提高。跳绳的尝试不仅是动作技能的培养，更是学习品质的培养。在老师的鼓励和引导下战胜困难有助于他建立信心，面对更多的挑战。

2. 从他当时的跳绳动作能看出他有跳跃和抡绳的意识，但是抡绳的时候力度不够，大臂应该再使劲，绳子才能抡出弧度，避免挂在帽子上。腾空跳跃时双脚要并拢，双腿自然弯曲，当手抬到与肩同高时再向上跳跃，动作的配合会更加协调。充充因为动作不熟练，所以没有完全掌握动作要领。

3. 听到要录像，原本想放弃的充充又拿起了跳绳，说明他想把自己的本领展示给爸爸妈妈，希望得到家长的肯定。教师也意识到自信心不足、畏难情绪突出的充充需要更多的鼓励与关键动作的指导。开始练习时教师引导幼儿分步骤掌握动作要领非常重要，要求高了幼儿达不到会有挫败感，对于培养坚持不懈、克服困难的品质会起到阻碍作用。

4. 从充充跳绳这件事，我想到了他在区域游戏时、小组合作学习时同样需要培养解决问题的能力，给他鼓励和肯定后，启发式的提问对于他的探究与尝试是非常有帮助的。顺着老师的关键提问去思考、去行动，幼儿最终获得的是成功的喜悦和学习的经验。

🌿 **我所行：**

1. 给予充充技术上的支持，如向前抡绳时大臂动作的力度，双手抬到肩上时就要双脚并拢往上跳,跳跃时双腿自然弯曲,轻轻落地。

2.肯定充充不怕困难坚持练习的态度。请幼儿看一看自己跳绳的录像,调动幼儿对跳绳运动的兴趣。

3.通过每日约定、数量递增、分析动作、多次录像、在全班表扬等方法鼓励幼儿通过自己的努力尝试,逐渐找到连续跳绳的感觉。

4.在班中开展"跳绳大王"竞赛,幼儿根据动作掌握的程度分组别进行比赛,颁发小奖状,使幼儿获得自我认同,增强信心。

5.家园协作,使家长了解幼儿对跳绳掌握的程度,开展家庭锻炼日活动,通过多种方法帮助幼儿熟悉动作。

> 观察对象:铭铭(5岁6个月)、芃芃(5岁11个月)
> 观察教师:三幼学院路园 刘建梅
> 观察地点:户外操场
> 观察时间:2020.9.16
> 观察目的:观察幼儿跳绳的玩法

我所见:

【片段1】

户外活动时,小朋友各自玩着自己喜欢的玩具,有的在玩皮球,有的在玩沙包,有的在玩飞盘,我发现铭铭和芃芃在玩着跳绳,铭铭双手摇绳双脚一下一下连续跳,跳得非常熟练,她看到我就停下来兴奋地说:"刘老师,你看我跳得多不多,你帮我数着吧。"我说好的,然后开始数:"1、2、

美的种子在发芽

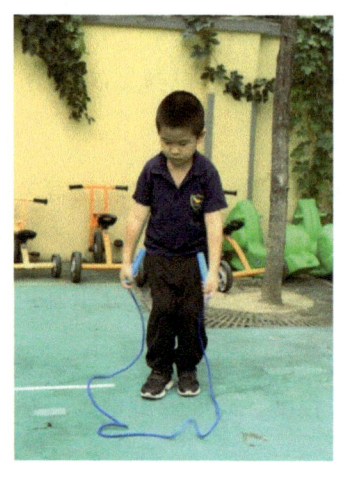

3……"铭铭一直连续跳了50多个,我对着她竖起大拇指说:"铭铭跳绳跳得真熟练,都能连续跳这么多个了。"听了我的话她露出了微笑,这时她发现旁边的芃芃跳得有点不太熟练,跳几下就停了,还不太会跳,她就停下来走到芃芃面前说:"芃芃,你看,要像我这样跳,双手把绳摇起来,双脚跳过去,一下一下地,别着急,慢慢就越跳越多了。来,咱俩一起跳。"

【片段2】

今天,户外活动时我突然发现铭铭和以前跳绳的状态不太一样了,只见她双手摇着跳绳,双脚并在一起,有节奏地跳一下、停顿一下,跳一下、停顿一下,不过不是在原地跳,而是在慢慢地向前移动,眼睛还盯着前面看,完全是一副兴致盎然、全神贯注的样子。当有小朋友挡住她或妨碍她时,她会大声说:"快让开,快让开!"生怕被别的小朋友干扰。这样的动作持续了2~3分钟,当她自己跳断了才停下来。我走过去问她:"铭铭,你这是什么跳法?怎么不是在原地跳绳?"她笑着说:"这是我的新发明,边跳绳边练习双脚行进连续跳呢!"说完她又跳了起来,于是我号召小朋友们都来试试这个新跳法,也鼓励大家想出自己的好方法。

🌿 **我所思：**

  1.小朋友们学习跳绳已经有一段时间了，部分小朋友能够连续跳绳，还有一部分小朋友掌握不太好跳绳的基本方法。铭铭动作发展比较协调，很快就掌握了正确的跳绳方法，每天户外活动都喜欢练习跳绳，越跳越有兴趣。她已经不满足于自己一个人跳绳了，发现同伴还不太会跳时，主动提出当小老师教同伴跳绳，耐心细致地帮助同伴学习跳绳的基本方法，发挥着同伴学习的作用，这正是大班幼儿学习的特点之一——交往互动增多，喜欢合作及向同伴学习。

  2.最近大家都积极地投入跳绳的游戏中，大多数幼儿已经能够熟练地连续跳绳了，但是当他们已经学会了某一项技能时，他们的专注度和注意力会慢慢地下降，他们不会满足于长时间枯燥地重复一个动作练习，而是会自发地开始主动探索新的玩法了。这一点常常被我们忽略。铭铭今天探索了一个人向前跳的玩法，而不再是原地跳，她的探索行为给我们提了个醒，不要以为他们还不会，还需要很长的时间练习。作为教师，我们要多观察幼儿的练习状态和效果，多为幼儿提供自主探索的空间。现在铭铭探索的是一个人跳绳的新玩法，也许过一段时间铭铭或是别的小朋友还会探索出新的跳绳玩法，如两个人、三个人一起玩的，作为教师要适当适时地给予支持。

🌿 **我所行：**

  1.大班幼儿同伴之间的互动、合作多了，开始注意向同伴学习，因此在跳绳活动中可以多发挥同伴的学习互助作用，促进幼儿合作游戏，共同发展。

美的种子在发芽

2.发挥他们的想象力,这样可以帮助幼儿不断增强练习跳绳的兴趣。对于没有掌握好跳绳技能的幼儿,我们不要急于让他们去探索新玩法,还没有学会走路就急于练习跑步,那样不摔跤才怪。我们应分成"两步走",一方面要继续教给这些幼儿跳绳的正确方法,帮助他们把基础打好;另一方面可以引导已经能够熟练跳绳的幼儿大胆想象,不断尝试,想出新玩法,好玩的玩法。

3.在家园配合方面,请家长在家也多和孩子一起玩跳绳的游戏,并探索不同的玩法。

观察对象:小逸(3岁2个月)、浩浩(3岁8个月)、
小宇(3岁4个月)

观察教师:四幼知春里园　王莹

观察地点:户外操场

观察时间:2020.9.21

观察目的:了解幼儿在户外体育活动中的表现

我所见:

【片段1】

随着音乐的响起,我们小一班的小朋友排好队一起走起来。小逸看看大门口,又看看我,我对他说:"小逸,我们一起抬高

腿。"我一边说，一边拉着他的小手。他看着我说："我想回家。""来，我们先走一走，然后做完操好吗？"小逸点点头。这时，模仿操开始了，他看着我，刚开始没有做，于是我做着夸张的动作一直引导他，在我的带动下，小逸也能跟着一起做了。

【片段2】

课间操结束了，我们开着小火车，来到小操场，小朋友们看着新安装的小转椅都很兴奋。于是，我请他们坐上去。浩浩看着大家一直笑，我说："你想上去玩吗？"他摇摇头。转椅转起来，浩浩一直跟着大家笑。我邀请他坐上转椅，然后推动转椅，小朋友们都很开心，浩浩刚开始也很高兴，转了两圈后，渐渐皱起了眉，我看到他的样子，马上停下转椅，他从上面下来，一直说着"真晕啊"！

【片段3】

小朋友们来到大型玩具旁，开心地玩了起来。小宇在滑梯旁边，看着小朋友上来下去。然后，走到攀登架旁，一只手扶着绳子，另一只手往上爬。当他快爬到顶时，想翻过去。他一条腿迈到对面，身子趴着，我说："手一定要握住喽。"小宇紧张地皱着眉，小心翼翼地迈过一条腿后，又迈过一条腿。当他翻过去后，自己都松了一口气。

美的种子在发芽

🍃 我所思：

小逸在班里年龄比较小，再加上老人平时看护过度，在动作发展上比较弱一些。做操时跟不上老师的动作，萌生出想回家的念头。我带着他把动作做夸张一些，用眼神和他交流，让他感受到老师的关爱与鼓励。因此，他也能跟着一起做了。浩浩在平时户外活动中能跟着老师做活动。新转椅对于小朋友来说很新奇，对浩浩也是，但是，他没有像其他幼儿一样争着去玩儿，而是先看着，受到邀请后他才去。下了转椅后，能看出他走路有一些晃，但是也做了大胆的尝试。小宇平时胆子比较小，两周前，小朋友们玩攀登架时，他还躲着走。通过集体操后的体能练习，小宇的协调性有了大大的提高。今天，老师也是没想到小宇会主动玩攀登架，而且还是主动翻过去的。

🍃 我所行：

小班阶段是幼儿从家庭转向社会的一个特殊的时期，幼儿需要情感呵护。小班幼儿还特别喜欢模仿，需要老师经常与他们一起游戏。因此，在体育活动中，老师的动作到位、富有童趣则能带动小朋友。在平时的游戏中，通过各种练习，使幼儿锻炼体能，发展腿部力量和协调性。同时，老师还要及时予以鼓励和肯定，有了成功的喜悦，孩子的胆量就更大了。家园配合也非常重要，回家后要多运动，自己的事情自己做。总之，要符合小班幼儿的身心发展需求，幼儿才能健康快乐地发展。

> 观察对象：瓜瓜
> 观察教师：四幼知春里园　于雁
> 观察地点：操场
> 观察时间：2020.12.24
> 观察目的：观察幼儿在体育游戏中是否能按规则进行游戏

🍃 我所见：

【片段1】

在玩体育游戏"小羊快跑"时，孙老师讲解了游戏规则：小朋友是喜羊羊和美羊羊，曾老师是灰太狼，孙老师是羊村长。小羊们要听从羊村长的口令进行活动。如羊村长说"出去吃草啦"，小羊们就在操场上四散奔跑；羊村长说"灰太狼来了"，小羊就要快速躲闪灰太狼的追逐；羊村长说"回家了"，小羊就要快速跑回家。在游戏的过程中，瓜瓜对追逐的游戏非常感兴趣，游戏一开始，他就迫不及待地跑了出去，没有和羊村长一起做准备活动。当羊村长发出口令"灰太狼来了"后，所有的小朋友都在操场中间躲避灰太狼的追赶，只有瓜瓜在灰太狼的身边挑衅灰太狼，大声说："你来啊，快来追我啊！"想要吸引灰太狼的注意，促使灰太狼去抓他。当灰太狼去抓他时，他兴奋地跑起来，还不时地回头望，观察灰太狼是否追赶上来，如果没有追上来，他会再次跑到灰太狼面前进行挑衅。

孙老师发现后，让他先暂停游戏，去学习游戏玩法。在第二次游戏开始后，他并没有原地学习，而是像风一样冲进了游戏场地，和其他小朋友一起奔跑起来。当灰太狼追赶小羊时，瓜瓜又出来迎着灰太狼跑，引起灰太狼的注意，此时有一些小朋友也被瓜瓜的行为吸引加入到这样的行动中，严重影响了游戏。老师不得不再一次暂停了游戏。重新强调游戏规则。

【片段2】

在户外自由活动时，孩子们在爬网区域进行自由活动。我发现瓜瓜围着爬网自言自语地跑着，一会儿拿着小树枝，一会儿高兴地跑起来，边笑边喊："抓住它……"他的行为吸引了几个男孩子跟着他一起边跑边喊，围着爬网跑得满头大汗，我立刻让他们坐在树边休息。坐了一会儿，他们又趁老师不注意开始跑起来。

我所思：

1.幼儿天生没有规则意识，是需要后天进行培养的。小班幼儿的规则意识比较淡薄，他们做起事来通常不会考虑后果，所以常常会"闯祸"。

2.有的幼儿是有一些规则意识的，但他们的自控能力较差。有的时候，教师的教育不能发挥很好的效果，道理他们都懂，但实际上他们并不能做到。这一点从心理学角度来看，就是幼儿的自控能力处于初级发展阶段，不能够像成人一样很好地控制自己。

3.幼儿的性格也存在个体差异，尤其在叛逆期。幼儿在三岁左右会出现第一个阶段的叛逆期，而且现在的幼儿接触面很广，接受新鲜事物也很多，有自己的想法，有时你越是叫他不要这样做，他却偏要这样做。

4.幼儿的体质不同，表现出的气质不同。在与瓜瓜家长的沟通中我发现，瓜瓜从小就喜欢户外活动，基本是属于"长"在外面的孩子。他活泼好动，身体灵活，动作敏捷，属于精力旺盛型。

🌿 我所行：

小班阶段是常规教育的重要时期。了解幼儿是培养小班幼儿规则意识的必要前提。培养小班幼儿建立规则意识的途径，建立良好的生活常规习惯，逐步引导幼儿学习简单的自我管理。小班的幼儿年龄较小，他们的可塑性很强，模仿力也超强，不管在生理上，还是在心理上都处于个体发展的初级阶段。在品德教育上他们处于他律时期，这个年龄特点为教师提供了进行常规管理的有利条件，并在很大程度上影响了幼儿的身心发展。《纲要》要求：培养幼儿对体育活动的兴趣是幼儿园体育活动的重要目标，要根据幼儿的特点组织生动有趣、形式多样的体育活动，吸引幼儿主动参与。

1. 情景式的教学，激发了幼儿对体育游戏的兴趣，让孩子们自觉遵守规则。
2. 通过儿歌游戏的方式吸引幼儿主动参与活动，强化幼儿的规则意识。
3. 在游戏过程中，重视游戏的评价，强化幼儿的规则意识。

教师作为游戏的支持者、合作者、引导者，应该关注幼儿的年龄特点。小班幼儿由于年龄小，自我评价能力较低，所以需要教师给予适时的参与和评价，来帮助幼儿提高对规则意识的认识。教师要给予适时的指导和帮助，这对培养幼儿规则意识有很大的促进作用。教师能够从积极评价入手，挖掘幼儿的长处，鼓励幼儿尊重规则，遵守规则，逐渐培养规则意识。

幼儿良好规则的形成不是一朝一夕的事情，需要在幼儿的生活中逐渐积累，慢慢形成，我们从体育游戏入手，使孩子在一个愉快、健康的环境中协调发展，有利于孩子良好秩序感的养成，为他们的未来打下坚实的基础。

美的种子在发芽

观察对象：雷雷（4岁11个月）、绮绮（4岁8个月）
观察教师：五幼东升园　徐一驰
观察地点：大操场
观察时间：2020.12.23
观察目的：观察雷雷双手交替拍球技能的掌握情况

🍃 我所见：

户外分散活动的时间到了，雷雷选择了拍皮球。他拿起球，用右手认真地拍了起来，一下、两下、三下，一共拍了二十多下。这时，他看见旁边的绮绮正在练习双手交替拍球。他抱着自己的球，小眼睛目不转睛地看着绮绮，眼睛里流露出羡慕的目光。看了一会儿，他也尝试着双手拍了起来。可是拍了半天都拍不好，右手拍一下后，左手怎么也拍不起来，他很着急，眉头紧锁，嘴里不停地嘟囔着："怎么拍才能拍好呢？"这时，绮绮安慰他道："雷雷，别着急，小手要变成小碗形，一边一下，这样就可以了。我来给你拍一次，你看看。"说着，绮绮拿起球，认真地示范了起来，

雷雷紧紧盯着绮绮的动作，不由自主地尝试着拍了起来。右一下、左一下，一会儿工夫，竟然能连续拍三下了，雷雷顿时信心满满，认真练习了起来。不一会儿就练得满头大汗，但是表现得很开心。在户外点评环节，我让雷雷展示给大家看，雷雷自信地给大家展示起来，赢得大家羡慕的目光……

🌿 我所思：

近段时间，班上开始进行"百日锻炼"活动。近期的目标就是培养幼儿左右手交替拍球的能力。在老师的引导下，一些能力比较强的幼儿已经能够达成目标，但是也有一部分幼儿还没有完全掌握这项技能。从今天观察的情况看，雷雷能够比较熟练地掌握单手定点拍球的技能，但是双手交替拍球的技能还没有很好地掌握。在同伴绮绮的影响下，他对双手交替拍球产生了浓厚的兴趣，并且产生了比较强的学习兴趣。但是在练习中，由于自己没有很好地掌握双手交替拍球的要点，在遇到小小困难后，出现了焦虑、不自信的情况。之后在同伴的鼓励下，能够及时调整自己焦虑的情绪。通过观察，掌握双手交替拍球的要点，并通过自己的努力，最终取得了成功，获得了自信。此事体现了他遇到困难不气馁，坚持认真完成一件事的良好意志品质。

🌿 我所行：

1.对雷雷进行鼓励，表扬他做事认真、坚持不懈的意志品质，同时也希望他在今后的学习生活中，能够把这种良好的意志品质进行迁移和发扬。

2.利用过渡环节,让雷雷向大家分享自己双手交替拍球的经验。通过行动学习,让幼儿分析双手交替拍球的要点以及注意事项,从而激发其他幼儿参与双手交替拍球的兴趣,提升其他幼儿双手交替拍球的技能和经验。

3.家园共育,让家长了解幼儿的双手交替拍球的掌握情况,在家鼓励幼儿多练习,促进这一技能的掌握与巩固。

观察对象:大丁(6岁2个月)

观察教师:五幼东升园　王源

观察地点:操场

观察时间:2020.11.19

观察目的:了解幼儿在拍球比赛中的表现以及幼儿对于比赛结果的接受情况

我所见:

本次户外集体活动是拍球比赛,比赛分为四组进行。大丁在第一组进行比赛。比赛内容是拍球走并绕杆,然后回来把球交给下一个小朋友,依次进行。大丁拍球十分熟练,不光可以做到拍球走,在比赛过程中都是拍球跑步完成的。自己拍完球后火速把球交给下一个小朋友,并在队伍最后给队友加油。大丁一边跳一边向比赛中的小朋友喊道:"加油!加油!他们要追上来了,你们快点啊!"不时还回头看看队伍中的小朋友是不是都跟上了。在队伍出现空位的时候大丁就会把下一个小朋友拉过来补上,活脱脱一个小队长的模样。第一场比赛结束后大丁这组输了。刚刚还在咧嘴开心笑的大丁不见了，他脸上的笑容消失了，但是大丁并没有放弃，还在跟身边的小朋友说："没关系，我们下回一定能赢。"

第二轮比赛开始了，大丁这次比赛的热情比上一次更高了，更大声地喊："加油！加油！加油！你们快跑啊！我们要输了啊！"同组的小朋友也热情高涨，为自己的队友呐喊加油。可是到了最后，大丁这组又输了。大

丁情绪更低落了，他低下了头，挤了挤眼睛，一副要哭的样子，嘴里还嘀咕着："都是你们太慢了。"第三轮比赛开始了，这次大丁在加油的时候更用力了，双手攥拳，在地上不停地蹦，之后用近乎嘶吼的声音大吼："加油！加油，你们快跑啊，要被追上了！"轮到大丁出发的时候，他拍着球就飞奔出去了，在绕杆的时候过于着急，一使劲球就飞出了场外，他快速把球捡了回来往回冲。可惜，大丁这么努力地加油，尽力地拍球，最后还是没能获得胜利。大丁一屁股坐在地上大吼："这不公平，这不公平！我们为什么会输呢？一定是他们犯规了。"老师走过去拍拍大丁，把他扶起来，问："每组都是5个人，哪里犯规了呢？"大丁哭着喊道："就是犯规了，就是犯规了。"老师抱着大丁进行安慰："你看这只是一个拍球的游戏，这次你们组输了没关系，我们下次再加油好吗？"大丁摇着头说："不行，不行，我们输了，我们输了！"

美的种子在发芽

🍃 **我所思：**

  1.幼儿在进入大班后，竞争意识逐渐增强。而大丁一直都是对自己要求很高的小朋友。要强是一种很好的品质，但是过于要强并不利于幼儿的身心健康。大丁因为不能接受自己输的事实，宁愿认为是别人犯规，也不能接受自己的失败，这种"要强"要不得。

  2.作为班级里能力比较强的幼儿，大丁得到的表扬较多，所接受的批评较少。他有很远大的理想，对自己的要求很高。他某一件事情做不好就会很着急，会有压力。

  3.大丁相较于同年龄段的幼儿来说，胜负心过重，究其原因还是身心发展不协调，接受不了失败。适当的竞争意识可以促进幼儿的进步，过度在意结果很可能会让大丁不能承受不好的结果。

🍃 **我所行：**

  1.对大丁进行挫折教育，适当减少对他的表扬。在完成任务后，对大丁的表现进行客观的评价，适当增加一些压力，让大丁认识到输赢不是最重要的。

  2.与家长进行谈话，让家长回家后持续观察大丁在家里的表现。如果再次出现这样的问题，家长应及时进行干预，并与老师沟通，老师在幼儿园也会更加关注大丁的问题。

  3.在班级活动中讲解绘本故事《没有输赢的比赛》，让幼儿了解比赛的输赢并不重要，在幼儿园中最重要的是好朋友的陪伴，过于争强好胜只能让朋友们远离自己。

第一章 看得见的呵护

观察对象：小鱼儿（5岁9个月）

观察教师：五幼东升园　吴双

观察地点：操场

观察时间：2020.11.2

观察目的：了解幼儿能否掌握手臂支撑跳跃的方法及幼儿是否具有自我保护的能力

🍃 我所见：

【片段1】

户外活动时，幼儿学习跳鞍马。在热身活动后，教师首先示范了跳鞍马的正确动作，随后请幼儿陆续进行尝试。当轮到小鱼儿时，她站在白线后，手臂在胸前一前一后弯曲，双腿交替弯曲

做出预备跑的姿势。当听到我的口令后，小鱼儿快速冲向鞍马，在接近鞍马的位置双脚起跳，双手撑在鞍马上面，身体向前倾斜大约45度，同时双腿分开坐到了鞍马跳箱上面。

【片段2】

轮到小鱼儿第二次跳了，她向后退了几步，摆好起跑的姿势后，加速

出发。前面助跑的步子迈得较大，随着离鞍马越来越近，小鱼儿的步子越迈越小，双手从鞍马的正面撑住的同时，臀部抬起，双腿分开跨越到鞍马的一半时，右臂突然弯曲，随即从鞍马的平面滑落，

身体同时向右倾斜，向右摔在了地垫上，摔到了右肩膀处。

【片段3】

保健医生检查了小鱼儿的身体，没有发现受伤的地方。小鱼儿休息了一会儿后，要求继续进行练习。这次我们把助跑的距离拉长了，从5米增加到了8米的距离，小鱼儿在起点的位置做好助跑姿势出发，在助跑过程中，小鱼儿的步子始终迈得很大，8米的距离，小鱼儿在迈到第七步的时候，开始向前起跳，并双手撑住鞍马上面，双腿随之分开，身体向前倾斜，在双腿向前合拢的同时，小鱼儿双手抬起，平稳地落到地垫上。

🍃 **我所思：**

1.支撑跳跃动作对于大班幼儿来说是比较具有挑战性的，在几秒钟内要完成助跑、踏跳、腾空、落地等一系列动作。在第一次尝试跳鞍马的时候，我们能看到小鱼儿是掌握了支撑跳跃的方法和步骤的，具有一定的学习能力和模仿能力。但由于对每个分动作的要领掌握得不好，第一次跳跃失败了。

2.在第二次跳跃时可看出，小鱼儿在支撑推手的过程中，由于手臂力量不足，身体失去了重心，摔下鞍马。这次事故说明幼儿除了上肢力量不足外，平衡能力也需要提升，热身不充分也是其中一个原因。同时也说明幼儿在运动过程中，自我保护的意识不足。《指南》中也要求幼儿应具备自我保护能力。

3.支撑跳跃动作对幼儿的心理状态有较高的要求。幼儿在练习过程中要克服胆怯、畏难的心理状态。在片段2中，幼儿经历过失败后，开始出现了畏难的情绪，从而减慢助跑速度，接连发生状况。但经过调整，幼儿重新参与到练习中，说明幼儿具有克服困难、勇于挑战的优良品质。

4.从与家长的交谈中了解到，小鱼儿平时是由老人照顾，所以参加体育活动的时间比较少，但小鱼儿的家长非常注重对孩子的教育，因此，小鱼儿的学习能力很强，但在户外活动时的安全意识比较薄弱。

🍃 我所行：

1.增强幼儿的臂力和腿部的爆发力。支撑跳跃动作对增强幼儿体质，全面发展身体素质有重要作用，需要幼儿的腿部和上肢有爆发力，因此幼儿的上肢和腿部力量不足也会导致支撑跳跃不能够较好地完成。因此，我们以游戏的方式，开展悬挂的动作训练，来提高幼儿的臂力。提高幼儿腿部爆发力，最好的方法是进行跳深练习，就是从高处向下跳，接着再向另一个高处跳起的动作过程。可为幼儿提供跳箱。

2.在活动前加强幼儿户外活动的安全教育。注意热身时幼儿的动作是否准确、到位。同时在幼儿练习过程中，教师要站在鞍马的侧面进行保护，增强保护意识和措施。

3.与家长沟通,提高家长对于幼儿户外体育活动的重视程度。鼓励家长多带幼儿参与户外运动,并加强对幼儿的户外活动安全教育。

> 观察对象:小桃子(4岁7个月)
> 观察教师:六幼金沟河园　张光晨
> 观察地点:操场
> 观察时间:2020.10.13
> 观察目的:了解幼儿在攀爬架活动中的行为表现及动作发展

我所见:

户外分散游戏时间到了,孩子们纷纷选择自己喜欢的项目进行游戏。小桃子来到攀爬架前面。只见她慢慢踩着梯子一点一点往上爬,快爬到一半时,她身体开始不停摇晃,于是她停了下来,两只手牢牢抓住两边的梯子扶手,一步一步往上爬。虽然中途不小心踩空,但仍继续把脚搭在梯子上,使劲向上爬。爬到顶端后,她有些犹豫了,她骑在顶端的横梁上,由于重心不稳,她的身子有些摇晃,她的双手紧紧地抓住横梁,想向我求助:"张老师,我怎么下去呀?"还没等我伸出手去帮忙,她便俯下身子,一条腿先迈过横梁,脚踩着另外一边的网绳,接着再把另一条腿迈过来,脚踩住网绳,

顺利地翻了过来。然后两只手抓住网绳，爬了下来。脚落地后，她兴奋地跑到攀爬架下面，进行了第二次攀爬。有了第一次的经验，这次她爬得很顺利。当爬到顶端时，她用手拨开前面挡住她的小朋友。"小桃子，你碰到我腿了。"旁边的小朋友说，可是她什么也没说继续往下爬，落地后便跑开了。

🍃 我所思：

到了中班上学期，幼儿的动作发展有了明显的变化，可以尝试在低矮的攀登设备上攀爬。小桃子在攀爬过程中，重心不稳的时候，仍然能够用手紧紧地抓住梯子的扶手，一步一步向上爬，可以看出，她已经具有一定的平衡能力和控制力。

在爬到顶端时，由于重心不稳，身子有点摇晃，但她并没有轻易放弃，而是通过自己的努力，勇敢地尝试继续翻越。她已经具有一定的自我保护意识，能够俯下身子，双手抓紧横梁，在保护自身安全的前提下，尝试对她来说有一定难度的动作。

在第二次攀爬时，她用手拨开挡住她的小朋友，对于同伴的话也没有回应，说明她的规则意识还相对薄弱，交往技巧还需加强。

🍃 我所行：

1.中班上学期，幼儿的平衡能力和协调性有了一定的发展，教师可以为幼儿提供低矮的平衡设备，保证幼儿自主参与体育活动的时间和机会，在保证幼儿安全的前提下，让幼儿自己去探索，鼓励幼儿尝试有一定难度、有一定挑战性的体育活动。当幼儿成功后应及时给予表扬。

2.攀爬游戏可作为一节教育活动来开展，向幼儿进行动作的讲解，让他们进一步加深对攀爬的了解。也可以请幼儿分享他们的成功经验，说说他们的感受与攀爬方法。幼儿之间的交流和分享可以使彼此间更容易理解和接受。

3.中班是培养规则意识的关键期。鉴于幼儿爱模仿的特点，教师可以创设游戏情景，发现幼儿遵守规则的行为时，及时表扬和鼓励，发挥榜样作用，让每一名幼儿都知道遇到类似情况时应如何应对，让幼儿变被动为主动，自觉遵守各项游戏规则和行为规则。

观察对象：佳和（3岁6个月）

观察教师：六幼金沟河园　王芮

观察地点：操场

观察时间：2020.11.13

观察目的：了解幼儿的平衡能力及协调能力

我所见：

【片段1】

今天在户外活动的时候，小朋友们进行了体能游戏——小熊过桥。小熊过桥分为三个环节，第一个环节是走平面小桥，第二个环节是走加了一点高度且比较宽的小桥，第三个环节是走高度加高且变窄的小桥。小朋友们都开始尝试走小桥。当轮到佳和游戏时，他伸出双臂，眼睛看着地面，张开双臂走过平面小桥。到第二个环节时，佳和站在小桥上停了三秒钟，在上面东张西望，我赶紧走向他，他一把抓住我的手，对我说："老师，我害怕。"我鼓励道："佳和要勇敢，老师会保护你。"听我说完，佳和还是不敢放开我的手，但是也在慢慢往前走，两只小脚慢慢往前挪动，不过拉着我的手越来越用力了。"没事儿，老师拉着你呢，不会摔倒的，别害怕。"可佳和还是害怕地拉着我的手，终于走了过去。过了一会儿，到第三个环节了，佳和一直看着我，我说："没事儿的，老师还会保护你的，一定不会摔着的。"在听到老师的鼓励后，佳和放松了许多，没有再拉着我的手，他两只脚一点一点地往前挪动，走着走着就能够双脚交替慢慢地往前走了。

【片段2】

游戏结束后小朋友们都去分散游戏了，佳和走到我的身边主动对我说："老师，我还想再试一次，但是您能保护我吗？""好的，没问题！老师这次在你的面前保护你慢慢走。"这一次我站在佳和的前面，没有扶着他的身体，他张开手臂两只脚慢慢地往前走，能交替换脚慢慢走到平衡木中间的位置，后来他的步子大了，双脚交替一步一步往前走到了终点。

我所思：

学习品质。坚持不懈，不怕困难。佳和第一次走在高度较高、桥面较宽的小桥上的时候，告诉老师，他不敢独立走过最高的小桥，并一把拉住了老师的手，在老师的协助下往前迈步，走过小桥。第二次走上最高最窄的小桥的时候，佳和通过眼神示意老师他还是不敢走，老师再次协助佳和，佳和比第一次走小桥时大胆了许多，没有拉住老师的手。第三次分散自主选择户外游戏的时候，佳和主动提出了走小桥，这一次只是口头说明希望老师保护的意图，但在游戏的过程中，是自己独立完成的。

平衡能力。在不断的练习中，佳和的平衡能力越来越强，从一开始只能双脚往前挪动，需要老师的协助，到最后能自己独立双脚交替往前走。

我所行：

本次活动体现了幼儿的平衡能力及其坚持性。佳和真的很棒，从刚开始的害怕到最后能够自己大胆往前走。通过走小桥这一项体能游戏便能看出，佳和是一个做事认真的孩子，也看到了他做事的坚持性。在体能游戏过程中，我通过语言以及肢体上的及时鼓励和支持帮助佳和通过小桥。

在培养幼儿的学习品质时，幼儿的兴趣、老师的适时鼓励，以及老师对幼儿的观察都是很重要的。在体能活动中不管是平衡还是跳跃或者钻爬等，材料都由易到难，这样既可以满足不同水平的幼儿进行游戏的需要，也可以帮助幼儿逐步提高游戏水平。本次体能游戏材料的提供对佳和的坚持性以及平衡能力的提升起到了很大的作用。

> 观察对象：玥玥（3岁5个月）
>
> 观察教师：七幼百合花　甄红新
>
> 观察地点：操场
>
> 观察时间：2020.12.11
>
> 观察目的：了解幼儿走平衡木的情况

🌿 我所见：

【片段1】

操场上，教师在组织幼儿进行走平衡木游戏。玥玥不敢走，一个人在队伍里偷偷流眼泪，我走到她身边问："玥玥，怎么流眼泪了？"只见她低着头，不说话。

我继续问："是有什么不开心的事吗？"

她点了点头说："我不想玩这个游戏。"

"为什么呀？"

"我有点害怕。"

"你看其他小朋友走平衡木的时候，老师会在旁边保护的，没关系，你可以试试。"

不一会儿，轮到玥玥上平衡木了，她犹豫了一下，我拉着她的手说："老师扶着你上去。"玥玥抓住我的手，稍微一用力就站

美的种子在发芽

到了平衡木上。我心中一喜，觉得成功在望。但玥玥抓住我的手后，就再也没有松开。

【片段2】

当再次轮到玥玥走时，玥玥不再害怕了，主动拉起我的手，我把她扶到平衡木上后，说："这次，老师在后面扶着你，你把小手伸平，试试看。"

玥玥疑惑地看着我，我说："相信老师吗？"玥玥点头："嗯。"

"试试看，你一定可以的。"

在我的鼓励下，玥玥终于鼓足勇气迈出了第一步。由于步子迈得很小，刚迈过来的脚踩在了另一只脚上，差点摔倒。她再也不肯迈第二步了，我只好让她下来。

【片段3】

这时我发现，她不再像以前那样拒绝走平衡木了，而是又排到了队伍里。当她再次站到平衡木上时，聪明地换了一种方式，改成侧着身子两只脚一点一点往前挪。虽然速度很慢，中间也有停顿，但是她最终还是走完了平衡木。于是我

马上鼓励她说："玥玥真勇敢，能够自己走完平衡木了！"玥玥听了我的话，笑着跑到队伍里对其他小朋友说："你看，我敢走了。"

🍃 我所思：

　　玥玥从第一次在我的帮助下登上平衡木，到第二次不再恐惧走平衡木，说明她对走平衡木活动的惧怕心理正在逐渐消除。特别是走完平衡木后，她看到了自己的成功，又听到了老师的鼓励，自信心大大增强，从而进一步激发了继续参加活动的愿望。玥玥敢于挑战自己的变化让我看到了前段时间加强腿部力量锻炼的教育效果，以及对她充分接纳、鼓励和帮助的意义。

　　虽然玥玥对走平衡木活动，在心理上已经不再害怕，但是她仍然侧身走，两只脚一点一点往前挪，而不是前后交替向前走。看得出来，第二次的失败，让玥玥对在平衡木上的迈步动作还存在恐惧心理，第二次她本来已经鼓足勇气迈步了，只是由于迈的步幅太小，反倒自己踩了自己的脚，掉下了平衡木。

　　因为害怕掉下来，玥玥聪明地换了一种走法，回避了保持平衡的问题，巧妙地完成了走平衡木的任务，取得了成功。这一方面反映出玥玥已经对走平衡木有了兴趣，另一方面则隐隐地反映出玥玥依然对走平衡木有些恐惧的心理，害怕掉下来，怕得不敢迈步。同时，这种害怕情绪也折射出玥玥对自己完成平衡动作的不自信。所以，今天的观察告诉我，玥玥的腿部力量不再是一个关键问题，她更需要进一步减少对平衡木活动的恐惧。对照玥玥的程度，这个根据体能测试标准设计的平衡木高度是不适宜的，矮一些，宽一些的平衡木更有利于减少玥玥的恐惧心理，从而使她敢于迈步、尝试。

🍃 我所行：

　　1.充分接纳和鼓励幼儿练习

　　接纳玥玥侧身走平衡木的方式，不急于要求她按照标准来完成。不断鼓

励她去尝试和练习，在这个过程中帮助她增强自信，锻炼胆量，掌握动作。

2.继续加强腿部力量的锻炼，丰富游戏内容，保持幼儿练习兴趣

开展"小兔子过河""金鸡独立""小青蛙捉害虫""兔子舞"等多种游戏，通过不同的游戏情景和活动材料保持玥玥对体育活动的兴趣，达到继续锻炼腿部力量和平衡能力的目的。

3.增加不同层次的平衡材料

为幼儿提供高矮、宽窄不同的平衡材料。例如，利用高矮不同的过河石、平衡板拼接而成的小桥，更矮一些和稍宽一点的平衡木等，在活动时，幼儿可以根据自己的需求和兴趣选择练习。充分利用各种适合的材料来给孩子锻炼，根据孩子的能力选择适合的内容，由易到难，循序渐进。

4.发展幼儿的平衡能力

在接纳肯定玥玥进步的同时，怎样促进玥玥练习双脚交替向前，沿着直线行走的动作，来更好地发展平衡能力呢？增强平衡能力的方法有两种：一个是增强踝关节、膝关节和臀部肌肉的力量，另一个是增强前庭功能。我意识到自己在前一阶段的教育是对的。因此，我会通过多样的游戏形式巩固锻炼效果。另外，调整活动器械，开展平衡游戏也将是下一阶段的重点。

观察对象：浩浩（4岁8个月）

观察教师：八幼佳园园　扈启莹

观察地点：操场

观察时间：2020.12.11

观察目的：了解幼儿跳绳的水平

我所见：

户外活动开始，浩浩开心地拿着跳绳开始练习。只见他用力地摇起绳子，待绳子落下之时，一只脚向前迈去，另一只脚随之跟了上去，结果，绳子被脚钩住，没能完成动作。于是，他再次尝试，还是先抬起一只脚，然后另一只脚使劲地跳起，终于跳过去了。取得成功的他，颇有成就感地笑了笑，继续练习。但效果却不尽如人意，失败的次数远远大于成功的次数，跳绳经常绊在两脚之间。慢慢地，他脸上的笑容逐渐消失，皱起眉头，变得急躁起来。

见状，我走到他身边，鼓励并提示他："浩浩，你跳得真棒！你还可以试试两只小脚同时起跳，看看这样会不会容易跳过去？"说罢，我还向他展示了一次慢动作的双脚跳绳。他看到我成功后也迫不及待地进行尝试。他用力摇绳，双腿抬高，努力让两只小脚同时跳起，然后落地。果不其然，这次顺利地跳过去了。尝到甜头的他，一刻不停，继续练习。很快，他每次都能如愿地跳过绳子了。获得成功的他骄傲地对旁边的小朋友说："我会跳绳了！"

我所思：

1.幼儿对户外活动的积极性很强，能够主动参与体育运动。当跳绳过程中遇到困难时，也能努力克服，不怕困难，具有坚持的学习品质。

2.幼儿跳绳时方法不合适，总是一只脚先起跳，另一只脚再顺势迈出，这样后脚离地的幅度较小,常常绊住跳绳。幼儿发现了问题,及时调整,在后面的练习中把后脚也高高抬起,这样就能成功跳过去,但这种方法成功率不高,说明幼儿跳绳的方法并不合适,所以总是失败。

3.幼儿在屡次失败后学习情绪受到影响,教师的鼓励能够帮助幼儿重新树立信心,及时引导可以缓解幼儿的焦虑情绪。

4.引导幼儿跳绳的新方法时,他勇于尝试新方法,颇有成效。在他不懈的努力下,最终获得成功,同时获取跳绳运动中的成就感与满足感。

我所行:

1.《纲要》健康领域中指出,鼓励幼儿积极参加体育活动,不怕困难。当幼儿在体育活动中遇到阻碍与挑战时,教师应给予有力的帮助与引导。

2.教师应尊重与掌握幼儿基本动作技能的发展规律,才能更客观地了解班级幼儿运动能力的发展水平,进而制定更适宜的指导策略。针对部分还不会跳绳的幼儿,关注其跳绳的方法是否正确,重点指导幼儿学习正确的跳绳方法后再进行练习。

3.教师在户外活动中要注重对幼儿的学习品质的培养,引导幼儿遇到困难不要退缩,培养幼儿勇于战胜困难的优秀学习品质。

第一章 看得见的呵护

> 观察对象：二宝（3岁5个月）、安安（3岁6个月）
> 观察教师：八幼上地园　王晓双
> 观察地点：户外操场
> 观察时间：2020.10.9
> 观察目的：通过双脚跳的活动，观察两位小朋友的下肢力量、身体协调性以及是否掌握双脚跳的方法

🍃 我所见：

【片段1】

在敏捷梯的一个格子里，安安身体完全蹲下，蹲下后左脚向前蹭了一小步，然后双脚一起离地，双臂从膝前向上摆动90度左右，腾空跳过两个格子，落地时大腿、小腿呈60度蹲的姿势，双脚小幅度向前颠了一下，双手在双脚前撑在地上。跳过两个格子后，他转过头对我笑了一下，然后又重复刚才的动作，继续跳过两个格子，此动作重复了4次。

【片段2】

二宝站在格子里，呈半蹲姿势，眼睛盯着他前面的一个格子，两脚稍

185

微分开，一只手在腿旁，一只手向前伸，与身体成45度左右，此动作维持了2秒钟。起跳时二宝先是向前探了两下，又缩了回来，然后右腿先跳起来，离地10厘米左右，左脚马上跟上，双手在身体两侧，双臂微屈，基本没有摆动。他连续跳了3个格子，都踩到了格子的线上，落地时身体有轻微的晃动。

我所思：

1.作为刚入园的小班幼儿，安安、二宝都能够双脚向前跳，但是3~4岁幼儿的大肌肉动作发展尚不成熟，个体间存在差异。

2.安安下肢肌肉力量发展很好，双脚跳的距离比较远，有爆发力。他能够稳稳地落地，说明他在跳跃时身体的平衡和协调性较好。但从他起跳时蹲的姿势来看，他双脚立定跳远的要领还没有完全掌握。

3.从二宝的动作可以看出他下肢力量较弱，起跳的高度不够。从他单腿起跳和落地、几次踩到格子的线上及身体小幅度晃动的情况来看，二宝在跳跃时身体的协调和稳定性有待加强。

4.以上两个小朋友的双脚立定跳远和双脚连续跳存在明显的个体差异，需要从不同方面实施教育策略，使他们在原有水平上有所提高。

我所行：

1.在户外分散游戏时，运用跳圈、跳袋、短跑等方式，进行一对一指导，加强幼儿腿部大肌肉的锻炼。

2.在户外集体或分散游戏时，利用躲沙包、抛接球、抓尾巴等游戏形式，加强幼儿身体协调和稳定性的锻炼。

3.组织跳跃的体育活动，利用"青蛙跳荷叶"的游戏，引导幼儿掌握立定跳远的基本动作，利用"小兔子"的游戏帮助幼儿逐步掌握双脚连续跳的动作要领。

4.在分散游戏时，运用"小青蛙怎样跳"等形式，对安安进行个别指导，使安安进一步掌握双脚立定跳远和双脚连续跳的方法。

> 观察对象：彤彤（3岁8个月）
> 观察教师：十幼铁路园　张茹
> 观察地点：南操场
> 观察时间：2020.12.16
> 观察目的：了解幼儿户外活动中的交往情况

🍃 我所见：

今天上午，我带着小朋友们一起做"小乌龟"的游戏，在地上练习蹲走。彤彤对学小乌龟爬很感兴趣，重复玩了好几次，开心极了。过了一会

美的种子在发芽

儿分散游戏时,我发现她站在原地不动,情绪有些低落,想要说些什么,我便主动过去问她:"彤彤,你怎么不去玩呢?"她攥紧了手说:"我也想玩乌龟爬,可是没有垫子了。"我想了想给她出了个主意说:"你去问问其他的小朋友,有没有人愿意和你一起玩。"说着她走到了珊珊面前,但迟迟没有开口,我跟彤彤说,你要问她"珊珊,我可以和你一起玩吗",她尝试着开口小声问了一下,珊珊高兴地答应了,我又告诉了他们一些可以一起玩乌龟爬的方法,几个人很开心地一起玩了起来。

我所思:

彤彤是个细心且敏感的小姑娘,刚刚入园对于陌生的事物都很没有安全感,而且很少主动接近其他小朋友。在户外游戏时,她对于"小乌龟"的游戏很投入,但在分散游戏时,她发现想玩的垫子没有了,对于这类可以一起游戏的活动材料,我鼓励他们一起游戏,并且这是一个让她跟朋友通过活动相互熟悉,交到好朋友的机会,所以我比较鼓励她尝试去交往。通过她的行为表现,我也看出她内心是渴望有好朋友跟她一起玩的,只是不知道怎么说,怎样去问,在告诉她询问的方法后,她的声音虽然有点小,但是可以看出她是愿意与朋友游戏的,并且这次的询问得到了肯定的回答,她的情绪受到了很大的鼓舞,相信这对于她接下来的同伴交往主动性也会产生积极的作用。

我所行:

1.为幼儿创造与同伴交往的机会。小班幼儿与同伴交往的最主要形式是游戏。游戏是小班幼儿的主要活动,它是儿童反映社会生活的一种特殊方式。在游戏活动中，儿童实际上是通过社会角色的扮演来学习人际之间的交往的，我们可以从游戏中培养幼儿的交往兴趣。

2. 及时鼓励使幼儿体验成功的喜悦。小班幼儿在一起玩时常常两三个人一组，边玩边说，慢慢地互相启发，互相模仿，从而产生互相交流的需要。当幼儿出现交往行为，能较好地与同伴学习或游戏时，教师要及时给予肯定、鼓励，教师赞许的目光、肯定的语言、微笑的面容，以及轻抚孩子的肩膀、对孩子亲切地点头、跷起大拇指等动作，能使幼儿受到极大的鼓励，从而进一步强化交往的动机，愿意更多地、自觉地做出交往行为。

3. 密切家园联系，提供与同伴交往的机会。家庭是幼儿的第一所学校，提高家长参与幼儿园的教育与管理程度，使家园互为补充，形成合力，全方位、多视角地对幼儿进行教育。

观察对象：小夏（4岁2个月）

观察教师：十幼铁路园　季兴博

观察地点：操场

观察时间：2020.11.19

观察目的：了解幼儿平衡能力的发展水平，以及锻炼平衡力的方法

🍃 我所见：

今天，带孩子们玩过小河的游戏时，我用圆圈摆放了不同宽度的小河，还有梅花桩小桥。刚开始，小夏对跨过小河，走过小桥的兴趣都很

高，都愿意试一试，而且动作发展较好，能匀速平稳地走过梅花桩小桥。

持续了几分钟后，我将每个梅花桩之间的距离拉远了一点，这对孩子的平衡能力又是进一步的考验。孩子们看到了变化，马上向梅花桩拼成的小桥拥来，小夏也不例外。她第一次尝试迈开脚步时有点害怕，摇摇晃晃有点犹豫，第二次就自信多了，毫不犹豫地跟着小伙伴走了过去。

当我接受小朋友想再将梅花桩之间的距离拉远一点的建议时，孩子们活动的热情更加高涨。有的勇敢地接受挑战，也有个别孩子望而生畏。小夏排队排了两次，第一次排队轮到她过小桥的时候她退缩了，没有往前走，但是回过头她又排了一次队，这次她又尴尬地笑了笑，还是不敢走。直至活动结束。

🍃 我所思：

孩子在户外活动中都会喜欢通过一定的情景进行运动和游戏，其实更喜欢老师创设一些新奇的、有挑战性的活动，让他们挑战自我。

教师应根据幼儿的兴趣，采取游戏化的教学方式做个魔术师，在日常各项活动中，学着不断变换，在幼儿已有的水平上，上一个小小的台阶，对于幼儿来说这就是挑战，一个个小台阶，能吸引幼儿主动参与活动，在集体活动中大胆地表现自己，以提高参与积极性。

每个幼儿的发展水平不同，心理素质也不同，所以有的幼儿积极参与活动，有的幼儿则望而生畏，教师应根据幼儿的不同水平，为幼儿创设不同的锻炼的机会，逐步提高和建立幼儿的参与性和挑战欲望。

我所行：

给幼儿提供的挑战是不同层次、不同高度的台阶。

重要的是要创设愉快、信任、安全的心理氛围，教师的支持和鼓励也是重要因素，也许教师的一个鼓励和赞许的眼神，会让幼儿迈出一大步。

在一日活动中教师一定要适时适度地引导和帮助幼儿。

通过家园共育，请家长根据幼儿的身体素质选择适合孩子的活动强度，在家中也为他们增加练习的机会，以提高幼儿参与体育活动的兴趣。

观察对象：佑鑫（5岁9个月）

观察教师：怀柔分园　于文超

观察地点：户外

观察时间：2020.11.13

观察目的：了解幼儿是否掌握跨栏的动作要点

美的种子在发芽

🍃 **我所见：**

【片段1】

佑鑫今天选择了跨栏区，他走到起跑线上，左脚在前，右脚在后，右手弯曲平放在胸前，左手伸直放在身后做好了准备动作，随着我的哨声，佑鑫像箭一样跑出去了，到了第一个栏前佑鑫右脚先迈了过去，左脚刚要迈过去就把栏碰倒了，后面的两个栏是一样的情况，都倒了。

【片段2】

第二次的户外分区，佑鑫再次来到了跨栏的区域，和上次一样直接挑战最高的跨栏，第一个栏前佑鑫右脚先迈了过去，左脚刚要迈过去就把栏碰倒了。我说："宝贝，你可以试一试旁边矮一点的栏。"佑鑫走到旁边的栏还是一样的准备姿势，随着我的哨声助跑出发了，到了第一个栏右脚迈过去，左脚没有抬起来，但是右脚还是把栏碰倒了。

【片段3】

第三次户外分区，佑鑫依然挑战了跨栏，这次活动之前我说："佑鑫，来，你看看于老师是怎么跨的。"说完我从起跑线助跑开始，快速跑到栏的前边，右脚越过栏，左腿抬高，平跨过栏再落地。回头看向佑鑫说："跨栏就是你要快速跑到栏前面，然后一条腿先跨过栏，另一条腿紧接着跨过去，腿要尽量抬高，手臂摆动幅度也要大一些，这样才能保持身体的平稳，你先试试，于老师在旁边帮助你。"

🍃 我所思：

1.跨栏的材料是泡沫的软材质的，即使撞倒也可以保证幼儿的安全。

2.教师为幼儿创设幼儿喜欢的游戏的情景，吸引幼儿游戏，发现幼儿存在动作要领掌握得不好的问题，以边示范边讲解的形式支持幼儿了解并且敢于尝试跨栏游戏。根据幼儿的实际情况，从空间设置上调整，每个栏之间的距离应该在3~5米最为合适，根据幼儿的实际情况，教师将距离调整到5米多一点，给幼儿充分的助跑空间。对于跨栏的动作要领，教师没有以集体活动的形式正式教授给幼儿，所以幼儿没有掌握跨跳的基本技能。

3.幼儿对于自己不熟悉的游戏敢于尝试、挑战，前两次没有成功是因为没有掌握跨栏的动作要领。虽然摆动腿跨过去了，但是起跨腿没有抬起来；做跨的动作时把栏碰倒了，是因为助跑让幼儿有一定的速度和力量，并不是因为没有掌握跨栏的动作要领；还有一部分原因是幼儿内心恐惧，到有了一定高度的栏前就害怕了，心理上有点退缩了。第三次经过教师一边讲述动作要领一边示范，鼓励幼儿自己亲身体验跨栏的动作要领，最终幼儿的摆动腿和起跨腿都过了前两个栏，第三个栏没跨过是因为幼儿没有力量去支持起跳时的爆发力，所以前一次没有成功。把距离调远了以后有充足的时间和距离支持幼儿的起跳力量，最后一次三个栏都成功跨了过去，幼儿在实践中掌握了跨栏的动作要领，最终获得了成功的喜悦。

🍃 我所行：

1.跨栏前期，材料的距离要大于5米，等幼儿掌握了基本的技能和动作要领，且有了一定的力量后再适当调整跨栏的高度和距离。

2.教师要了解大多数幼儿跨跳的实际情况,视情况看有无必要组织一次关于跨跳的集体活动,重点讲解动作要领。

3.活动中的幼儿想挑战,喜欢游戏,应该鼓励幼儿掌握基本的技能和克服自己的恐惧心理才能更好地游戏。

第二章 看不见的滋养

教育家苏霍姆林斯基在《给教师的建议》中提出:"每位勤于思考的教师,都有自己在教育工作中积累下来的工作体系,都有自己的教育学修养,我建议每一位教师都来写教育日记。教育日记并不是什么有某些固定格式要求的官方文献,而是一种个人的随笔记录,这些记录是思考和创造的源泉。"①

教育笔记作为一种教师记录自己的教育故事的常见方式,是教师对自己生活的真实记录,是教师对日常的所感、所思、所悟、所得的直接表达,其实质是通过记录教育故事,体悟教育真谛。通过教育笔记展开对教育现象的思索、对教育问题的研究,是一种将客观的过程、真实的体验、主观的阐释有机融为一体的教育经验的发现和揭示过程。②

教育笔记在观察、研究儿童,优化教育教学,促进教师专业发展等方面具有重要价值。例如,通过记录儿童的行为与生活,教师可以更好地了解、研究儿童,从而给予儿童的发展更有效的支持;通过记录教学过程中的得与失,教师可以有针对性地优化教学活动,从而实现教育教学质量的

---

① 瓦·阿·苏霍姆林斯基:《给教师的建议》,杜殿坤译,教育科学出版社,1984。
② 卡洛琳·波普·爱德华兹、卡利那·里那第:《劳拉日记:瑞吉欧教育日记展评》,粟高燕、任丽欣译,南京师范大学出版社,2016。

提升;通过记录自己与儿童、家长、同事的互动等,教师可以更好地进行反思,从而实现自我的内在成长、促进自身的专业发展。

与观察记录不同,教育笔记并没有严格的分类和要求,"给予教师充分自由的阐释空间"是教育笔记的独特魅力,但通过阅读众多经验丰富的教师的教育笔记与相关文献,通过深入观察园所教师的教育笔记并对教师进行访谈,我们认为通常意义下的教育笔记内容大致可以分为(但不限于)以下几类:教师对偶发教育事件的记录、反思;教师在持续不断的工作中总结出来的有效策略;教师在个人学习(参加培训或通过阅读书籍)时的一些随想与感受;教师源自内心的感悟等。

当前幼儿园教师教育笔记写作出现的最突出问题是:不会选取适宜的话题作为切入点、不会合理组织分配笔记的内容、不会进行从现象到本质的升华。通过整理相关文献与总结园所教师撰写心得,我们总出以下四点"小妙招"供教师参考。

1.正确的视角——为谁而写

每个人的职业坐标轴都有两个维度,即向外求或向内观,哪个才是你的核心轴?如果核心轴是寻求个人的发展与提升,就会倾向于自我努力,工作中也不会那么仓促;如果核心轴过于追求外在评价和肯定,自己所做的每一件事情,都希望有人关注、表扬,这样往往容易失望。

除此之外,从教育笔记撰写的狭义视角来讲,此篇教育笔记是为谁而写?教师?幼儿?对这个问题的思考与确认往往能引导教师采用正确的发展观看待主体。

2.还原"真实"

教育笔记的撰写、表达要简单直接,尊重事实和自己本真的感受,写作时不为了堆砌辞藻而追求华丽的描述,最重要的是要有"真实"的感悟。

3.游戏的语言才是教师的工作语言

葆有一颗童心很重要,教师要学会用游戏的语言和孩子们对话、思考。要以"儿童发生的事实"作为观察与评论的中心,而不是以教师教育方法为观察与评价的中心。要学会在复杂的关系网中对事件进行"因缘性的认识"。

4.养成反思意识,提高专业素养

撰写教育笔记的目的是让教师记录事件并反思,反思是笔记的灵魂。如果说,结构完整、内容充实是一篇优质教育笔记的基础和前提,那么,对内容的反思和升华则是一篇优质教育笔记的核心。有研究者指出,优质教育笔记的写作需要教师养成反思意识,提高专业素养。思考是更为重要的一部分,教师要在平常的工作中培养自己透过现象思考内涵,从而发现事物本质的能力。

教师写教育笔记不仅需要教育智慧,更需要善于思考的品质,当一个教师的教育笔记里有真实的记录、深入的思考、深深的共情,并能够通过描述将这一切还原甚至提升的时候,一篇"出神入化"的教育笔记就完成了。

第一节 教育所得

教育所得记录的是教育场景下教师的所行所思、所感所得。通过对真实而有意义的一日生活活动、教育教学事件中师幼互动、幼儿发展的描述与分析,挖掘或揭示隐藏其中的教育思想、教育理论和教育信念,最终教师总结出有助于自身专业成长的感悟与启发。

茶馆诞生记

北京明天幼稚集团一幼塔院园大四班　张蕾

活动化的共同学习是大班课程的特点,是指幼儿在活动中有共同的目标,有共同的学习任务,有合作性的活动,有角色的分工,有计划的活动。活动的过程应是有操作、有探究、有积极思维活动的过程。

我班的角色游戏"茶馆"的诞生很好地印证了这个过程。

游戏主题来源于设立在楼道中的表演区开始了京剧内容的游戏后,那咿咿呀呀的京剧唱腔、匡七台七匡七台七的锣鼓点,立刻吸引了在活动室中游戏的孩子们。他们纷纷扒着教室的门口,或是隔着窗户向楼道张望。这个场景让正在为角色区开设什么主题游戏而苦苦思索的老师们豁然开朗。一个既能够观赏同伴的表演,又能够迁移幼儿的社会经验;既能够培养幼儿礼貌地与人交往,又能够锻炼幼儿语言表达能力的游戏——"茶馆"应运而生。

为了方便孩子们观看演出,我们为幼儿提供了小方桌,铺上了桌布,扮演观众的幼儿自己搬来了两把小椅子,观众席准备好了。小茶馆第一任掌柜嘟嘟和第一位服务员妞妞也已经上岗了。可是幼儿都没有生活经验,游戏要怎么玩呢?

一、茶馆是做什么的

师:小朋友们都去过饭馆吧?饭馆是吃饭的地方。那猜猜茶馆是干什么的?里面卖些什么呢?

嘟嘟:卖茶。

师:茶馆里都卖什么茶呢?你知道哪些茶水的名字?

喵喵:我和爸爸妈妈出去吃饭的时候喝过菊花茶。

小宝:我姥爷喝的茶里有茉莉花。

人参：我妈妈喝玫瑰花茶。

班班：我也喝过菊花茶，里面还有冰糖呢！

师：来茶馆的客人在看演出的时候，除了可以喝喝茶还想不想吃点好吃的呢？

孩子们异口同声地说："想！"接下来大家七嘴八舌地说了好几样食物，有他们在面包房中看到过的，有在生活中吃过的，有亲手和妈妈一起做过的，如甜甜圈、小饼干、草莓蛋糕等。可是食物从哪来呢？孩子们纷纷表示可以用彩泥捏。捏好的食物用什么盛放呢？孩子们找出了美工区的活动材料——纸盘。客人用什么喝水？这个说："我会捏水壶。"那个说："我会捏小碗。"于是在第二天的区域游戏过后，我们的小茶馆里立刻出现了大小不一、五颜六色、形状各异的茶杯、茶碗若干套；麻花、饼干等各色点心若干。老师们也为小茶馆"添砖加瓦"，带来了各色茶叶，并制作了茶馆的招牌和背景图，还有一个古香古色的带有小抽屉的盒子用来盛放茶叶、茶匙、夹子等。

二、茶馆里有哪些角色

师：茶馆里谁负责给客人端茶呢？

喜乐：应该是服务员。我在饭店吃饭的时候，妈妈叫服务员，然后就过来了一个阿姨。

师：那谁负责卖茶呢？

芽芽：我和爸爸妈妈去过一个大酒店，看见一个人身上戴着一个小牌子，上面写着"大堂经理"，里面的服务员都听他的。

师：嗯，咱们的茶馆里也有这样一个角色，叫"掌柜"。掌柜负责给客人倒茶，将客人需要的点心放在盘子里。服务员把客人带到座位上，并用托盘为客人送去茶水和点心。而客人需要什么，可以在座位上呼叫服务员或掌柜。

三、游戏中我们说些什么

师：你们在饭馆吃饭的时候，服务员是怎么同你们说话的？

嘟嘟：您吃点什么？

师：你希望服务员在同你说话的时候是微笑的吗？你希望服务员是有礼貌地同你讲话吗？如果客人不知道茶馆里都有什么，掌柜需要怎么向客人介绍呢？

湲湲：我们这里有菊花茶、玫瑰花茶，还有茉莉花茶，您想喝什么茶？

班班：还可以问客人要不要放冰糖。

萱萱：还可以跟客人说一下有什么点心。

师：我们是让客人站在这里等还是坐在座位上一边看演出一边等好呢？

孩子们：请客人到座位上等。

师：服务员为客人送茶点的时候，是放下就走还是应该跟客人说些什么话呢？

糖宝：你的茶。

小意：请喝茶。

看到孩子们面面相觑，我决定来一次角色扮演。我、糖宝、小意扮演服务员。当他们两个演完后，我端着托盘，笑眯眯地对孩子们说道："客人，您要的菊花茶来了。茶水有些烫，您慢点喝。您还需要吃点什么吗？我们这里还有饼干和蛋糕呢！"表演结束后，我问孩子们喜欢哪位服务员，为什么喜欢。孩子们纷纷表示喜欢老师扮演的服务员，因为老师很热情、很有礼貌！

在讨论如何开展茶馆游戏的过程中，每当遇到因孩子们缺少认知而不知应该怎样进行的时候，我都会用角色扮演的方法引导孩子们，帮助他们将生活中的经验迁移到角色游戏中来。

幼儿的社会性发展是指他们从一个生物人，逐渐掌握社会的道德行为规范与社会行为技能，从而成长为一个社会人，逐渐步入社会的过程。它是在儿童与成人、同伴、集体的相互作用过程中实现的。

一个小小的茶馆，一个角色扮演的游戏，仿佛一个小小的社会缩影，孩子们在这里学习怎样与人相处、合作，在与同伴的交往过程中，学会谦让、学会协商。在动手打造角色区的过程中，主动性和动手、动脑的能力得到了充分的锻炼。在游戏中获取知识经验，提升语言水平，培养文明行为，锻炼交往能力。

茶馆的故事还在继续，期待孩子们带来更多不一样的表现！

让孩子爱上表演区

北京明天幼稚集团一幼塔院园小五班　李天天

表演区是幼儿大胆表现自己情感和体验的多功能舞台，特别是对于小班幼儿。本学期，我们班幼儿全部是新入园的小班幼儿，他们最原始、最稚嫩、最可爱的动作、表情、姿态、多元的个性和爱好都会在表演游戏中表现出来。小班幼儿在表演游戏中通常会经历好奇摆弄—被动表演—主动表演三个阶段。教师要充分把握这三个阶段，不断调整策略，让幼儿爱玩、爱演、快乐，充分发挥表演游戏的艺术教育功能。

一、第一阶段：让幼儿"爱玩"

当我们第一次将表演区介绍给小朋友时，幼儿并没表现出很感兴趣、很爱玩，甚至有一段时间，表演区都处于没有人关注的状态，面对冷清的表演区，我一直在想怎样让幼儿愿意来表演区进行表演。在一次早餐过后，我主动引导幼儿来表演区进行游戏，想要分析幼儿不愿意来表演区的原因。我发现，幼儿在第一次进入表演区时，他们的表现很被动，进去后不知道该干什么，面对各种道具和材料有些不知所措，会用惊奇的目光打量一切，老师介绍后，才会去拿道具和材料。各种各样的乐器对于新入园的幼儿来说是陌生的，再加上幼儿在情绪上还没有度过分离焦虑期，我开始考虑换一些更具有吸引力的乐器，更适合小班幼儿操作的敲敲打打的乐器，利用声音来吸引幼儿。另外，应增添表演区的服装、头饰和彩带，满足小女孩当公主的心愿。刚刚入园的幼儿还做不到在表演区进行主动游戏，我在过渡环节教给他们一些小律动，把音乐投放在表演区，当孩子们看到表演区有了新的假发、小吉他、话筒、彩带等道具时，都迫不及待地想要去试一试，在我为他们准备的镜子前照一照，增加了对表演区的兴趣，个性表现得到支持，在表演区能"爱玩"。

二、第二阶段：让幼儿"爱演"

逐渐地，表演区有了"人气"，每天愿意来表演区表演的小朋友越来越多，随着幼儿对表演区越来越喜爱，每天都会出现表演区人数爆满的情况，有的时候，幼儿会很沮丧地去选择别的区域。我尝试引导幼儿增加互动环节，让没有当成演员的幼儿来当观众看表演，表演的幼儿可以跟观众互换角色，尽量满足每个幼儿的表演欲望。

我们还尝试逐步增加故事表演，在集体教学时进行了"拔萝卜"的分角色表演，让每个幼儿都参与了表演，并将表演的道具投放到游戏中，教师参与其中引导幼儿表演，让幼儿了解表演规则、场地的要求、如何上场下场、如何轮流表演等，从中获得表演的乐趣，让幼儿自信地演起来。

三、第三阶段：让幼儿"快乐"

每次老师一放音乐，幼儿就自己表演起来，但仍离不开老师的帮助，老师要给他们放音乐、选择节目等。而在老师不在的时候，常常会听到幼儿的一些争吵。之后，老师尝试鼓励幼儿自己商量节目，老师重点引导他们选择谁来当同伴，谁来当观众，谁来当主持人，建立轮换游戏的规则。虽然是小班幼儿，但经过一段时间的培养后，常能听到他们自己商量、选择节目时快乐的声音，在这快乐情绪的影响下，他们学会了关心和谦让，并且掌握了一些解决问题的方法。

幼儿的表演游戏是多变的，老师在这过程中要善于观察幼儿，支持幼儿游戏，跟进幼儿游戏发展的需要，让幼儿逐步爱上表演，体验到表演的乐趣。

积淀墨韵意趣　绽放美丽之花

北京明天幼稚集团二幼双榆树园大三班　石颖

本学期伊始，角色的转变让我更加深入地接触到水墨。对于水墨教学还一知半解的我来说，这是一个巨大的挑战。在这条探索的道路中充满荆棘，但沿途美好的风景却使我不禁驻足。与其说是我教授幼儿知识，倒不如说是幼儿带领我一同探索未知和寻求答案，并迸发出智慧的火花。经过上个学期的水墨教学活动的顺利展开，孩子们在水墨画领域已有了很大进步。

记得开学之初，孩子们在美工区画画时问我："小颖老师，咱们怎么不画水墨画了？""你们喜欢画水墨画吗？""喜欢！"孩子们用洪亮的声音回答我。也正是孩子们坚定的回答促使我思考：作为一名经验相对较少的年轻教师，我该如何有效地开展幼儿水墨画教学？使孩子们充分发挥这方面的潜能呢？于是，我们结合幼儿的年龄特点，将水墨画教学内容与幼儿的现实生活紧密联系，经过多次比较，最后决定将菠萝定为班级写生物。在教学过程中通过游戏化情景的导入，激发幼儿学习兴趣；运用多种感官感知，增强幼儿学习兴趣；以游戏贯穿活动始终，鼓励幼儿积极参与。

我通过对小班幼儿水墨画教学的尝试与实践，发现水墨游戏的重要性。借助笔、墨、水的创作，画面湿润斑斓，尤其是宣纸渗化所形成的多种效果，吸引了幼儿参与其中一同创作，并在活动中促进手眼协调，体验水、墨、色在宣纸上的变化。在活动中让幼儿充分感受水墨的趣味性，以游戏贯穿活动始终，这样的教学活动更贴近幼儿，促使他们爱上水墨画，从小让水墨经典扎根于心。

感谢我与水墨的相遇、相识、相知，感谢孩子们陪伴我一路探索，在这条充满荆棘的道路上，我们不断前行。孩子们通过水墨游戏的形式画出了五彩斑斓的内心世界，他们的画作犹如一份份精美的礼物呈现在我的面前，在这一笔一画中我看到了他们的成长。那稚嫩的笔触变得更加丰满，对于水墨画教学不再畏惧，而是愿意大胆尝试着用画笔挥洒出属于自己的作品。

作为教师的我们应该善于发现、及时捕捉，以赞许、认同的表达方式鼓励、支持幼儿的创作。每当一幅幅精美的画作映入眼帘时，我也在感受着孩子们一点一滴的进步！

通过开展民间体育游戏滚铁环，提高教师的有效指导策略

北京明天幼稚集团四幼知春里园中二班　安莹

随着社会的进步，越来越多的高科技玩具充斥在孩子们的生活中，我们小时候玩过的游戏慢慢地被人们遗忘。回想起小时候，我们总是和小伙伴们一起，想好多办法做游戏，跳房子、滚铁环、编花篮、跳皮筋，等等，这些游戏给我们的童年留下了许多美好的回忆。而现在的孩子们，生活中的小伙伴越来越少，玩具几乎成了唯一的精神支柱，电子产品不离手，视力越来越差。为了缓解这种状况，我园开展了民间体育游戏的搜集

和实施活动，结合学习《指南》，通过和老师们一起研究，制订方案，最终在众多民间游戏中，我班选择了滚铁环作为研究对象。在不断尝试和研究学习中，我班幼儿滚铁环的技能显著提高。下面就是我在与幼儿滚铁环游戏中总结的一些经验、方法。

一、滚铁环游戏的引入

对于中班幼儿，在最初引入滚铁环游戏时，我担心幼儿会热情不高，因为按照滚铁环的标准动作，我们大人都很难长时间控制铁环，所以在游戏玩法上，我们本着改造式继承的原则，对滚铁环的方法进行了改进，从推铁环的外圈底部的玩法改为推内圈顶部的新玩法，这样将滚铁环的方法由易至难，让孩子们在最初的游戏中，找到了自信，找到了快乐。

二、滚铁环游戏的指导原则

1.自由分散与集体游戏相结合的原则。在户外活动时，幼儿既可以独立进行，也可以组织集体的滚铁环比赛，也可以自由结伴，游戏形式多样化。

2.适量性原则：根据幼儿身体状况和年龄差异，合理安排游戏活动。

三、滚铁环游戏的指导策略

1.正确把握教育与玩的关系

教育与玩是相辅相成的，我们在指导幼儿滚铁环游戏的过程中，应让他们在游戏中尽情玩乐，同时又要让幼儿得到动作与技能的发展，使幼儿既能体验游戏的新奇和快乐，又能在游戏中锻炼手掌、手腕、手臂的力量，学习合作、互助。

2.进行个别指导

我班幼儿存在着年龄层次的差异及个体发展水平差异，教师在游戏中应多观察、多发现，探索适合的指导方法，并对幼儿的游戏做出及时的调整。

3. 注重幼儿创造性的发展

民间体育游戏最重要的优势就是使幼儿的自主性增强。幼儿可以自由结伴、自娱自乐、自我学习、发现创新。教师要善于发现幼儿做出的创新，及时予以肯定和指导。例如有的幼儿一开始控制不好平衡，容易往外侧歪，但幼儿发现铁环一直往外侧歪易于推出圆圈的轨迹，于是幼儿兴趣大增，表演给老师看，得到老师的肯定后幼儿信心大增，进步越来越快，兴趣愈发浓厚，自信心增强。教师应根据情况，适时地进行指导，或者用语言提示，或者用动作帮助，对幼儿的创新玩法予以肯定。

4. 提供一带一的机会，让幼儿教幼儿

教师可以尝试，让会滚铁环的幼儿去教不会玩的幼儿，效果很好。幼儿在不断的模仿中，互相帮助，兴趣更高，而且掌握得更快。

5. 在游戏指导中进行常规安全教育

任何游戏的进行，安全教育都是首位的。教师应引导幼儿形成规则意识，掌握游戏技能，主动应对、积极预防危险，不能因安全因素束缚孩子的游戏与发展。在游戏之前，应让每个孩子都有安全意识，不要伤到自己与别人，同时也要及时避开危险，保护好自己。我班针对幼儿取放铁环的行为制定了规则，在游戏的具体指导过程中，教师要随时关注幼儿的安全。

6. 家园共育

充分合理地利用家长资源，进行家园共育，在亲子运动会上向家长进行开放展示活动，让家长认识到民间体育游戏在幼儿中间开展的重要性，以及促进幼儿身心发展的教育价值。家长在教育活动中起了很重要的作用，家长在参与过程中也体会到了快乐。

这学期，通过课题的研究，幼儿的体质、个性及意志品质和社会性都得到了良好的发展，同时激发了我们教师的教科研热情，转变了教学理念，提高了自身的游戏指导水平和教科研素质，并创设了丰富的班级主题活动。

彩虹的秘密

北京明天幼稚集团五幼东升园大一班　周一凡

抓住教育契机开展适宜的教育活动，对于新加入教师行列的我来说是一件很困难的事情，而我们班的王老师给了我一次很好的学习机会。

在一个平常的下午，王老师和我带着班里的小朋友下楼去进行下午的户外活动。突然，大丁看着天空大喊："周老师快看，是彩虹！"我仰头望去，真的是彩虹！我还从来没见过颜色这么分明的彩虹。我赶紧叫王老师："王老师，快看彩虹！"王老师抬头一看，马上对小朋友们说了一句话："宝贝们快看，彩虹！"在大家都沉浸在欣赏美丽的彩虹的时候，我看到王老师拿出了手机开始给孩子们拍照，一边尝试找不同的角度，一边还不忘了给小朋友做指导："你们看看，天上的彩虹有几种颜色？"小朋友们激烈地讨论起来，都在分享着自己所看到的颜色。王老师又向小朋友们提问："什么时候才会出现彩虹呢？"知道的小朋友说道："下雨才会有彩虹。"王老师反问："可是今天并没有下雨为什么还会有彩虹呢？"这下可把小朋友们给问住了。王老师接着说："你们猜一猜是为什么？"孩子们又开始了激烈的讨论。最后王老师说："让我们在今天过渡环节时揭晓答案吧。"王老师组织孩子们在彩虹下面拍摄了一张大合影，小朋友们都非常开心，全都露出了甜甜的微笑。

晚饭过后，在离园前过渡环节，王老师请小朋友们说一说自己的猜想，并给大家解释了为什么今天没有下雨却依旧有那么鲜艳的彩虹在天空上：彩虹是由于太阳折射出现的，下过雨后只是比较容易出现彩虹，因为雨后的空气中含有较多的小水珠，所以只要空气中小水珠的分布以及含量适当，即便不是雨后也可能出现彩虹。小朋友们听了恍然大悟，又学习到了新的知识。

教育契机是指，在教育实践过程中自然生成或有意创设的某种关键性事件或情景，它有利于促使教师尽快成为学生学习活动的支持者、合作者和引导者；促使教师善于发现学生感兴趣的事物、游戏和偶发事件中隐含的教育价值，把握时机，积极引导。教育契机其实不是一个特别大的事情，每一个教育契机就"潜伏"在我们的身边，就看我们能不能抓住它了。通过这次的教育活动，孩子们接触到了平时难得见到的自然现象，也借机了解了现象背后的自然规律。

其实大自然对于孩子们来说是特别好的"教材"。我国著名的教育家陈鹤琴先生所提出的"活教育"就是强调活生生的自然和社会环境，而书本知识则应是现实世界的写照，应能在自然和社会中得到印证，并能够反映儿童的身心特点和生活特点。在出现了平时难得看到的景象时，让孩子们多去观察大自然的现象，了解大自然的奥秘，对于幼儿来说也是一次美好的经历。并不是只有教室才是我们教师开展教育的地方，大自然也是教育孩子的一个非常好的场所，教师应让幼儿在大自然中进行探索，主动思考，感受大自然的魅力。幼儿的学习方式是"直接感知、实际操作、亲身体验"，其实还有一个方法就是"亲近自然"，王老师抓住教育契机给小朋友们带来一节"亲近自然"的课程。

作为一名刚刚加入幼教行列的新任教师，我缺少教育经验，身边的前辈教师的一举一动都很值得我去学习。我要抓住教育契机，带领幼儿打开一道又一道知识的大门。

"建造师"养成记

北京明天幼稚集团六幼小灵通园中二班　王曼

建筑区回归班级初期，幼儿的兴趣极高。在主题为"桥"的搭建活动中，由于缺乏搭建经验，幼儿呈现的桥比较单一，水平还处于平面搭建。由于我过于着急，给幼儿充分探索的时间空间不足，幼儿就像木偶一样被我拽着，而我也忽略了幼儿出现这种行为背后的原因，当时的想法就是让幼儿赶快呈现出"我想要的"桥。

伴随着园所教研活动的开展，我对于区域观察有了新的认识：在区域活动出现问题时，要至少观察3分钟再介入；要为幼儿创设直接感知、实际操作和亲身体验的机会；要看到幼儿行为背后的故事；活动中还要观察幼儿与材料的互动，幼儿与幼儿的互动，鼓励他们尝试自己解决问题。在之后的区域活动中我告诉自己要多用眼睛看，少说少做。

介于幼儿当前的搭建水平，我给幼儿留了个小作业"与家长一起观察桥的结构"，目的就是丰富幼儿的认知，为今后的搭建提供支持。回园后我请幼儿进行经验分享，这样不但能巩固幼儿的认知还能共享全班幼儿及家长的智慧。我请幼儿画出"我喜欢的桥"，目的就是让幼儿巩固对桥的结构的认识。

分享后，幼儿知道桥有桥面、桥墩等组成部分，我将这些体现到了背景墙上，希望背景墙的出现能对幼儿的搭建有一定的支持和引导。不出所料，之后的搭建作品中确实出现了立体桥，我之前的工作有了成效，搭建时我看到聪聪对照着背景墙进行立体桥的搭建，他的这种搭法很快影响到周围的小伙伴，他们按照崔少聪的方法进行搭建，用圆柱形的积木当桥墩，用长方形的积木当桥面，成就感油然而生，搭建兴趣明显较之前有了很大的提升。

在立体桥单一桥面的基础上，幼儿把小汽车放在桥面上行驶时发现两个小朋友的小汽车总是相撞，还会出现小汽车掉下桥面的情况。这时候我没有进行干预，而是静观他们接下来的行为。他们开始各种尝试，先是把两块长板同时放在一个桥墩上，结果由于桥墩不稳桥面总塌。"这样不行，两个桥面不能用一个桥墩，得一个桥面用一个，这样比较稳……"他们经过不断的尝试与调整终于成功了，不但解决了桥面过窄的问题，还把图片中的隧道搭了出来。

新的问题又出现了：桥与桥之间如何穿越呢？他们没有找到立交桥穿越的关键点，一次次的尝试都以失败告终，兴趣也有些降低，这时候我加入其中，开始引导他们观察两座立交桥的不同。"这两个桥有什么不一样啊？""一个高一个低。""桥的哪部分决定桥的高低呢？""桥墩的高度决定桥的高低。"他们找到了问题的关键点，开始改造，立交桥终于穿越成功了，他们热烈欢呼，兴奋不已。

有了双层立交桥的搭建经验，他们将经验进行迁移，成功将桥面穿过建筑物，很显然他们已经完全掌握了这种搭建的新方法，并会巧妙地运用。

就这样，小小建筑师的搭建技能在一步一步提升，如果你们还想看我们接下来的作品，请随时关注我们吧！

我是"故事小达人"
北京明天幼稚集团六幼小灵通园大一班　崔昊

语言能力是一种综合能力，幼儿语言的发展与其情感、思维、社会参与水平、交流技能、知识经验等方面的发展不可分割地联系在一起，语言教育应当渗透在所有的活动中。教师应创设宽松、自由的语言环境,用多种形式帮助幼儿提高语言表达能力。

我班松松、小佐、小佑三人最近对语言区产生了浓厚的兴趣,连续两周,他们三人都共同选择了语言区。经过观察了解我发现促使他们经常来语言区的原因有以下几点:

松松和小佑本身属于比较爱说、善于交流的孩子,两人又是好朋友,而相对安静的小佐作为小佑的孪生妹妹受到了姐姐的影响,三人的关系非常亲密。同伴间的带动使三个孩子每天都共同来到语言区游戏。

近期,语言区成为我的重点指导区域,每天在讲评时我都会请孩子分享当天自选卡片、自主创编的故事。孩子们有了展示的平台,得到了老师的肯定,就更加有自信了,因此对语言区的兴趣也更加浓厚,他们越发觉得自己爱说、会说的特点是自己最大的优点,还能因此带给伙伴快乐,对于大班孩子来说是一件很开心、很骄傲的事。

三个孩子都认识大量的汉字,绘本中80%以上的字都认识,可以自主阅读文字较多的绘本,说明三个孩子水平差不多,这也是促成三人共同持续选择语言区的原因之一。在指导方面,区域活动中我们以自然观察为主,尽量不打扰孩子自然的行为过程。孩子的探索学习需要得到老师的支持、帮助,但这并不意味着我们可以不分情况地随意提供帮助。当孩子在活动中兴趣浓厚、积极投入时,我们就完全没有必要进行干预,以免中断孩子的思维过程、影响孩子的活动,而应该抱以赞赏的眼光,做孩子们最忠实的听众和观众,支持他们去尝试与实践,倾听孩子间的交流,观察孩子计划的执行情况和对不同活动的兴趣与态度,检查提供的材料是否适宜,观察孩子在活动中遇到了什么困难或有哪些独创的做法,了解孩子合作交往的情况等,与孩子共同感受活动的快乐。

同时我结合园长的建议:指导基于观察三分钟以上再介入。一次,他们三人选择了 8 张图片，首先将图片进行排序，这个过程中三人共同商量，佑佑说："把城堡放在第一张吧，因为公主可以住在里面，然后再放公主的图片。"松松听了满心欢喜地说："好吧，我觉得也应该把城堡放在第一张。"讲述中，他们给"小偷"起名字为"小偷F"，一开始松松说叫"黑衣人"，姐妹俩觉得这个名字太恐怖了，要求换一个，松松立刻答应了，说明松松在合作游戏中可以听取他人意见并照顾他人感受，这也是他们能良好合作的原因之一。基于对孩子观察的了解，我以同伴的身份介入游戏，并以谐趣夸张的指导语言激发孩子兴趣，尤其语言区，作为老师，我们要以幽默的语言、夸张的表情来带动孩子，引导孩子积极参与讲述。如孩子在表演自编故事《可怕的深夜》时，我发现孩子只是面无表情地学说对话，不够生动，于是，我就参与到游戏中扮演小偷的角色，通过夸张的表情和动作，让狡猾的小偷形象活灵活现，孩子的情绪也一下被调动起来，在尝试表现角色的时候表情与动作更丰富了。

经过几天的连续游戏，三个孩子的自由合作、自主创编及图片讲述的能力得到了飞跃性的提高，三个宝贝也在区域展示中变得更加自信了。

从幼儿关注点中发现真问题引导幼儿探究

北京明天幼稚集团七幼沙沟园大二班　屈宏梅

在与孩子们朝夕相处的日子里，经常会发生一些有意思的小故事。故事里的主人公是可爱的孩子们，孩子们演着有趣的故事情节，老师要做耐心的倾听者、观察者、引导者，会发现他们的小故事里也蕴含着大意义。

今天班里的小小志愿者是瑶瑶，早饭后她来到自然角给植物浇水。"老师，我发现有一盆蕨类植物叶子干了。"我和她一起来到自然角，这时候也已经有几个小朋友围在这里讨论了。"老师，它的叶子怎么都干了？是不是缺水了？"菁菁好奇地问。然然接着说："是不是我们水浇少了？"讨论在热烈进行着，于是我们在教育活动的时候一起讨论起来，我们将蕨类植物和多肉植物进行了对比观察。"蕨类植物的叶片长什么样子？"我向幼儿提出了问题，小朋友说："很薄，能看清楚叶脉。""多肉植物的叶片长什么样子？"有的小朋友说："多肉的叶片厚厚的，看不到叶脉。""那为什么多肉不用每天浇水叶子也不会干枯呢？"我继续问道。"老师我知道，因为多肉的叶片里面藏着好多的水分。"我们班的暄暄大声地回答。因为暄暄的家里养过多肉植物，所以他对这方面有一些了解，他将知道的知识与小朋友们进行分享，通过同伴间的学习和我们一起查找资料，幼儿对蕨类植物和多肉植物的养护有了更多的了解，知道了蕨类植物和多肉植物外形特点的区别，了解了它们不同的生长环境。为了能更好地照顾植物，小朋友们根据两种植物的特点设计了详细的浇水记录表，孩子们相信在大家的细致照顾下，植物会越长越好的。

　　一日生活皆是教育，在日常生活中老师要善于观察，发现幼儿的关注点，深入挖掘有价值的探究点，调动幼儿主动探究的积极性。在照顾植物的过程中幼儿的责任意识得到培养，当发现蕨类植物的叶子干枯的时候他们急于知道原因。《纲要》中指出：要给幼儿充分探索的时间和机会。兴趣是幼儿最好的老师，是幼儿主动学习的内驱力，教师要保持幼儿的探索欲望，给予幼儿探索的空间，培养幼儿的探索精神。发现幼儿的真问题是培养幼儿深度学习的有效途径，活动中的真问题源于幼儿对活动的兴趣。幼儿自发的活动更能调动兴趣，促进幼儿的主动探究能力。于是我与幼儿围绕问题展开讨论，对两种植物进行观察、对比，让幼儿知道了多肉植物生存在干旱的环境中，厚厚的叶片可以储存充足的水分；蕨类植物喜欢潮湿的环境，等等。活动中促进了同伴间的学习，提高了幼儿主动探究能力。

生命之光，爱之光

北京明天幼稚集团七幼沙沟园小一班　王京

爱，似一阵清风，如一缕清泉，伴随着孩子，浸润着孩子幼小的心灵。对生命教育的理解有狭义与广义两种：狭义的生命教育指对生命本身的关注，包括个人与他人的生命，进而扩展到一切自然生命。广义的生命教育是一种全人的教育，它不仅包括对生命的关注，而且包括对生存能力的培养和生命价值的提升。

一、了解生命的生存条件——小蚯蚓的生存条件

在主题活动"小蚯蚓"中，经过一番讨论，小朋友们都觉得我们应该每天都去为小蚯蚓浇水，帮助它保持土壤的湿润。但是问题来了，到底小蚯蚓喜欢哪种湿度的土呢？带着这样的疑问，我们又开始新的探究活动。

我为孩子们提供了三种不同湿度的土壤，请幼儿通过对比观察和触摸等方式进行分析。我对孩子们说："老师有三盒土壤，想请小朋友帮我看一看它们一不一样。"孩子们争先恐后地聚到桌子边来。为了让孩子们都能仔细观察，我将幼儿分组，请他们依次到桌前观察。孩子们都贴近了使劲看，大家都很轻易地就发现了1号盒里面的土很干，3号盒里面的土很湿。大家对2号盒里的土有不同看法，有的小朋友觉得2号盒和3号盒的土是一样的，有的小朋友认为2号盒的土是潮湿的，跟3号盒差不多，也比较湿润，但没有3号盒水分那么多。

我们跟孩子们一起带着问题寻找答案，探究式的科学活动应该如何开展呢？孩子们提出了一些共性的问题，我们就为孩子们创设出可以实验的环境和条件，鼓励幼儿试一试、看一看、比一比。孩子们充分调动多种感官进行探究实验，一个个都变成了小科学家。有些小朋友觉得往干土里面

浇水很像在家里看大人和面、包饺子。于是他们在过干的土壤里喷上了水，让土变得潮湿些。另一些小朋友在过湿的土中掺入了干土，这样土壤的湿度就适中了。

二、正确看待生命的消逝——小蚯蚓之死

尽管孩子们很细心地照顾小蚯蚓，但是还是发生了我们不想看到的事情。星期一活动区，小鱼在自然角观察蚯蚓时忽然大喊：老师，我们组的蚯蚓怎么了？孩子们一下子就围了过来，原来他们组的蚯蚓已经死了。孩子们根据他们的已有经验，并结合视觉和触觉，对生死做出初步判断。

你觉得它为什么会死？孩子们有的觉得太热了，蚯蚓被晒干了；有的觉得屋子里太闷了，它呼吸不了；有的觉得缺氧或土太少了；有的小朋友觉得土太多，闷死了；有的小朋友觉得瓶子不透气，闷死了。接下来我们给孩子们空间，和孩子们一起查阅资料，探究蚯蚓居住环境的湿度问题。

孩子们对蚯蚓的死亡原因展开了讨论，通过直观的观察对蚯蚓的生存条件和环境进行了解，也回答了自己的问题，验证了自己的已有经验。

三、尊重生命——尊重逝去的小蚯蚓

看到小蚯蚓死去了，幼儿都很伤心，有的女孩子甚至掉下了眼泪。大家说要把小蚯蚓埋起来，这样就不会有小朋友不小心踩到它们了。面对生死，幼儿有着自己的理解。他们觉得小蚯蚓是他们的朋友，不想让它们死了还受欺负。

在生命科学的实践研究中，我们发现对幼儿进行生命教育是那么的重要。对幼儿进行生命教育，重在让他懂得珍惜生命，知道关爱他人；让他拥有爱心，善待万物；积极乐观地面对生活，充实、快乐地度过每一天。小蚯蚓不仅仅是孩子们最喜欢的朋友，它们已经变成温暖的爱的种子，深埋在孩子们幼小的心中，生根发芽，开出最美的花，闪耀出最美的光，是生命之光，爱之光！

编辫子的小秘密

北京明天幼稚集团八幼上地园大一班　侯迪

进入大班后，幼儿更加关注自己的仪容仪表，女孩子变得爱美了，喜欢照着镜子摆弄自己的头发或者关注同伴的发式。一天午睡起床后，萌萌没有像往常一样第一个来找我梳头，直到大部分幼儿都梳完头后，她也没有来。当我看到她时，她已经用皮筋扎起来一个不太整齐的马尾辫了，沁之看到后还夸了她说："你梳的马尾辫还挺好看的，明天也给我梳一个吧。"于是，我以这次事件为契机，希望通过环境和材料创设，支持幼儿通过自主活动锻炼幼儿手部肌肉发展，从而提升自我成就感。

一、初始的热情

我做了三个小娃娃头部的游戏材料，投放到了教室走廊墙面上。新的材料吸引了很多幼儿参与和操作，多数时间都出现人满为患的现象，有的幼儿还会因为没有选上而感到沮丧。萌萌最近一直选择到这里游戏，将自己梳马尾辫的经验迁移到给小娃娃梳头上，很多小朋友也开始模仿她"发明"的这个发式，有高马尾，低马尾，幼儿玩得不亦乐乎，很多幼儿都通过这个材料初步掌握了梳马尾辫的方法。

二、相处的平淡

过了一段时间，我发现进入这个区域编辫子的幼儿越来越少了，之前被幼儿青睐的材料如今被冷落。我问幼儿："有没有小朋友想给娃娃编辫子啊？"几个幼儿你看看我，我看看你，没有出声。接着，我问正在玩洞洞板的萌萌："你想不想给小娃娃编辫子？"萌萌不情愿但又不好拒绝我的样子说："好吧！我去。"沁之说："那我们一起吧。"两名幼儿来到娃娃前并没有给娃娃编辫子，而是聊起天来。我走到他们身边听到沁之问萌萌："你为什么不想来啊？"萌萌回答说："我都玩腻了，不想玩儿了。"……听到幼儿之间的对话，我进行了反思：这个材料是否还能发挥更大的教育价值？可以通过哪些策略再次激发幼儿的游戏兴趣呢？

三、行为的改变

（一）教师启发

第二天，我也加入了编辫子的游戏，我走到一个娃娃面前，先给娃娃的头发分成三股，然后一边编一边重复说着："左搭中，右搭中……"这时旁边的沁之看到我便走到我旁边，并认真地看着我给娃娃编小辫，还不停地说："这也太好看了，侯老师您能教教我吗？"于是，我便开启了边示范边讲解边指导的平行游戏模式，沁之也学着我的样子给另外一个娃娃编起了小辫。编好后，沁之赶紧邀请其他幼儿来看她编的辫子，大家都称赞说好看，并让沁之教他们。在游戏中，教师与幼儿在平行游戏的状态下，提升了幼儿参与游戏的兴趣。幼儿通过同伴之间的学习，获取了编辫子的技巧，在生活中，幼儿也逐渐开始给自己、给同伴编辫子。

（二）亲身体验

豆豆看到小娃娃漂亮的发型，也想参与到他们的活动中。沁之说："你不可以加入，这是女生才能玩的。"安安说："我们这里都是女生。"豆豆说："我想学学回家给妹妹梳小辫。""只有女生才可以梳头，玩这个游戏吗？"我问道。这个话题引起幼儿七嘴八舌的讨论。辰辰说："不是，我去理发店的时候看见有很多叔叔给客人理发。"萌萌说："我妈妈上班的时候，爸爸就会给我梳头发，就是梳得不好看。"沁之想了想说："那好吧，男生也可以来玩，这样等你们当爸爸了就可以给自己的孩子编小辫了。"很多女生也表示愿意教男孩编小辫。就这样，编辫子活动从只有女生参与，逐渐到有越来越多的男生参与。有的时候家长群里的妈妈还会晒照片"炫耀"说："这是我儿子给我梳的头发！"开心得不得了。

（三）辅材互动

为了增加幼儿的兴趣，我提供了一些装饰品，如珠子、卡子、丝带等。乐乐看到后，将装饰品拿在手里不停地摆弄着。"你能用它们装饰一下娃娃的头发吗？"我提出建议。乐乐立即开始用蝴蝶结、小发卡装饰，开启了公主模式。

又经过一段时间的观察，我发现单一的马尾辫和麻花辫已经不能满足幼儿的需要了。于是，我又为幼儿提供了有着不同发式的画册作为支持，有麻花辫、鱼骨辫等各式各样的操作步骤图，很多幼儿都按照图片进行尝试。

通过活动的开展，幼儿从简单的马尾辫入手，逐渐尝试较为复杂的麻花辫、鱼骨辫，手部肌肉得到了发展。幼儿会利用晚离园的时间，主动向其他幼儿展示自己编的辫子，分享自己的成果和编法，在分享的过程中更加自信和更有成就感。教师的提示和支持，增加了游戏的挑战性，激发了幼儿对游戏探索的兴趣。

编辫子的游戏还在继续，我们会继续关注幼儿的游戏，及时调整材料和策略，引导幼儿获得更多的发展。

幼儿告状也是语言教育的良机

北京明天幼稚集团九幼安宁里园大二班　王卉

幼儿在集体生活中出现小摩擦是很正常的事情，于是，"受理"幼儿的各种告状，也成为幼儿教师的工作内容之一。有的老师觉得幼儿总用一些鸡毛蒜皮的事情来烦自己，而我却把告状也看作开展语言教育的好机会。

促使我发现这个教育机会的是幼儿小米的一次告状。小米是一个乖巧的小男孩，不喜欢说话，见到老师也不好意思打招呼，有时候家长接送时让他和老师说"老师好""再见",他都很害羞。有一次他跑过来找我,在我印象里那是他第一次主动来找我,他脸涨得通红,跟我说:"老师,他——他——画——我。"我鼓励他:"别着急,慢慢说,有困难老师会帮助你解决的。"于是在我的鼓励下,他断断续续地把事情描述了一遍,虽然仍不够完整流畅,但已经比平时有很大的进步了。原来,是在他画画的时候,另一个男孩子故意捣乱,一会儿碰他的画笔,一会儿动他的画纸,后来干脆用笔在他的画上乱涂。这次告状,我发现小米表达得比平常要流利和丰富得多。

小米的事情引起了我的思考,幼儿园时期正是幼儿语言发展的关键期,特别是口头语言的发展。我们一直在强调创设情景激发幼儿的语言表达愿望,锻炼他们的语言能力。像这种自然生成的情景不正是我们想要的教育机会吗?与其硬着头皮去听幼儿表达不够清楚的"抱怨",不如借此机会锻炼他们的语言能力。小米这个害羞的孩子之所以能够主动找到我,就是在愤怒、委屈情绪的驱使下,突破了害羞和不好意思,而他之所以能比平时更加流利地表达,则也是在较强的表达动机驱使下做到的。可以说一个突发的情况迫使小米突破了自我,开发了自身的潜能,教师需要做的就是帮助他不断突破,在日后不断得到发展。

《纲要》中指出:幼儿的语言是在运用的过程中发展起来的,语言教育应密切结合幼儿的实际生活,在各种活动中进行。后来,我仔细进行反思,其实教师与幼儿的交流机会并不多,更多的时候是教师讲述幼儿在听,师幼之间的交流与幼儿之间的交流相比要少得多,所以告状也不失为教师与幼儿单独交流的一个渠道,应该充分利用这种教育机会,帮助幼儿发展语言能力。

从此以后,每当有孩子来"告状"时,我都不会急于通过自己的猜测帮助幼儿表达,而是耐心地倾听他们,让他们将自己所有的不愉快和不满

表达出来,在这个过程中尽量不打断、不插话,除了一些引导和发音的纠正外主要就是倾听,幼儿受到充分的关注和尊重时,能够更加自信地进行表达,在他们表达结束后,我会将他们的不连贯表达复述一遍,使语言更加连贯和准确,他们在这个时候也会很认真地听,因为关系到切身利益,就在这样的语言重复中,幼儿的语言表达能力得到了锻炼。

可以说,只要我们用心去发现,生活中处处都是教育的机会,事事都可以用来开展教育。

第二节 工作所思

以教师个人或群体为着眼点,阐述教师工作中的阶段反思或经验梳理。

浅谈疫情期间的师德感悟

北京明天幼稚集团一幼塔院园大三班　王晨

2020年是不平凡的一年,疫情常态化,幼儿生活、学习与游戏时都要佩戴口罩。为了保证生命的健康与安全,我们都做出了自己的努力。作为一名教师,我有以下一些思考:

第一,增强体质,关爱学生。我不是医生,不知道免疫力由什么决定,我想除了与基因有关,跟平时的饮食和锻炼也息息相关。在疫情期间,我除了每天通过幼儿上报的体温知晓他们的身体健康,及时提醒外出注意防护,积极消毒保证健康以外,更多的就是和幼儿及家长分享居家运动的游戏。在疫情期间才深感生命的珍贵。作为教师，我们时刻保持自己的身体健康，增强体质，关爱学生，让每一名幼儿居家也能充分地锻炼身体，健康成长。

第二，加强学习，未雨绸缪。在疫情期间，我们为了和幼儿进行有效的互动，就运用视频、录音和推送等各种方式。这些是我们之前较少用到的互动方式，但是特殊时期却被频繁地使用。由于我之前有制作视频的一点经验，上手不是很困难，经过近期的频繁练习，技术也在此期间飞速增长，让我深刻感受到日常学习的重要性。我记得曾经看过一本书叫《反脆弱》，所谓反脆弱就是当脆弱来临时，你是否具备反抗脆弱的能力。疫情期间，我们通过不断的充电和学习让自身的价值有所提高，这次我学会的是一个本领，以后我想我们应该拥有未雨绸缪的意识，时刻准备着，不断充电，掌握更多的知识和技能，才会走得更远，更轻松。

第三，勇担重任，积极响应。无论疫情如何变化，我们的办公地点在哪里，我们的精神应该时刻保持高昂和积极的状态。作为一名年轻的教师，应积极承担班级、年级乃至园所的工作，展现新时代青年的力量和朝气。医生的职责是治病救人，救死扶伤。而作为一名教师，我的职责就是积极配合园所工作，保持正确的思想，不信谣，不传谣，和家长、幼儿积极互动，关注班级舆情，关注幼儿健康，协助班长完成各类健康报表的工作。在工作群中积极响应，密切关注各类信息。保证信息的快速传达和接收，保持团队的高度凝聚力。

疫情无情，人间有爱。我们只要不断地进步，思想不滑坡，积极传递正能量，我想我们无论遇到什么困难都能成功应对。一切过往，皆为序章，直挂云帆，乘风破浪！

学期特色观摩活动教学反思

北京明天幼稚集团一幼塔院园大二班　许瑞信

本次我设计的特色活动观摩课是打击乐器演奏教学活动,旨在帮助幼儿初步掌握乐器演奏的能力,发展幼儿节奏感,发展幼儿对音色、曲式结构的敏感性,培养幼儿的合作意识、合作能力、创造能力、组织纪律性和责任感,以及锻炼幼儿的表现力。《赛马》具有中国传统民族音乐的特点,容易引起幼儿的兴趣,在整个教学过程中,幼儿能够大胆演奏乐器,同时享受演奏乐器带来的快乐。下面对本次活动做以下反思:

一、达成活动目标,掌握教学重点

本次教学活动的难点是:根据图谱变化,自主组建小组,合奏打击乐《赛马》。通过感受音乐旋律的不同变化,尝试共同演奏,以及幼儿全都能根据老师的提问,积极思考回答问题,从而提高了他们的倾听与自主探索的能力。

二、基本能够按照流程完整进行活动

本节课整体教学过程流畅,孩子们在我的引导下对活动有很大的兴趣,特别是在肢体创编方面乐于探索,整个活动的前半部分幼儿可以保持积极、兴奋的状态,学习氛围很好,可以说能够融入"赛马"的情景之中。

三、梳理关键提问的语言和引导方式

在本次活动开展前,我考虑到教师语言引导的重要性,梳理了本课的关键提问点,模拟教学现场,在对幼儿的引导中让幼儿既能够理解老师的提问,也能够对活动产生兴趣、乐于倾听,并能积极主动地参与到活动中来,同时也有效提高了自己规范用语的准确性。

具体不足之处表现在以下几个方面：

（一）目标设定不够聚焦

分析：教学目标应能够体现重点，具有主体性，而律动和打击乐合奏不够突出教学重难点。

对策：老师应将打击乐合奏环节作为教学主体，律动环节可直接调整到入场部分。

（二）合奏环节增加练习时间

分析：合奏环节调整为教学重点后，教师的语言引导还不够清晰明确，应当找到合奏时的关键要点进行引导分析。

对策：需要在合奏环节，细致分析不同打击乐器的合奏方式，并给予小组多次练习的时间。

（三）调整细节问题，完善环节设置

分析：律动环节的动作引领略显单一；收放乐器与音乐的配合还不够熟练；结束部分的退场不完整。

对策：律动环节的动作可以加入其他的小马跑动作；加强在日常中收放乐器与音乐的配合；退场环节也要加入音乐伴奏。

上善若水润万象，大道至简笔墨间
——幼儿水墨教育初探
北京明天幼稚集团二幼双榆树园小三班　卢雪纯

作为一名在幼儿水墨教育这条"幽静"小道上探索了近两年的一线教师，历经冬夏，跌跌撞撞地走到了今天，有过迷茫，有过质疑，有过停滞不前，也有意外的惊喜，可以说是困惑夹杂着欣喜，痛苦伴随着成长。

从零开始和孩子们一起感受水墨，没有自信，也不知道怎么去教，似乎说多了怕错，说少了达不到预期效果，每次活动前都在纠结怎么让幼儿尽快掌握水墨常规，不再把水桶里的水涮得黑乎乎的，也不要每次都画一整片"乌云"给老师看……那时的我顾虑很多，总是怕自己上的课不够好、怕孩子们画的不出彩。

小班的第一学期，我们便开始尝试让幼儿接触水墨画。初期用常见的蔬菜、水果等食物，让孩子们以"写生"的名义画，实则是去感受笔墨纸砚间的关系，体验用传统的毛笔作画。可一个寒假回来，孩子们似乎把之前的水墨常规忘得一干二净，先前付出的所有努力一下回到了原点。可这就是孩子啊，更何况他们还只是小班的孩子。经过一次次的教研，看到其他平行班的幼儿，无论是在用笔的技法上，还是在调墨的控制上，似乎都有了不同程度的进步，而我们班的宝贝们，仿若云游四海的仙人，不食人间烟火，依然我行我素。具体表现在不关注写生物，或虽然观察得很仔细，但是不能表现在作品中等。

对此，我们摸索出一套"1+1模式"，即一次课解决一个问题，同时提出一个新的要求，使幼儿获得成功体验的同时，又有新的挑战。由于班上有一小部分幼儿每次总是整张纸都涂满，黑乎乎一片，于是在一次作品分享的时候，我把每个孩子的作品都投放到白板上，大家一起欣赏，然后请孩子们说说"你最喜欢他画的什么地方""你觉得他的画哪里好"，然后再请小作者上前来说一说自己画了什么，是怎样画出来的。在这个过程中，教师始终以幼儿为主体，让每个孩子都有展示的机会，从他们理解的角度以及认知方式入手，加以适当的引导、总结、提问，帮助幼儿获取新的作画技巧和创作方式。

所谓"上善若水，水善利万物而不争"，这是水的包容和广度。通过水墨活动，让师幼之间少了矛盾、多了温和，同时发掘出了幼儿潜在的观察能力、丰富了艺术的表达形式。墨色的简而不凡，恰如老师们通过水墨教育在工作中表现出的那股"执拗"和"韧劲",发现问题时想要去解决的欲望、不同观点碰撞时甚至不惜与同伴"据理力争",当然,还有孩子们在水墨活动中得到的不同层次的发展。

让幼儿真正成为游戏的主人

北京明天幼稚集团五幼万泉河园大一班　刘天贞

"小猫喵喵叫,小狗汪汪叫,小兔蹦蹦跳……"在一次音乐游戏的教学过程中,游戏情节发展到高潮的时候,幼儿的情绪也发展到了高潮,有的就在不停地学小动物叫。我请他们安静下来,但是却没有结果。小班的幼儿对游戏的参与度很高,但还没有形成一定的游戏规则意识。幼儿是游戏的主人,游戏是让幼儿获得愉悦的一种活动。幼儿在游戏时离不开教师的指导,又不能成为成人愿望的执行者,那么应怎样去指导幼儿才能充分发挥游戏的作用,让游戏成为展现自我的舞台呢?

1.对于不同年龄特征的幼儿要用不同的方法来指导游戏。如幼儿很容易受到外界环境的影响,爱模仿周围的人和事,因此幼儿在游戏时,教师要时刻注意观察幼儿,当幼儿对新的玩具或游戏不感兴趣、不会玩、不爱玩时,教师要用孩子感兴趣的玩具或游戏,引起孩子模仿的兴趣,对幼儿起到暗示性指导的作用。

2.教师要以参与者、发问者、倾听者的身份去指导幼儿游戏。如果幼儿需要教师参与游戏,扮演一个角色,教师应利用与幼儿之间的互动起到指导幼儿游戏的作用。在游戏的过程中引导幼儿把游戏中的过程体验、有创意的想法及做法等讲出来,通过幼儿之间的讨论,引导幼儿以他们自己的方式来解决问题、分享经验。我认为不同的游戏主题的指导方法是不一样的,教师要根据每一个游戏的特点及幼儿的需要指导游戏。

3.游戏是幼儿的自主性活动，是幼儿的需要，而不是成人强加的逼迫性的活动。幼儿是游戏的主人，我们就应让幼儿自己确定想玩什么、怎样玩、和谁玩、在什么地方玩等。平时指导幼儿游戏时，就需要用心去了解幼儿的想法，不直接把答案告诉幼儿，不轻易打断幼儿游戏，把游戏的主动权交给幼儿，如游戏的玩具、材料要以幼儿的需要和兴趣为出发点；要让幼儿用自己的方式解决游戏中出现的矛盾和纠纷；让幼儿愿意自觉遵守游戏中的规则。

因此，要让幼儿成为游戏真正的主人，让幼儿主动控制游戏，自主决定游戏的方法。这是教师指导幼儿游戏的关键所在。

小分享，大学问
北京明天幼稚集团五幼万泉河园中二班　孙祎超

幼儿区域活动时间是一天中不可缺少的一个环节，幼儿在教师创设的环境中自由交往、自由操作、获取经验、获得发展。想在该环境下获得更好的发展，则需要区域游戏之后的分享环节。区域游戏分享是幼儿有选择地将自己在区域游戏中的收获分享给同伴和教师，或将自己在游戏中遇到的问题提出来向大家寻求帮助，最后教师针对幼儿的分享做出总结，从而更好地帮助幼儿提升经验。

在区域游戏分享环节中，幼儿分享的内容和教师的引导梳理起着很重要的作用。幼儿会将自己的新成果进行展示，例如，他会说"今天我在美工区制作了一个小汽车"。幼儿的语言言简意赅，但是教师则要追问：你愿意和好朋友一起分享下你是如何制作的吗？当幼儿简单介绍自己的制作过程时，感兴趣的幼儿一定会倾听该幼儿分享，从而获得经验，在下一次的区域游戏中可以制作出更好的作品。再例如，升入中班，益智区的玩具不再同于小班，会有新玩具或是比较有挑战性的游戏内容，需要自己来探究游戏的机会增多，那怎样才能玩得更好呢？这也是在分享中孩子会主动提出的问题。把游戏中的困惑拿出来与同伴分享，请同伴一起帮忙想办法解决，而教师则是在最后对幼儿所说的话进行梳理总结，这就是在分享中获得的新经验。

我们在区域游戏分享环节分享的内容有：

1.分享成果和新发现

幼儿非常愿意将自己的作品展示、分享给同伴和教师，教师在点评时可以选择比较成功的作品来分析其闪光点，以此作为对全体幼儿的示范引领；也可以点评存在问题的作品，引发幼儿自主探索，分析原因，并提出建议。在幼儿分享时，教师要积极鼓励幼儿大胆、有条理地介绍自己在活动中的新收获。

2.讨论问题和所遇困惑

教师要会问问题，通过教师不断地提问引导，让幼儿尝试将在区域游戏中遇到的困惑和同伴进行讨论。例如：在建筑区搭建的时候，他搭建的积木不够了怎么办？这时同伴就会给他提供方法。在区域分享时讨论困惑，能够帮助幼儿学会发现问题、解决问题的方法，同时有利于教师发现区域活动中幼儿的问题，以便及时对区域做出调整，并在今后的区域活动中进行更有效的指导。

正是有了区域分享这一环节，教师依据自己有效的观察和记录，能为幼儿提供交流的平台，同时也是教师帮助幼儿建构认知，促使其生动、活泼、富有个性地发展，并提升原有经验激发幼儿再活动的欲望，还能促进师幼之间的互动，为同伴间的相互学习搭建桥梁，实现共享交流。

活动区中的发现之旅

北京明天幼稚集团九幼安宁里园大一班　郝娜

区域活动创设的是一个丰富多彩、多功能、多层次的游戏活动空间，它最大的特点在于：它给予幼儿自由的游戏空间和自主的游戏氛围，是幼儿自我学习、自我发现、自我完善的机会。

我们为了鼓励幼儿出勤，设计了"出勤表"，预设目标是：引导幼儿感知空间方位，并会在游戏中进行记录。孩子们能做到吗？记得刚投放时孩子们有的忘记画，有的没有画，这是为什么呢？经过了解和观察，我发现有一部分幼儿是不会画，还有的幼儿是画错了。我看到萱萱画到小依的格子里，我走过来问萱萱："你是怎么画的？"萱萱说："我先找到自己的名字，然后再找到日期就画出来啦！"在欣喜之余，我让她重新连比画带说地又复述了一遍，了解到幼儿在这几天的记录过程中也在找寻着方法，我自己开始反思：虽然预设了目标，但我所提供的表格材料是否合适，是否支持了幼儿的记录？在一张"考勤表"中幼儿到底要用到多少数学知识才能完成？如何将坐标知识渗透给幼儿？

针对这些问题我们在教研活动中进行了深入研讨：

一、研目标，明确思路

在教研活动中，教师们也发现了问题，如表格太长了，孩子们画着不方便、画不准。于是，经过大家的细致分析和讨论，并对坐标所蕴含的数学知识进行了细致的梳理，我对幼儿画考勤的思路更加明确了。如：教师引导幼儿用一把尺子对准名字（横坐标），然后用另一把尺子对准日期（纵坐标），当两把尺子交叉在同一格子里（交叉点）时即可进行记录。

二、调方法，再现问题

结合教研活动，我对考勤表进行了修改，把月考勤表改成周考勤表，这样便于幼儿操作并有目的地对幼儿进行观察。这天大美跑来告诉我："我今天还没有画，不知道是谁给我画上了。"于是，我观察了每位幼儿画考勤的方法，有的是先找到日期，再找到自己名字；有的是先找到自己的名字再找日期。之后，我与幼儿展开了讨论："你们这样好画吗？"小俞说："可以画出来，但是需要找，手还要按着不能动！"乔乔说："可以用铅笔比着自己名字，再用手比着画一条竖线，就可以画出来了！"铭铭说："可以用自然角的树枝对准日期，再对准自己的名字，也可以画出来。""你们说了这么多的方法那我们试一试吧！"孩子们兴致勃勃地去寻找自己需要使用的工具，专注认真地画着自己的考勤，不时还能听到小俞指导身边的小朋友："先对准你自己的名字，再去找日期！"一会儿又听到呱呱安慰豆豆："别着急，慢慢画啊！"这边又听到铭铭对航航说："这根树枝前边能对准我的名字，后边就歪了，真是气人！"航航说："你可以换一种材料，自然角有我们自制的尺子也很好用！"听到他们的对话，我并没有马上介入，而是给他们充分自主的表达的空间和展示的平台，并把他们出现的问题——记录了下来。

三、深反思，重现实践

针对孩子们选择的材料在画考勤中出现的问题，园长和赵老师带领我们开展了第二次的教研学习，提出了宝贵的建议，并提出材料的选择直接影响到画考勤的准确性。

带着在教研中解决的问题，我又一次信心满满地回到了班中，并与幼儿们再次展开讨论，提出问题："请小朋友们想一想，我们在画考勤时使用的材料是否适合？"听到问题后孩子们认真地进行思考，航航说："铭铭的树枝就不合适，他的树枝是弯的，都画到别人格子里了。"我马上追问一句:"那应该用什么工具合适呢?"邢子说:"应该选用像尺子一样直的,这样就不会画到别人的格子里了!"通过讨论,孩子们有的去自然角寻找自制的尺子,有的去书包里拿尺子。孩子们更加明确选择工具的重要性了。

第二天,我看到孩子们画考勤有相互帮助的,有的孩子特意从自然角找到自制的尺子,画考勤的效率一下提高了很多!我又给孩子们提出一个要求:"明天我们要对男孩和女孩的出勤分别进行统计,并对全班的出勤进行统计。"通过本次活动,我发现幼儿能自发地表现出合作行为,这时老师再及时引导幼儿合作的方法,突显出了幼儿的合作意识。大班幼儿具有合作意识,并可以结合班中的主题活动"神奇的工具"对幼儿使用的工具进行分类,这样幼儿既完成了主题活动又解决了在使用工具上的困惑!

四、"学+习",行动收获

1.行为学习提升研究能力。学习激发了我们的无限潜能。在今天看来,这些思维行动的转变,是我们学习提升的过程,尤其是如何理解"孩子们在画考勤中出现的问题",这是幼儿时期重要的学习品质,是他们在画考勤的过程中展现出来的,如,专注力、好奇心、学习兴趣和乐于尝试、敢于探索的心理。这体现的不再是过去一味地教,而是让幼儿自主发现,搭建自主表达的平台。

2.行动学习提升梳理能力。根据我们对数学知识的理解,对《指南》精神的理解,在两次教研活动中,又再次对数学活动目标进行了梳理,真正体现了不断发现问题,不断解决问题,真正提升了我的业务能力水平。

3.行动学习引发的问题思考。反思是提高专业水平的力量,在第二次的教研活动中,我的思路越来越清晰,目标也更加明确,我主要是把月考勤表改成周考勤表,并没有介入工具的选择,而是与幼儿一起寻找工具,并进行尝试,然后教师需要思考要以什么为切入点,应该怎样巧妙地对幼儿提问。

学习本身就是"学+习"的结合,学习的价值就在于行动。把行动学习中的思考、互动、感受运用到日常工作,在学习和反思中汲取团队智慧,把"行动学习"真正变为学为所用、学以致用、活学活用、边学边用的自觉"行动"。

游戏化的一日生活
北京明天幼稚集团八幼上地园小一班　魏建萍

游戏是幼儿园的基本活动,游戏化的一日生活体现了对小班幼儿年龄特点的尊重。小班幼儿正处于生活常规和基本生活能力的初步培养阶段,需要依靠游戏化的一日生活来实现。我们应该把游戏与生活自然结合,让幼儿在游戏中快乐地生活,在生活中快乐地游戏。

一、生活环节游戏化

小班幼儿刚入园,注意力特别容易转移,集中幼儿注意力的方法,可采用游戏的方式:"静静听、静静听,叫你叫我还是叫他。"(教师用口型来叫幼儿的名字,被叫到的幼儿要举手)这样,幼儿的注意力都被老师吸引了。还有引导幼儿回到座位坐好时,我们只要轻轻地敲几下小铃,说道:"回家啦!"幼儿听到后就会赶快回到座位。

在幼儿的一日生活中,洗手的次数非常多,幼儿洗手是最积极的,也是最马虎的。七步洗手法对于小班幼儿来说太难记,为此我们找了一首洗手的儿歌——《两个好朋友》。儿歌内容非常有趣,朗朗上口,每句儿歌对应着相应的洗手动作,幼儿洗手时边说边做,在玩游戏的过程中就把小手洗干净了。通过这个方式,幼儿很快就学会了正确的洗手方法,每次洗手都一边唱儿歌一边做动作,非常认真。

二、生活技能游戏化

小班入园初期，穿反鞋的现象很常见。每天起床后，我们三位老师都要帮他们检查鞋子穿得对不对，每一天都有小朋友穿反鞋子，换来换去还是反的，这让我们三位老师很无奈。我想到了一首儿歌《鞋宝宝》，觉得儿歌的内容很好，能够帮助幼儿检查自己的小鞋子是否穿对了。于是我把这首儿歌运用到了生活中，每次幼儿穿鞋时，我就叫他们一边把小脚并拢，一边念儿歌："两只鞋宝宝，一对好朋友，穿对了，高兴头碰头，穿反了，生气背对背。"我让幼儿观察自己的小鞋，看一看鞋宝宝是生气了还是高兴了，幼儿都认真地检查起来，嘴里还说着"高兴了""生气了"。对平时经常穿错鞋子的幼儿，我会单独进行讲解，教他们检查鞋子是否穿对了，怎样让鞋宝宝高兴起来。幼儿都很喜欢这个游戏，而且每次穿完鞋都会主动地把两只脚并在一起，看看鞋子有没有"吵架"。

我们在引导幼儿学习穿衣服、裤子、袜子时，都是在游戏的情景下进行的，并伴有形象的儿歌来帮助幼儿熟悉穿的步骤。例如：提裤子塞衣服的儿歌"卷呀卷呀卷白菜，装呀装呀装饺子馅。捏呀捏呀捏饺子，盖呀盖呀盖锅盖"；穿上衣的儿歌"捉领子，盖顶子，小老鼠，找洞子，东钻钻，西钻钻，吱吱吱吱上房子"。在这些生动形象的儿歌中，在轻松愉快的氛围中，幼儿很快掌握了这些生活技能。

总之，我们应充分挖掘一切可以利用的教育资源，把生活和游戏有机融合、相互渗透，不断优化幼儿的一日生活。

热闹的制衣坊

北京明天幼稚集团八幼上地园大一班　张晴

进入大班后，新的区域游戏让幼儿对活动区充满兴趣，制衣坊成为了幼儿最喜欢的区域之一。改良衣服，扎染服装，用各种不同属性的纸来制作创意服装，制衣坊每天都很热闹。一段时间过去了，去制衣坊的幼儿变得越来越少，连着两天都没有幼儿去了。于是我找到了经常进入制衣坊的小朋友问道："你这几天怎么没有去制衣坊啊？"安安说："没有什么可玩的了。"珺珺说："我都做了好多衣服了。"看到幼儿对制衣坊的兴趣逐渐消失，我开始寻找解决办法。

一、《指南》和《纲要》支持

借助《指南》和《纲要》的帮助，重新设定制衣坊的核心价值观。以前在制定制衣坊的目标时，我们把重点放在了幼儿的动手操作能力上。随着制衣操作的重复，幼儿逐渐对它失去了兴趣。《纲要》中指出，社会区的核心价值是学会人际交往的规则和技能，增进同伴之间的关系，发展社会能力。

二、组织教育活动

利用多媒体，设计一节相关课程。通过观看服装店的视频，让幼儿观察服装店里都有什么人，每个人都是负责什么的，让幼儿发现制衣坊不只是制作服装的，还可以把自己制作的服装卖出去。这让孩子们又重新燃起了对制衣坊的兴趣。幼儿还提出新的问题，谁来当小顾客？小小范说："假装有小顾客。"豆豆说："可以请别的班的小朋友来当。"珺珺说："不成，别的班的小朋友不会来到我们班。"安安说："那就请咱们班的小朋友当小顾客呗。""那你们明天可以试一试。"我说道。

三、家园共育

随着对制衣坊的兴趣逐渐增加，幼儿会利用周末的时间，让爸爸妈妈带着他们去商场，亲身体验买衣服的过程，观察推销员是如何介绍衣服的、说了什么话。把自己的感受通过绘画、照片、录像的形式记录下来。等来园后，利用晚离园的环节与其他幼儿进行分享。

四、活动区分享

制衣坊又热闹起来了,在分享的时候,制衣坊的幼儿把自己的收获与其他幼儿进行了分享,安安说:"我们今天邀请了表演区的小朋友穿着我们的服装进行了走秀,很多人都来看了。"沁之说:"来的人都想买我的衣服。"粒粒说:"我们的订单都多了。"

《指南》中指出,幼儿期的同伴交往是幼儿获得社会交往技能的重要途径,与幼儿和成人的交往相比,由于幼儿与同伴有着相似的年龄和心理发展水平,他们更乐于和易于接受同伴的影响,因此同伴交往对于幼儿的社会性发展具有独特的、重要的作用。通过制衣坊的游戏,让幼儿愿意去表达,学会用语言去表达自己的需要,会根据别人的需要,做出相应的回答和调整。幼儿在游戏的过程中成为了游戏的主人,会邀请其他区域的幼儿进行游戏,让游戏变得更加有意义。

一个问题的启发
北京明天幼稚集团九幼永泰园大三班　蒋广娣

最近,科学区中投放了各种各样的纸和一盆水,让幼儿通过操作感受纸的吸水性。幼儿看到水兴致可高了,试试皱纹纸,又试试牛皮纸,玩得不亦乐乎,几个幼儿还进行了比赛。"我的先沉下去的。""我的湿了一半。""我的在慢慢沉下去。"过程中幼儿观察得都很仔细,他们有的还折起了小船,但随着活动材料的投放时间越来越长和操作性比较简单,幼儿的兴趣慢慢降低了,不像最初时热情那么高了。

在最初的探索中我没有给出任何的引导,直接请幼儿进行操作与尝试,当幼儿对活动材料的新鲜感慢慢降低之后,我给幼儿提出了一个问题:不同的纸放在水里结果会有什么不同呢?通过和幼儿讨论,我们找出了各种纸张：牛皮纸、瓦楞纸、A4打印纸、卫生纸、皱纹纸等，通过对问题的引导，激起了幼儿的好奇心，又开始专心操作起来。在操作的过程中，幼儿发现每种纸的吸水性都不太一样。通过第一次的吸水性实验，幼儿对每种纸的吸水性能都有了感性的认识，幼儿得出了结论：卫生纸的吸水性最强。我想，怎么能再次调动幼儿的好奇心和积极性呢？我自言自语地说："怎样才能改变卫生纸的吸水性，让它慢慢沉下去呢？"问题一抛出，幼儿的活动兴趣再次被激发，有的说："我们把它团成一个球试一试。"有的说："我们把它叠起来试一试。"还有的说："我们把它包在牛皮纸里试一试。"大家又开始热火朝天地做起了实验。我通过一个个小问题不断激发幼儿的兴趣，带动幼儿不断进行探索与实验。

《指南》中指出，幼儿的学习方式是：直接感知、实际操作、亲身体验，通过问题带动幼儿，注重幼儿探索的过程，让幼儿通过自己动手尝试进行科学实验的探索，培养幼儿的探索精神，让他们在操作中发现问题，发现解决问题的方法，让他们在"玩中学""做中学"；在幼儿游戏的过程中，让幼儿的潜能得到充分的发挥，在游戏中找到新的问题，结合已有的经验通过实际操作亲身体验进行分析和解决。教师要给予幼儿探索、解决问题的空间，引导幼儿从多角度进行尝试，发散幼儿的思维方式，让幼儿在科学探究的过程中体验科学发现的乐趣。

在游戏过程中，教师要充当一名忠实的倾听者，将游戏的权力交还给幼儿本身，树立正确的儿童观、教育观，作为幼儿共同学习探索的伙伴，在真正的师幼互动中促进幼儿的发展。

促进幼儿主动学习的思考

北京明天幼稚集团十幼铁路园大四班 要男

教师要善于发现幼儿感兴趣的事物、游戏和偶发事件中所隐含的教育价值，把握时机，积极引导。了解幼儿的学习兴趣和需要，从中挖掘其所蕴含的教育价值，随时调整课程内容，满足幼儿自主活动和自发学习的需要，促进幼儿富有个性地发展。所谓让幼儿主动学习，是指教师依据《纲要》要求，在充分了解幼儿、了解宏观的教育目标以及活动可能出现的多种发展方向的前提下，尊重及呵护幼儿的学习兴趣，及时把握师幼互动过程中稍纵即逝的教育契机，让幼儿自由地、主动地、愉快地去探索他们感兴趣的事物、现象或困惑的问题，去解决他们在现实生活中遇到的难题！教师在此过程中真正成为幼儿学习的支持者、合作者、引导者。

一、幼儿主动

幼儿对外界事物的发生、变化都极为感兴趣，都想及时发现、及时探索。教师也就应支持幼儿主动探索的欲望。例如：区域活动氛围宽松，形式多样，幼儿可自由选择玩什么和怎么玩，在没有压力的环境中获得经验，体验成功和愉快，因此在区角活动中，教师应尊重幼儿的意愿，激发幼儿探索的愿望，培养幼儿的自主性和创造性。通过自己的实际操作，学习知识和解决问题。教师应是一个观察者、引导者和鼓励者，采取各种方式支持幼儿的活动，给幼儿留出充分探索的时间和空间。

二、幼幼互动

幼儿的一日生活中，幼儿与幼儿之间时时在进行着互动，一起学习，一起锻炼，一起游戏。教师也很关注他们的活动变化，由此也生成了许多活动课程。幼儿彼此间地位平等，他们可以毫无拘束地自由交流、讨论。

在这样的交流互动中，幼儿既放松又保持了独立性，不仅对幼儿区角活动有一定的支持作用，还拓展了幼儿学习的途径和方法，在实践中学会相互协调和帮助。教师指导时应捕捉时机，积极推动幼儿间的相互交流，引导幼儿自主学习，促进幼儿互动。

三、师幼互动

师幼互动是教师和幼儿之间的相互作用，教师和幼儿都是师幼互动的主体。作为教师，要为幼儿创设安全、愉快、宽松的外部氛围，重视幼儿之间进行积极、充分的情感交流，幼儿参与课程的设计，积极主动参与课程的实施。依据幼儿在活动中表现出来的兴趣，通过有效的师幼互动，幼儿的积极性、主动性都很高，他们的主体性和创造才能得到有效地发展。

在新的教育理念指导下，以素质教育为核心的课程改革正在深入地进行，为人的终身学习、可持续地发展打下良好的基础，已成为教育的共同目标。受兴趣的驱使，使幼儿成为主动的学习者，成为自己成长的主人。

假期中的一日计划

北京明天幼稚集团十幼铁路园中三班　张涵

2020年是不同寻常的一年，春节伊始新冠肺炎疫情牵动着亿万中国人民的心。为了防控疫情、保证家人的健康安全，幼儿园延迟开学，孩子们和家长朋友们不得不"宅"在家中。为了让孩子们和家长们共同度过一段愉快的亲子时光，我园特推出了"停课不停学 隔离不隔爱"线上活动，以《纲要》和《指南》为指导选择家园互动内容，合理安排幼儿一日生活作息，充分发挥教师的专业指导能力。

疫情期间，中三班彩虹能量群成立了！在园长和主任刘老师的带领下，为了培养幼儿做事情有计划性，中班年龄组为孩子们制定了相关的作息时间表。作息时间表受到家长和幼儿的欢迎，他们可在原有的一日生活作息时间基础之上根据园里提供的表格进行规划，可以根据时间来安排自己想做的事情并且在班级群里进行互动。

培养幼儿做事情的计划性以及合理安排时间的教育契机是很多的，涵盖在五大领域当中，涵盖在幼儿一日生活的方方面面。我们老师只要用心就可以发现很多问题，选择适合幼儿年龄特点以及前期经验的教育途径，给幼儿体验式的教学和游戏活动。4～5岁的幼儿已经可以按照自己熟悉的程序做事了。他们对于过去、现在和将来的概念也更加清晰。因此，我们可以鼓励幼儿对较长一段时间的具体活动进行计划。同时，他们开始能够对事件进行初步的难易判断，因此可以鼓励幼儿提出自己的想法，并努力完成，然而这一阶段的幼儿正处于能力培养的过渡期，因此更需要教师和家长持续地关注与鼓励，从而建立良好的时间概念，养成好的生活习惯。

对于中班幼儿计划性的培养，可以从以下几方面入手。

一、从兴趣入手，学会规划

中班的幼儿比小班时更好动，更有自己的主见，并且更愿意做自己感兴趣的事情。因此，我们可以选择幼儿感兴趣的事情，培养他们的计划性。如假期中我们在计划表中设定每天下午16：30是劳动时间。中班幼儿都很喜欢劳动，所以在"大扫除"时，我都会请家长问一问孩子：要打扫哪些地方？先打扫哪里？后打扫哪里？爸爸、妈妈和你分别做什么？等等，以培养幼儿的有序做事和分工的能力。

二、记录计划，坚持完成

中班幼儿相对于小班幼儿来讲，专注时间更长，持续的时间为15～20分钟，因此，我们可以引导幼儿计划在较长的一段时间，完成一些更复杂的活动。但中班幼儿的注意力同样容易分散，有时还会忘记自己要做的事情是什么，因此，对于中班的幼儿来讲，将自己的计划记录下来是很重要的。例如假期中制定作息时间表，在计划执行的过程中不断提示幼儿参照计划，完成后可给自己奖励，以提高幼儿的参与感与成功感。

三、运用拓展性提问，细化计划

与小班幼儿不同，中班幼儿有了自己的想法，但是制订的计划不系统，实施的步骤性不够强，因此，我们指导家长可以运用拓展性提问来帮助孩子。"拓展性提问"指的是在幼儿现有想法的基础上，提出新的延展性的问题或建议，支持幼儿进行较深入的计划。如当孩子提出要去洗袜子时，他首先会想到要准备水和脏袜子，然后把袜子放在水里，教师指导家长可以提出有拓展性的问题，如"接下来我们要做什么呢""要想把袜子洗干净，我们还要怎么做呢""袜子洗干净后，我们要不要洗些其他的东西呢"等，从而拓展幼儿的计划，使计划更丰富，步骤更清晰。

停课不停爱，让我们的爱陪伴幼儿的每一次成长。一张张的假期一日生活计划表，有孩子们稚嫩的印记，不积跬步无以至千里，日复一日的计划也当如此。我们将在一天天的生活中，跟孩子们一起度过这个加长版的假期。

隔离不隔爱，家园心连心

北京明天幼稚集团十幼铁路园小八班　张茹

2020年春天，注定是一个不平凡的春天。受新冠肺炎疫情影响，全市学生延迟开学。我园积极响应上级工作部署，以"停课不停学，隔离不隔爱"为工作目标，开创家园互动新模式，推动线上家园互动，实现"跨时空互动教学"，真正做到"停课不停学"。

线上活动是家园互动的途径，而爱则是家园互动的纽带。我园以"爱"

为活动切入点,以《纲要》和《指南》为指导,充分遵循幼儿的身心发展规律和年龄特点,精心选择家园互动内容。在线上互动时,我们选择简单易操作、孩子们感兴趣的亲子游戏活动,在过程中呈现教师的专业引领、幼儿与家长积极互动的良好氛围,充分调动家长参与的积极性。使幼儿和家长们以轻松的心情投入游戏中,有收获、有感悟,真正做到"停课不停学,隔离不隔爱"。

在这次亲子科学小实验"神奇的彩虹雨"指导过程中,我们提前一天为孩子们进行了材料预告,充分激发孩子们参与活动的兴趣,为第二天参与活动做好材料准备。

在每日互动环节中,我发出了游戏的视频,并提示家长们在实验过程中需要注意的问题,考虑到孩子们家中材料不全的问题,遵循幼儿发展的个体差异性,引导家长有的放矢、因地制宜地进行指导,保护好幼儿的探究兴趣和信心。

激发幼儿的科学探究兴趣是培养幼儿科学素养的重要方面,在视频发出后,我用语音进行了引导提问:"你是怎么做的?你发现了什么?有什么变化?可以来群里分享哦。"引导孩子们带着问题进行小实验活动。

新新和妈妈迅速上传了科学小实验视频,按照实验步骤:新新首先选择了需要的操作材料,然后将油倒入量杯,接着挤入了红黄蓝三种色素进行搅拌。将搅拌后的液体倒入了事先准备好的透明杯子装的清水里,神奇的事情发生了,彩虹雨出现了。他看到这个神奇的现象开心极了。我紧接着发问:"新新,你是怎么做的,能分享一下吗?"他分享了自己的做法,说得很清晰很完整。这时我又进行了追问:"你知道这是什么原因吗?"问题引发了幼儿的进一步探究。我及时对孩子的积极探究给予了表扬与鼓励。新新妈妈针对这次活动,还表达了对老师组织线上活动的感谢,质朴的话语让我们非常感动。接着小宇和妈妈也及时上传了视频,分享了自己的实验感受。由于家中色素材料的问题，第一次探究没有成功。根据我说的因地制宜选择材料支持幼儿的探究活动，小宇妈妈将小实验改为了油水分离实验，取得了很好的效果，同时充分保护了孩子的探究兴趣和信心，我为她在指导过程中的教育智慧点赞。小宇妈妈看到孩子们的探究热情，还主动分享了自己在家和孩子一起做的声波实验，推荐给班级里喜欢探究、热爱科学的孩子们。我们为家长的积极参与与分享点赞，这不光是知识的传递，更是爱的传递。

这次小实验活动虽然结束了，但我们的线上活动还在继续、我们的家园互动还在继续、我们为孩子们传递的爱还在继续。我们会一直秉承为幼儿和家长服务的准则，依据幼儿的年龄特点和家长需求设计班级活动，充分挖掘线上活动的价值，让每位幼儿在这个特殊假期过得快乐而有意义。真正做到"停课不停学，隔离不隔爱"，架起家园互动爱的桥梁。让幼儿和家长与幼儿园心连心、与班级心连心，我们会一直用爱陪伴每一名幼儿，让我们静待在幼儿园相聚的那一天。

对你的爱是慢慢放开手

北京明天幼稚集团八幼佳园园小二班　李岩

进入幼儿园是孩子们迈入社会的第一步，每年的九月都会有一些不一样，今年的九月尤为特殊，由于疫情原因，孩子们要独自度过入园适应阶段。

这件事情发生在小班入园初期，班里有个叫伊诺的小女孩，在第一天来园时一直情绪不稳定，但她并没有大吵大闹地找妈妈，而是经常独自哭泣，每次我关心地询问她时，她都会委屈地回答说自己没事，看起来叫人心疼。无论是饮水还是游戏都需要老师单独陪伴她，户外活动时她也是选择默默站在一边看着别的小朋友玩,总是拉着老师的手不肯放。我试图鼓励她自己去做一些事情,便先试探着对她说:"你自己去拿一个玩具好不好,我就在你身边看着你,好吗?"她总是会小声回答说:"老师,我害怕,你陪我一起去吧!"

  这样的状态持续了几天,大部分小朋友已经能够在教师的安抚下情绪较稳定地游戏了,伊诺还是一直紧贴着老师,在她进班后我又试着和她商量:"我们今天不拉小手了好不好,小手可以做很多事情的,总拉着小手就不能做其他事情了,但是我可以坐在你身边陪着你,好不好?"虽然有些不情愿,但是伊诺还是抽泣着答应说:"好!"就这样,在老师的陪伴下,伊诺从拉着老师的手不肯放,到能坐在老师身边玩。在入园的第二周接近尾声时,伊诺已经能够在老师的鼓励下自己独立去做一些事情了。由于老师循序渐进地引导她去做一些事情,耐心地倾听她的想法,凡事和她商量,伊诺渐渐地对老师建立起了信任。在她有了进步的时候老师也会及时给予肯定和鼓励,也让她体验到了成功,从而建立起自信心。现在的伊诺来园已经不哭了,而且还会在别的小朋友伤心难过的时候细心地劝导其他小朋友呢!

  新生入园的焦虑问题一直是家长和老师们最关注的问题之一,孩子们第一次离开家,进入一个全新的、陌生的环境中,和那么多不熟悉的小朋友、老师在一起,对这个陌生的环境产生的不安全感、恐惧感是导致幼儿哭闹的最根本原因。

  幼儿健康发展包括身体发展和心理发展,入园前,教师和家长都要做好幼儿在生活能力和心理方面的准备。小班初期尤其在生活方面要注重幼儿的个体差异,帮助幼儿逐步适应幼儿园的生活作息制度和常规要求。为幼儿提供宽松、接纳、理解、支持的精神环境,建立幼儿安全感、愉悦感和被信任感,幼儿感受到温暖和安全后,能逐步与教师建立起良好的依恋关系，情绪逐渐稳定，就会适应幼儿园的生活，愿意来幼儿园，能够情绪稳定地参加各种活动。

教育不是一味地说教，每个孩子都是美的种子，需要教师用心浇灌，细心呵护，沐浴在幸福的阳光下，才能健康快乐地成长！

一只小蜗牛引发的研究

北京明天幼稚集团八幼佳园园中二班　季英旭

陈鹤琴先生在《活教育的教学原则》中指出：大自然、大社会是我们的活教材。教师要时刻观察幼儿，要及时发现幼儿感兴趣的或者急需解决的问题，抓住契机创造性地开展随机教育。

在一次户外活动的时候，几个小朋友围蹲在地上认真看着什么，我好奇地走过去看，原来是牛牛手里拿着只蜗牛。孩子看见我走过来，兴奋地大叫："老师，你看我发现了蜗牛。"这时引来了更多的小朋友围观，孩子们你一言，我一语，纷纷议论起来。这时牛牛说："老师，我们把它带回班吧？"牛牛认真地看着我，我说："这只小蜗牛的家是大自然，它也许不愿意被咱们'关起来'。"孩子们听了略显沮丧，看着孩子们的样子，我不由想到何不借此机会在自然角养小蜗牛呢？我假装想了想说："不过老师家里有几只自己养的蜗牛，你们愿不愿意看一看？"孩子们纷纷表示愿意。

第二天小蜗牛就来到了中二班，孩子们特别高兴，兴奋地跟小蜗牛打招呼："你好呀！小蜗牛，欢迎你来到我们班，你比我们想象的样子大多了。"孩子们的小眼睛一刻都不想离开小蜗牛。早饭后孩子们又在观察小蜗牛了，并且猜想着、讨论着有关蜗牛的种种趣事，十分投入。

于是，我们班就养蜗牛问题展开了一场讨论，孩子们提出了一系列的问题：蜗牛喜欢吃什么？蜗牛吃什么颜色的食物就拉什么颜色的便便吗？

蜗牛有眼睛吗？从孩子们提出的问题可以看出，他们最关心的事情就是小蜗牛平时喜欢吃什么。孩子们七嘴八舌地说着，有的说吃饼干，有的说吃苹果，还有的说吃蔬菜。孩子们提出了各种新奇的想法，小蜗牛究竟喜欢吃什么呢？我把这个问题抛给孩子，请孩子回家和家长一起寻找小蜗牛爱吃的食物。

孩子们从家里找来了胡萝卜、油菜和苹果。我问孩子们这三种食物小蜗牛都喜欢吃吗，有的说喜欢，有的说不喜欢。面对幼儿的争执，我启发幼儿："我们一起做个实验吧，看看蜗牛到底喜欢吃什么。"我根据孩子们的猜想设计了实验和记录表。

第一次操作，我们把小蜗牛分为三组，在盒子上标上序号方便幼儿记录，孩子们把三种大小相同的食物分别放三个盒子里，经过一天的喂养和观察，发现小蜗牛把三种食物都吃了，然后把实验结果记录在记录表上。这时我问孩子们："有结果了吗？"梦涵看到结果和自己预想的不太一样，有点沮丧。这时候珊珊说："我们能不能把三种食物都放进去呢，这样小蜗牛就能选择自己喜欢的食物了。"其他孩子都同意珊珊提出的建议。于是我们开始了第二次实验。

这一次，孩子们把三种食物分成大小相同的三份，分别投放在三个盒子里。第二天，孩子们早早来到幼儿园看结果。

实验结果：

1号盒子里小蜗牛吃了胡萝卜和油菜，油菜吃得更多。

2号盒子里小蜗牛吃了苹果和油菜，两种食物吃得差不多多。

3号盒子里小蜗牛只吃了油菜。

通过两天的观察和记录，孩子们惊讶地发现：蜗牛对这三种食物都很爱吃，但是更喜欢吃蔬菜。后来，孩子们回家让家长帮忙查资料，知道了蜗牛为杂食性动物。成年蜗牛一般以绿色植物为主要食物，如各种植物的根、茎、叶、花、果实等，尤其喜食植物的幼芽和多汁植物。

有人说，在教育上与其填鸭式地给孩子灌输知识，莫如开阔他们的眼界，培养他们的观察力。让孩子做观察的小主人，兴趣是孩子观察的起点，只有抓住孩子感兴趣的事物，他们才能乐意参与观察。在观察蜗牛的过程中我抓住幼儿的兴趣点，让他们自己去观察蜗牛喜欢吃什么，通过看一看、比一比、说一说，加深幼儿对蜗牛喜欢吃什么的了解。在幼儿饲养蜗牛的活动中，时时刻刻存在着教育契机，教师要做有心人，引导幼儿聚焦"观察""探索""讨论"，培养幼儿的观察能力和自主学习能力。

表演区"大变身"
北京明天幼稚集团八幼佳园园中三班　张妍

片段一：活动区开始了，我看到熹熹、彤彤、茗茗和小宇选择了表演区进行游戏。一开始，女孩子们忙于装扮，十分热闹，男孩子则在看都有哪些乐器，大家都准备得差不多了，熹熹说："我要跳《布谷鸟》。"说着立刻就去播放音乐，这时候小宇从她手里抢过小音箱，说："我要表演打击乐《敲敲打打》，先表演打击乐！"这时，两人谁也不让着谁，开始争吵起来。

片段二：茗茗看了看乐器，他先拿起一个小沙槌，摇了摇又放了回去。然后看了看小铃鼓，又放了回去。翻了半天好像也没有他今天想用的乐器。于是，茗茗失望地又去翻看表演区的服装，终于他找到了一件黄色披肩披在身上，但也没想好自己想演的音乐曲目，于是坐在观众席的小沙发上开始发呆。

《指南》中指出：教师需创设问题情景，激发幼儿探索解决问题的兴趣。在幼儿遇到问题时尽可能不给幼儿提供直接而又明确的解决问题的途径，而是注重问题情景的创设，让幼儿在目标和问题情景之间通过自己的思考寻求解决问题的策略。由上述游戏片段可以看出，我们创设的问题情景"表演区"，的确有很大的改进空间。第一，孩子对常见乐器的正确敲击方法及根据不同音乐选取适宜的乐器进行伴奏的经验比较欠缺；第二，孩子们的表演内容缺乏计划性，由于没有表演的"节目单"，幼儿无法合理规划表演的顺序；第三，表演区的服装和乐器比较单一，导致表演区的材料无法支持幼儿进行丰富且有深度的游戏表演；第四，表演区的背景支持环境不足以使幼儿自由地表现等。这些都是通过问题情景展现出的幼儿在表演区遇到的困难，教师应关注幼儿学习的特点和对问题本身有深入的了解，引导幼儿自发地寻求解决问题的策略并提供必要的支持与帮助。

如何根据上述问题激发幼儿与教师一起改进班级的表演区呢？通过和幼儿之间的谈话，我们引发出了"表演区大变身"这个解决办法。

首先，环境是重要的教育资源，好的环境对幼儿有一定的良性刺激作用。环境的布置和材料的投放要丰富，如故事表演的道具，不同故事的表演道具应该是不一样的，我们和幼儿一起为故事表演《三只蝴蝶》制作了太阳、草丛、射灯、蝴蝶和小花的头饰等；歌曲表演的选择应是幼儿喜欢且来源于幼儿已有经验的表演曲目，我们请幼儿选择了他们学过并喜欢的歌曲；另外打击乐表演中，我们添置了幼儿选择并喜欢的多种乐器，如手铃、沙槌、铃鼓、三角铁、撞钟、响板、蛙鸣筒、打棒等乐器，并巩固幼儿根据不同音乐选取适宜的乐器进行伴奏的已有经验。同时，我们将不同种类的表演材料做上标记并分开投放，方便幼儿取放与选择。

其次，墙面的支持作用也是至关重要的，我们请孩子们探讨如果对节目表演顺序起了争执怎么办，孩子们纷纷表达了自己的想法，最终认为可以找一个小主持人来帮助大家排出表演顺序，还有的小朋友认为可以找一个音响师来放音乐，避免大家抢夺音箱。孩子们的想法都特别好，我们和幼儿一起将遇到的问题和解决办法呈现在表演区的墙面上，当幼儿再次遇到这些问题时，支持墙面可以提供帮助并提醒他们如何解决。我们还共同在墙面设计了节目单区域，幼儿可通过和小主持人商量，把想表演的节目排好顺序挂在墙面上。

表演区"大变身"后，孩子们表演的游戏更加丰富，担任主持人工作的小朋友可以带领其他幼儿选择节目、表演节目。可见，在问题情景的创设下，在区域环境的支持下，幼儿解决问题的能力也得到了锻炼和提升。因此，教师把游戏的主动权归还给幼儿，幼儿在宽松、自主的环境下，可以更好地发挥主观能动性，主动地去动脑筋解决自己游戏中遇到的问题。同时，教师也要适时介入，对幼儿进行有效引导与帮助。在表演区游戏时，教师应引导幼儿根据需要重新商量表演内容，布置表演场地或改变材料的摆放位置。幼儿根据自己的兴趣自主选择表演，自娱自乐，体现教师主导孩子主体的相互关系。

互联网+教育成果运用 打造线上幼教平台
北京明天幼稚集团八幼上地园大三班 张金玲

一场突如其来的新冠肺炎疫情，打乱了我们正常的生活。受疫情的影响，我们开学时间延期了，在这段时期，互联网是家园的纽带，是幼儿在园外与教师互动的一个崭新的平台。在这个平台上，我们是这样开展班级各项活动的。

一、精准摸底，线上即时掌握幼儿信息

疫情期间，班级教师制作微信小程序发送到家长群，要求家长每日报送幼儿在疫情期间的出行和居家情况，还包括幼儿当天体温、饮食、情绪等身体状况信息，教师发现异常及时关注。重点关注离京的幼儿，针对疫情期间离京的幼儿做好信息统计，掌握回京时间。根据幼儿的年龄特点，在线指导家长在疫情期间如何做好幼儿防护措施。

二、推送网络上的优秀电子课件

班级三位教师认真沟通，依据《指南》和《纲要》精神，精心设计班级各项活动。在互联网上收集、筛选国内外优秀课件，通过班级微信群定期向家长推送，课件内容丰富多彩：有艺术类的折纸、绘画、手工，有科学活动的各种小实验，有关于预防新冠肺炎疫情的小故事、小绘本等。同时教师还把育儿的文章和预防疾病的小故事也发给家长，通过学习，指导家长做好疫情期间安全防护。

三、教师自己录制教学视频，在班级群里进行推送

针对本班幼儿年龄特点、兴趣爱好，以及季节特性，班级三位教师利用家中多媒体设施，结合五大领域录制出系列课程。增加幼儿与教师的互动，拉近幼儿与教师之间的距离。激发幼儿参加活动和学习的兴趣。当教师的身影出现在画面里的时候，幼儿看到往日亲切和蔼的老师，身心仿佛一瞬间回到了幼儿园。

四、召开网络视频会议

通过网络视频会议达到即时家园联系的目的。无须聚集就能做到教师与家长、教师与幼儿之间的有效沟通。在会议上，教师坚持基于幼儿的方向，通过互联网，真实"面对"班里的幼儿，并与每一名幼儿真实互动，力求将幼儿的感受放在第一位。与此同时，分享幼儿成长中的点滴进步。此外，利用会议里面的视频画面可以让幼儿看到教师，这样直观的形式对于年龄小的幼儿更容易接受，更加有亲切感和归属感。教师还可以和幼儿聊一聊最近居家的生活、游戏情况，鼓励幼儿在全班幼儿面前大胆表述，愿意表述，增加幼儿语言表达能力以及和同伴交往的能力。

五、利用网络工具,"云"端做好幼儿成长记录

在疫情期间,教师制作了"我是健康小卫士"的活动表格,采用每周一张表格记录的方式,活动分为以下几个内容:在家里自己穿脱衣服、自己吃饭不挑食、饭后认真刷牙、按照七步洗手法洗手等活动,鼓励幼儿用自己喜欢的方式记录自己每天的进步,通过互联网上传"云"端,由教师汇总整理,开学后和班级幼儿一起进行分享。幼儿居家学习,除了在生活卫生习惯上面的养成外,对于中班的幼儿还需要在学习品质上面进行培养。教师可以在幼儿做事情的专注力、注意力、坚持性上面进行有针对性的培养。可以在班级中开展各种小评比活动,激励幼儿努力、专注地做完一件事情,培养幼儿的专注力。

六、创新"互联网+运动小课堂"的模式,完善疫情期间幼儿体育锻炼体系

开展线上课间操、集体舞、设计趣味性小游戏等形式,帮助幼儿在家里科学运动,提高身体免疫力。要求幼儿在家完成适当锻炼,在家长的看护下,利用可利用的空间和器材,保证了幼儿的锻炼效果与时长,增加亲子感情。也让幼儿感受到无论身在何方,自己的老师时刻牵挂着自己,盼望着大家能以健康、阳光的姿态,在疫情结束时相聚在幼儿园。

特殊时期家园共育工作的创新和实践

北京明天幼稚集团十幼铁路园中一班　曾晴

疫情肆虐,病毒横行。在2020年这个特殊的春天,武汉的新冠肺炎疫情牵动着亿万中国人民的心。我园特推出了"停课不停学 隔离不隔爱"线上活动。我们班重新组建了一个微信群,每个幼儿可以有三位家长在群内交流互动,便于幼儿第一时间获取老师的教育资源。新群刚一组建就开始

热闹起来，姥姥、姥爷、爷爷、奶奶、年轻父母，那一刻，我意识到，必须要调整自己的计划，重新且认真审视这个群的价值与意义。接下来我将详述我班是如何创新和实践特殊时期家园共育工作的。

一、建立微信群明确意义

（一）与孩子建立说话环境，适应共同方式

建立好新群后，我自己录了一段加背景音乐的录音给小朋友，内容如下："明天十幼铁路园小一班的小朋友和大朋友下午好，很高兴能在接下来的时光里，再次与大家沟通交流。我可爱的孩子们，虽然很久不见面，但你一定猜得出我的声音吧，对，我就是你们的曾老师。我和你们一样很兴奋很激动，用微信的方式，让你们听到我的声音，从明日起，你们的常老师和石老师也会来到这里，你们可能会在微信视频里找到我们，看到我们的身影面貌，也可能是在微信语音里听到我们熟悉的声音，还能在这里看到其他小朋友按照老师的方式做的手工或者小实验，或者听听其他小朋友的声音，你们真的能听出他是谁吗？你们还记得小伙伴的样子吗？这里有可能将会变成你们最喜欢的乐园。说到这里，我简直太激动了，这是我们第一次用这样不见面、摸不到的方式和你们说话，你们呢？你们有什么感觉？很神奇？很兴奋？激动？高兴？如果愿意你可以分享出你们的感受。期待你们的声音和视频，我们明天见。"果然，孩子们在家长的带动下开始尝试用微信相互打招呼，有的说我在玩玩具，有的问你们猜出我的声音了吗，有的说想念大家。群里一片孩子们奶声奶气的稚嫩声音，起初有吐字不清晰，有说不完一句完整话的，或者时长过短，还有的家长单独私信我说："老师，您的声音孩子连吃饭都要听，听了好几遍了，喜欢得不得了。"

（二）明确此群的功能及意义

此时这个群的功能并没有完全被赋予积极意义。我需要让年轻家长和长辈叔叔阿姨理解这个群的功能和意义,我们才能做正确的事情,老师的引导才能有效带动家庭体系对教育的科学完整的认知和理解。于是在群内我给家长发了一段文字如下:"各位家长不必对此群产生压力和负担。有的家长是在家办公,有的家长则是回归单位办公,无论如何这里推送的视频、分享的内容,也许都会成为您忙碌的一天中,和孩子轻松互动时开心时光的资源库,我们就在这里。建立这个群的意义就是希望能帮助和协助您,在这个特殊时期,幼儿依然有机会受到园所良好的引领和培养。这也正是我们存在的价值。如今教育资源很丰富,面对不同层次的资源,我们帮您筛选出更适合孩子接受、理解的内容,节省出您的宝贵时间,更多地投身于陪伴或工作当中。同时利用这个特殊时期不管是叔叔阿姨还是爸爸妈妈,都能丰富自己的科学育儿经验和观念,和孩子们一起在做中学,增进亲子关系,跟随老师一起完成和体会一日生活即教育的伟大研究课题。让我们利用好这段特殊时光在家共同体验式学习,静待春暖花开,静待白衣战士凯旋的好消息吧。代表三位老师致我可爱的家长朋友们。"

(三)影响祖辈了解幼儿学习的方式

一开始就提到过群内有老人的现象,那么针对祖辈,他们最应该得到肯定和一定的科学育儿的理念,于是我有了以下一段话,我希望这段话在鼓励祖辈放手的同时,也激励年轻父母提高对幼儿教育的学习:"这些天从视频里,我一直留心观察,家长们大多数都能放手让小朋友自己完成自己的事情,尽量让孩子在家体验不同的多元化的事情,而不是单一的,比如玩平板电脑、看电视,我必须得给咱们班家长点赞,我一直还挺担心祖辈容易隔辈亲,有可能会不让孩子做这个,不让孩子做那个,过多限制孩子,不过咱们班叔叔阿姨都很注意这点。我得给叔叔阿姨点赞,表扬你们能克制自己想帮忙的冲动,把学习、锻炼、触摸感知觉的发展机会,留给了孩子自己。孩子在大脑发育期间，必须接受到多元感官刺激，才能在今后的时期里得到正向发展，如果这期间外界阻止或切断孩子的探索，就会阻碍大脑发育，孩子可能就会出现遇事退缩，有畏难情绪等行为障碍。幼儿期间对专注力、认真倾听能力、耐心，坚持等品质的培养或过程性能力的培养，比让他们一时地机械记忆背诗、算数来得更有意义。我要再一次为咱们班的家长和祖辈的家长点赞。"

二、增强线上活动的参与性

（一）注意推送活动的灵活性和丰富性

例如，有一次我们班的视频内容就是以延续班级主题的形式出现，海底乐园，还继续沿袭孩子记忆中上学期班级海洋风格，推出了画、粘贴、泥工三种不同形式来展现海底动物。海底小动物，也是孩子们熟悉和了解的，在美工区也是使用不同材质做过的。时隔很久，孩子们依旧玩得很开心。我并没有说必须要做三个，我只是展示出三个样品请小朋友自行挑选，减少家庭或者孩子的压力，毕竟疫情期间，每个家庭的情况不同，并不是每个家庭都能做色彩，都能做泥塑，应满足不同需求。幼儿一向对老师的引领有着不可思议的执行力，尤其是在家长面前，所以我要加一句："如果哪些小朋友和曾老师一样，这三个小动物都想做，并且有材料，那就和曾老师一起做一做吧。等待着你们的制作视频。"

（二）表扬的魅力

语音是给孩子听的，说的话都是幼儿能听懂的，比如：曾老师在视频里看到，小朋友们都在耐心地、专心地制作自己的小菠萝，所以曾老师要表扬你们，因为你们的耐心和认真。让你们自己获得了一个漂亮的小菠萝。如果我们小朋友在做每一件事情的时候，都像做这个小菠萝一样认真、专心、耐心，我相信你们一定都会像爸爸妈妈一样优秀，变得越来越好的。

文字是给大人看的，里面有活动的价值，得到了家长的良好反馈。比如：刘怡歆妈妈，您给孩子做了很好的榜样。咱们老跟孩子说，遇到问题，不逃避，积极想办法解决，办法总比困难多。您的做法还有视频里很多家长的做法，都在以身作则，没有视频里的材料，那就试着想想办法，用别的代替，利用工具，寻求帮助等，小班孩子的学习方式之一就是模仿。我们都说言传身教，一方面是大人语言传授，而另一方面就是大人行动上的以身作则。用言语来教导，又用行动来示范。为您、为咱们班家长点赞。

三、帮助家长了解活动的价值

记得做沉浮小实验那次，我在微信中提醒家长，让小朋友们在做实验之前想一想，哪些东西可以浮在水面上，哪些东西会沉下去，猜一猜并说说为什么，然后再验证一下，自己猜得对不对！如果猜对了，说明你很有生活经验。如果没猜对，那么恭喜你，今天你可是最有收获的小朋友哦。孩子们在探索中，从猜想到推理，再到验证，这一过程中，我们应鼓励幼儿大胆地去进行实验操作，不怕失败，因为尝试验证中的失败也是有价值的，它丰富了幼儿的已有认知经验，而正是不断地提出猜想，不断地去验证自己想法的这种科学求真的精神，才是我们培养的目的。

除了以上活动，还有感恩系列、科学系列、游戏化的体育活动，还有植树节、女神节、爱耳日等活动。生活即教育，让我们在这一个特殊的时期和家长一起，跟随明天集团的文化，让求真启发我们的心智，立美融入我们的生活，至善滋养我们的心灵，静待花开吧。

第三节 学习所悟

参与培训、业务学习、观摩课、阅读书籍文章等所获得的心得感受。

让教育充满情调与智慧
——读《教育的情调》有感

北京明天幼稚集团二幼双榆树园大四班　胡雪琛

工作之余,我总喜欢捧着一本书,坐在书桌前,让自己在休息时,得到充实。一次偶然间看到了《教育的情调》这本书,记得开始的时候,就是被"情调"两个字吸引,觉得有些别致,加上自己从事教育工作,于是开始细读起来,在字里行间慢慢反思自己教育行为中需要改善的地方,让自己更好地懂得教育之道,并且能够在教育孩子的同时尽可能全面地顾及他们的成长。

作为一名老师,我们不仅仅要教书,更要做一名教育者,尤其是幼儿教育,孩子需要正确的指导方向,需要我们耐心地进行沟通,他们是一张张洁白的画布,等待着我们为他们添上几笔知识的色彩。李政涛评价《教育的情调》——把教育的可能性、儿童的可能性、教师的可能性与教育学的可能性融为一体。教育不仅仅是思考和推理,它更是一项复杂的教育工程,需要我们通过对孩童世界的观察、了解不断进行改革创新。

《教育的情调》一书,通过细腻的小故事,引导老师、父母等走进孩子的世界,让教育者通过深入的体验与感受,获取教育知识,感知孩子的灵魂境界，感知他们每个人独特、敏感的个人世界。

孩子是敏感的、独特的，他们充满着无限未知的可能性。《教育的情调》里通过故事、情景以及让人总是在现实中忽略掉的细节对时代迅速发展下的教育核心进行探讨，它充满着爱，只有让孩子感受到教育中的爱意，教育才是有了情调。《教育的情调》告诉我们教育不是日积月累来的经验，它只是我们在某个瞬间对孩子存在的问题中某个选项的抉择，这个抉择，也决定着我们是"走近"孩子，还是"远离"孩子。这也意味着我们需要去顺应孩子发展的内在要求，以孩子的角度去理解、教育他们，从而成就他们。

读完这本书，自己更加深刻地意识到真正的教育者需要有敏捷的观察力以及博大精深的智慧，每个孩子都有一个独立自我的世界，我们要懂得怎样做是真正对每个孩子有益，去做合适并且应该做的事情，要学会真正"看懂"孩子，去聆听孩子们的内心世界，时刻调控教育的基调，让我们在教育孩子学习知识的同时，让他们更好地成长；让知识教育与心灵教育同步进行，孩子的未来将会充满美好的可能性。

以书为药　治愈孩童
——读《故事药丸》有感
北京明天幼稚集团二幼双榆树园小三班　卢雪纯

"书犹药也，善读可以医愚。"我国古代熠熠生辉的教育思想发展至今，在埃拉·伯绍德和苏珊·埃尔德金为儿童和青少年开出的文学疗愈书单《故事药丸》中再次展现出蓬勃生机。用故事化解孩子们成长中的疑难杂症，这些故事犹如翰墨宇宙中的点点星辰，虽是微光，却照耀人心，让人心生温暖。

你是否也想知道《故事药丸》这本书里到底卖的是什么药呢？打开的药盒里装有四个册子，其中一本黄色的阅读指南是《故事药丸》的主体，同时作者贴心地为读者准备了其他三个小册子，围绕自我诊断、使用说明以及记录感想这三个方面指导读者阅读。读者可以根据孩子们的问题对应字母顺序查找相应的解决建议，既方便又实用，是一本不可多得的好书。

书中所列的有关孩子成长的问题，细致入微，让我在感叹作者细心的同时，也在反思身为一名幼儿教师，不应该忽略孩子们成长中的任何一个小问题。个子高、个子矮等有关孩子外在的烦恼，被冤枉、感觉没朋友等触及孩子心灵的问题，甚至还涉及孩子们性意识的启蒙，这都是我们应该重视的大问题。看到作者"对症下书"，内容丰富，你会感觉到书籍的力量是如此的强大。一粒粒药丸有如一股股清泉，滋润着每一位育儿者的心灵。

面对孩子们的调皮捣蛋，身为幼儿教师的我们是严厉训斥，还是细心教导？或许言语上的批评和循循善诱对于一个幼儿来说都是徒劳无功的。幼儿，他们更多的是以一种自我的方式生活，以自我为中心是属于他们这个年龄阶段的显著特点。我们幼儿教师只有对书本中真实的事例进行思考，找到有效的解决方法，才是这本书真正的用处。以师幼共读绘本、创设情景等方式对症下药，耐心、负责地创造性对待每一位孩子。

放下书本，我思考颇多。这本书不仅可以引领孩子学会正视自我，不断成长，更教会成人放手。用讲故事的形式走进孩子们幼小的心灵，用书本滋养孩童们稚嫩的内心世界，我相信这就是文字的力量，阅读的意义。成为一名幼儿教师，对我来说是一种尝试也是一种挑战。面对重重困难，我应该秉持"一棵树撼动另一棵树，一片云推动另一片云，一个灵魂唤醒另一个灵魂"的理念，用言传身教的方式指引幼儿的成长和发展。

幼儿的特殊"语言"

北京明天幼稚集团五幼万泉河园大二班　孙梦媛

作为一名幼儿园教师,解读幼儿的心理、语言、个性、行为等是每个幼儿园教师都应该具备的。综合考虑,我找到了经典的书籍《儿童的一百种语言》来阅读,以此更好地了解孩子的心理、语言、个性、行为,从而提升自己的专业知识和技能技巧,在实践中更好地实施和运用。

读了《儿童的一百种语言》这本书,我学习到了,我们作为幼儿教师,需要尊重每一个幼儿的心理、语言、个性以及行为,把幼儿看作和成人一样的独立个体,尊重他们的想法,接纳他们的个性差异,倾听他们内心的声音,和他们一同健康快乐地成长。

回想自己在幼儿园的一日生活的工作,虽然我也在其中了解幼儿并且观察幼儿的一举一动,可是我却忽略了最重要的一点:观察幼儿不仅需要敏锐的眼睛和耳朵,还需要敏感的心灵,要走进他们的内心,和他们做朋友,耐心地倾听他们的心声和需要,这样我们才能真正和幼儿零距离接触。为了达到以上目标,我们要怎样做呢?

一、转变教育观念

幼儿教师是一个"全能选手",不仅在幼儿的认知、社会、情绪、创造力、语言和身体等方面进行教育和启迪,还要在幼儿身处的学习环境中布置教育内容,我们要成为幼儿的伙伴,做他们的倾听者、支持者、引导者,在日常教学生活中多与幼儿做朋友,倾听幼儿的内心,全心全意关注每一个幼儿,理解并尊重幼儿,伸长自己的腿,跨越成人世界与儿童世界的围墙,走进儿童的内心世界。其实,倾听就是观察,我们每天的各种记录就是对幼儿的一种倾听。平时,我们记录幼儿的情绪、社会交往、动手操作等方面的变化，并寻找出变化的原因做出相应的教育。因为只有认真地去观察、了解幼儿生活中的喜怒哀乐，才能真正走进幼儿的心灵。

二、尊重幼儿的需要

在当今社会背景下，幼儿的依赖性凸显，他们动手动脑的能力、自信心，以及创造力减弱，瑞吉欧教育告诉我们，教师要认真对待幼儿的行为，以欣赏的眼光看待幼儿。向幼儿传递哪些是重要的，有趣的信息，当幼儿感知了教师的认真态度，才能自然而然地为重要的事情而努力。在瑞吉欧的教育理念里，把知识呈现给幼儿或回答幼儿的问题并不是教师的主要任务，教师要做的是帮助幼儿自己寻找答案，学会发现问题、解决问题。我们尽量为幼儿提供丰富的材料，让幼儿自己动手去发现，去探索。让幼儿在快乐探索的同时提高发现问题、解决问题的能力。

三、加强专业知识的学习

在这个现代教育信息快速变化的年代，我们应随时关注新的教育理念，跟上现代教育步伐。如果我们只懂得学习，不懂得研究，就只能做一个平庸、守旧的幼儿教师。瑞吉欧的教育告诉我们，我们要做学习者和研究者。学会收集幼儿资料，学会分析和解释资料，能有机地将理论与实践相结合，对教育教学中幼儿的发展进行细致的描述，才是现代幼儿教师发展的方向。

随着时代的变化与发展，在今后的工作中，我要汲取关于幼儿教育的新理念、新信息，在教学方式方法中不断地反思，在教育生活中不断地探索和研究。在自觉和不自觉中建构自己有关幼儿学习和发展的理念。学会留意、学会记录、学会分析、学会创造，做一名有自己特色、有自己品位的专业的幼儿教师。

《云淡风清》读后感

北京明天幼稚集团六幼小灵通园中二班　杨子涵

参加幼教工作以来，学习了应彩云老师的许多优质课程视频，如大班绘本《方格子老虎》等。这些活动中应老师和孩子们动静交替，老师和孩子都享受着活动带来的乐趣。活动目标自然渗透在每一个环节，整个活动处处体现了应老师的教育理念。同时，在我身旁也有无数的优秀教师闪耀着光环，看着他们在专业上不断成长，我不禁想到：对于我这个年龄不小经验却并不丰富的"年轻幼师"来说，需要学习的东西太多了。于是，利用业余时间，我仔细阅读了关于应老师的书籍，观看了一些视频。我学习了很多应老师的教育心得以及一个个生动活泼的案例，获益颇多。

翻开书的第一页，是应老师所写的序。我想，我自己也在写教育随笔，可我的语言却不能如此精练而富有哲理，没有做到感从心出，读来，不能让旁人受益。我从书中了解到应老师的幼师生涯已三十余年，她的成长经历在沉淀中一点点积累，获得自己的成就，却依然谨慎谦恭，云淡风轻。再看看我自己，我的幼师生涯虽有些年头，但这几年才一点点变得沉静、专注。幼师之路上的修行，就应像应老师一般，坚定而安静地做着，一直努力做到云淡风轻的一天。

第一章——教育悟会。这一章的23个小案例从"激发兴趣，从点滴做起"到"和孩子做朋友"，每一个小案例都值得我细细揣摩，慢慢体会其中的教育理念。如"批评的策略"中，应老师用自己被老师批评这个教育契机，让孩子感受到了任何人做错事都会受到批评，同时，也从无形中教育了孩子，要给予这些做错事的人一定的理解和安慰。在教室里，应老师还给孩子们提供了反思角，反思角里提供了一些书。这些都是应老师在用心、用实际行动来让孩子在批评中少一些沉重，多一些轻快。在"获取家长的信任"案例中，我还深深地体会到了教师只有尊重家长，让彼此在相互了解的过程中消除疑虑，才能获取家长的信任。但是在和家长相处时也要注意：过于亲密的家园关系即便是真诚的，也可能会对孩子的成长造成不利影响。

第二章——教学心思。这一章有27个小案例，其中"活动设计的'同中求异'"让我感触颇深，读完我不由得兴奋起来，体悟到原来同样的活动目的和同样的形式只要采用不同的提问方式，就会给孩子带来新意，激发孩子的学习兴趣。

第三章——教师成长。每个心得体会都触动着我对幼师职业的热情和激情。"在扬长中发展特色"这个案例鼓励我这样一名非幼教的"年轻幼师"在认真地努力学习提高自己的专业能力的同时，还要想想自己擅长什么，如何发挥自己的特长。一分耕耘一分收获，冷静反思和提炼自己，使自己的专业之路越走越宽。另外，成长的路上一定会有坎坷，我们要用一颗坚持、上进的心迎接每天的旭日。

第四章——教学案例。感悟应老师的每个活动教案。她的每个教案从设计思路、活动目标、活动准备、活动过程到活动反思无不体现着科学的活动设计和教育理念。《猜猜我有多爱你》是我非常喜欢的一本绘本，我被其中传达的浓郁的爱深深吸引，所以我曾尝试将这本有爱的绘本带给中班的孩子们，但因活动准备不到位，活动过程不够紧凑深入，造成活动效果并不理想。在认真阅读应老师的教案后，我明确了在活动前一定要对活动目标、活动准备、活动过程细细揣摩，不但要考虑幼儿的年龄特点，同时也要关注本班幼儿的已有知识经验水平，认真准备，在活动过程中应用合理的教育理念，才能完成一个适合本班幼儿和幼儿喜欢的好活动。

在这个信息化的快餐时代，获取知识的途径有好多种！但我们仍可以像应老师一样沏一杯咖啡，拿起一本书，享受阅读书籍的这份惬意。多读书，读好书！幼师是一份充满爱的职业，只有不断向优秀教师学习，才能让自己在幼师成长的路上越走越宽，越走越稳！

体育实践促成长
北京明天幼稚集团七幼定西园大一班　张春霞

《指南》中强调促进幼儿身心健康发展是幼儿阶段的首要任务，而幼儿体育游戏活动，是使幼儿身心健康发展的关键要素，将儿童体育游戏纳入幼儿园课程，使幼儿的一日生活游戏化，灵活地组织多种形式的游戏活动，让幼儿在宽松愉快的氛围中获得发展。我有幸参加了集团组织的立方核体育活动研究项目组的活动，受益颇多。起初，我并不能十分领会立方核体育的游戏精神，但随着一次次的观摩体育活动，专家老师的点评和指导，到自己亲身设计与体验，我自己在慢慢成长，将固有的模式改变，努力转变自己的教育观，这个过程中我收获了成长和幸福。

参加了集团组织的立方核体育活动研究项目组的活动，虽然只有短短三个月的时间，但是经过了多次的现场观摩及研讨，以及各位老师的分享和对体育活动的梳理，我逐渐转变了自己对体育活动的认识，走出了对体育活动的误区，同时也对运动核心经验进行了巩固，建立了完整的体育活动体系。

营造轻松的活动氛围，选择趣味性的游戏化体育活动，是激发幼儿内在积极性的重要因素。教师的根本任务是发掘每个幼儿的潜在能力，鼓励孩子去寻找，并不断地引导孩子在探索、发现中学习，教师的言行对孩子的创造力的创新发展具有重要的影响。根据幼儿的年龄特点开展趣味性的、形式多样的体育活动，更使幼儿在游戏化体育活动自主探究的过程中，自主探索体验游戏的同时，体能也获得了发展。在"赛车制造厂"体育活动中，根据中班幼儿的年龄特点，活动以探索合作的形式开展，有针对性地呈现游戏活动，更能激发孩子对游戏的兴趣，提高他们参与游戏的主动性，同时，提升了幼儿体能。游戏过程中需要两个人相互配合达到侧滚与爬的动作要领，让孩子在自主探索的基础上，积累运动经验，体验运动的乐趣。活动中，我没有借助任何游戏材料，只是让幼儿通过身体的动作技能开展相关的体能游戏。使幼儿在愉快、轻松的氛围中巩固动作技能，避免了枯燥、单一的动作练习。在放松运动中，带领幼儿运用学到的动作技能，达到放松身体的目的。

通过在立方核体育活动中的学习，我改变了以往的体育活动模式。在固有传统经验思维模式中，体育活动似乎就是在户外进行的，发展幼儿走、跑、跳、攀、爬、钻等技能的活动，又或是由老师带领着做些集体游戏，再有就是我们所经历的那种枯燥无味的陈旧式体育活动。我们似乎很少把体育活动正规化，从而忽视了幼儿的能力发展。通过学习了解体育活动的模式，了解了幼儿园体育活动丰富多彩的运动游戏种类划分，以及要上好一节集体体育活动应该从何处着手，我对日后开展班级体育活动很期待，也很有信心。

在体育实践的活动中，自己不仅是一名听课者，还是一名授课者。通过观摩立方核体育活动，我深知自己的体育教学水平还不足，要不断积累相关的经验。学习和研讨的过程是享受的，研究的过程是幸福的，体验的过程是快乐的。通过两次的观摩实践，我自己有了真正的改变，突破了最初的困惑。

刚接到这项任务的时候，我心中十分忐忑，从刚开始的选课，到一次次的试课，再到一次次的研习，压力还是挺大的。在试课的时候，设计的目标是要完成三种动作，除了侧滚和爬，两个小朋友还要配合完成在这两个动作的基础上创新出的一种新的动作。在这个过程中，如果老师按固有的思想直接把动作告诉幼儿，那就把体育活动上成了体育课，而不是自然地形成一种体育游戏，让孩子真正地玩起来，幼儿也只是在模仿老师的动作，没有得到真正的体育发展。在进行第一次观摩课的时候，我先让幼儿尝试了侧滚和爬的动作，由于自己急于让幼儿按照老师的动作去完成，从而忽略了幼儿的动作表现，并且没有及时对幼儿进行动作的梳理和评价。随后，门老师针对我的活动进行了点评，要我在活动中尽量减少使用"这样""那样"的代词。根据门老师的点评和园领导的帮助，我认识到了自己的问题后，及时做了调整。在第二次的观摩活动中，我尝试放开手，让幼儿真正动起来，并且让自己放松下来，和孩子们玩起来。尽量减少多余的语言，让孩子的运动能力真正得到发展。这一次，我的表现得到了老师和领导们的认可。

立方核体育活动的开展，促进了教师观念的转变、专业能力的提升、游戏内容的丰富、教学活动的实效性和幼儿体能的整体发展，这些都体现了教师研究过程中的真发展、真改变。同时我也对自己梳理并总结了三点："成长"——在反复研究中提高认知，"自信"——在反复观摩中充满自信，"勇敢"——在反复反思中更加大胆。通过学习和研究，我体会到了什么是真游戏、真发展。要做到"心中有目标、眼里有孩子、脑子里有办法"，体会成长的喜悦。

教育者的"热"和"行"

北京明天幼稚集团九幼锦顺园大一班　李春秀

通过阅读美国作家马里奥·希森的《热情投入的主动学习者——学前儿童的学习品质及其培养》一书，我加深了对幼儿学习品质的理解，也重新认识了儿童的学习。这本书给予了我一线工作的许多指导,通过理论与实践相结合,我更加坚信,做老师要坚持"学"做老师,只有老师学会学习,才能与时俱进,实施适宜于儿童的教学。以下是我在阅读及实践中的所悟所得。

一、正确理解何为积极的学习品质

贯穿全书的学习品质研究框架由两个基本维度组成:对学习的热情和学习中的投入,每个维度又包含许多具体的要素。在我看来,学习品质中还需要加入情感和行为要素,且均为正面向上的。在理解其含义时,我加入了一些自己的观察:

大班幼儿阳阳和佳佳在建构区活动后,开始了整理工作,整理工作是烦琐细碎的,需要幼儿将同类搭建材料放在一起。佳佳在整理积木时,由于颜色相同,需要按形状将积木分放到不同的盒子里,阳阳看着一地的积木块,瞬间失去了耐心,打算用手捧起一堆积木,胡乱放在盒子里。边放边嘟囔着:"为什么要整理啊!太麻烦了!"一旁的佳佳听到了阳阳的抱怨,过来对阳阳说:"按形状分不麻烦的,我们先把地上的积木按形状分好,再把相同形状的积木分别放到不同的盒子里去吧。"佳佳说完便给阳阳演示了一遍,边做边"解说":"你看,把三角形放这里,正方形放这里,圆柱形放这里,先分好形状,再放进盒子。"阳阳这时也加入了进来,和佳佳一起先将积木按形状分成三堆,再把同样形状的积木分别放进不同的盒子。很快,一堆积木就整整齐齐地躺在了盒子里。

从两个小朋友整理积木的案例中可以看出,幼儿的学习是可以在情感和行为的共同驱动下产生的。整个过程中,阳阳从刚开始的厌恶整理,到佳佳的加入,阳阳能主动参与和佳佳共同整理,阳阳的情绪发生了明显的转变,佳佳在其中承担着"指导者"和"陪伴者"的角色。首先,佳佳发现了阳阳情感的异样,并用我们教学中常用的"直观演示法",将她整理积木的过程进行展示，以帮助阳阳能更加清楚地明白可以通过先按形状分积木，再放积木的过程。美国缅因州的国家训练实验室的一项研究成果"学习金字塔"中表明：马上应用和教别人是两周后学习保持率最高的方法，佳佳在案例中主动去帮助阳阳，并教阳阳如何整理积木，从结果来看，同伴间的学习行为效率和效益都最高。同伴学习要产生就必须包含本书作者马里奥·希森博士的观点：学习品质必须包含情感和行为两方面。也就是：情感、动机维度和行动、行为维度。该案例就很好地证明了这一点，佳佳在整个过程中给予了阳阳情感上的陪伴，同时也直接示范了分类方法，激发了阳阳的主动整理行为，当阳阳学会整理方法后，便将注意力放到了眼前的这堆积木的整理上，而不再拘泥于自己的情绪中，而在整理过程中阳阳获得了成就感，又强化了他的整理行为，在以后整理其他物品的行为中，也会继续保持下去。

二、抓住学习品质的要素与课程中儿童发展的关联

学习品质的要素并非单独存在，其实质与幼儿课程也有关联。在一次学包粽子的过程中，我想充分开发幼儿的想象力，于是允许幼儿先自行想办法，用艾叶包出一个完美的粽子。开始的时候宁宁是把艾叶平铺在桌上，用手捧一些糯米放在艾叶上，再把艾叶两端牵起来打结，结果可想而知，糯米并不会乖乖待在艾叶里。宁宁包粽子的动作并不是很灵活，甚至可以说是比较僵硬的，可以看出宁宁还没有很好地掌握打结的技巧。宁宁看着艾叶，拿着艾叶摆弄，准备尝试换个大一些的艾叶，从表面上看，宁宁好像在玩，但实质上，他在探索：到底多大的艾叶才能包住糯米呢？是不是越大就包得越多？如果换一种形状，是不是要好一些？经过思考，宁宁能够拿着艾叶，做成漏斗状，只是还不能熟练地操作，但每次一成功，他的脸上就会露出笑容，这笑容不仅仅是因为能让艾叶包住糯米的操作越来越熟练，更能显示出付出了努力而收获了成就感，成功给他带来了

快乐。

在近一个小时的"探索艾叶"的过程,体现出宁宁的一些学习品质。首先是灵活性,体现在宁宁通过调整艾叶的大小和形状,成功地将糯米包住。其次是坚持性和专注性,宁宁能用一个多小时的时间专注于同一个动作,并且从开始不太协调到最后灵活地将艾叶做成漏斗状。随后,宁宁带着自己亲手包的粽子得意地展示给我看,宁宁的工序都是有条不紊的、熟练的,因为他平时就很喜欢制作食物,这是他感兴趣的事情,并且当他做好美食分享给其他伙伴时,他内心又能获得极大的满足和快乐,这又强化了他的学习动力。

三、优化学习品质的关键维度与要素

书中所提及的热情与投入是积极学习品质的两个基本维度,其中主要包括对学习的热情和对学习的投入,即情感与行动,要想优化学习品质,就需要从这两个基本的关键维度入手。就情感方面而言,除了兴趣、快乐、学习动机,我认为还可以通过"期待"来优化幼儿的学习品质,期待值越高,表现就越好。这同样适用于培养幼儿的学习品质,如果在幼儿园课程的互动中,教师增加对幼儿的期待,同伴增加彼此间的期待,那么大概率幼儿会尽已所能去表现出更好的一面,这也有利于评估幼儿的实际水平。就行动方面而言,除了专注性、坚持性、灵活性、自我调节而言,我认为还可增加示范性,包括教师示范和幼儿示范,对于学龄前幼儿而言,直观的展示和示范能够让幼儿更加明白行为的内涵,让幼儿的行为表现更具规范性。

四、注重儿童的学习品质的提升

作者马里奥·希森博士从七个方面谈到了影响儿童学习品质的因素:从生态学的视角、儿童性格的个别差异、发展的影响、家庭影响、学校影响、文化影响、政治和政策影响。通过这七个方面,我们可以看出影响幼儿学习积极性的因素很多，甚至是多方面共同作用下的影响。如我所带的大班幼儿轩轩，在小班时候，轩轩是一个文静的男孩，学习新内容时表现并不像其他幼儿那般积极，他的表现也没有别的幼儿那么优秀，但通过了解，你就会知道，看似不积极、不主动的轩轩真的在用心学习，只是效果甚微。轩轩的学习品质中缺乏积极性，究其根源，一是轩轩从小性格就比别的孩子内向，二是轩轩的父母属于"专制型"父母，这种家庭的孩子不会有过多的个性展露。但学龄期幼儿的可塑性还很强，通过适宜的教育培养，结合家庭力量，是可以改变轩轩的性格的。通过两年的不断坚持，轩轩的性格已经有所改变，这期间我总是让班里其他幼儿来带动他，甚至还给他找了一个"小师傅"，"小师傅"每天负责教轩轩当天没有掌握的内容。由此可见，儿童的学习品质是可培养的，但需要坚持。

另外，儿童的积极学习品质的培养并不是一蹴而就的事情，而是需要"有备而做"的，有句话是这样说的："要想培养一个孩子，你要先了解这个孩子。"了解是一切培养工作的开始，在培养轩轩的学习品质之前，我也花了许多时间来了解轩轩的性格特点，了解轩轩的家庭背景等，所以才能"对症下药"。因此，幼儿的积极学习品质需要家园的共同努力，才能确保在幼儿的成长过程中找到对应的学习品质培养策略。

通过《热情投入的主动学习者——学前儿童的学习品质及其培养》一书的阅读，我有了很多新的思考和想法：一是要不断学习国内外先进教育理念。二是注重理论与实践相结合，将新理念运用到实际教学中。三是永远保持对教育的热情，并将热情注入行动。儿童的成长和习惯的培养需要长时间甚至一辈子，教师的学习也无止境，以学为师，终身受益。

知心，知行，知性
——读《教育科学与儿童心理学》有感
北京明天幼稚集团九幼永泰园大一班　尚敉

瑞士著名的儿童心理学家和教育家皮亚杰一生创作出众多代表专著及数以百计的文献。他倡导的教育观念对儿童教育思想起到不容小觑的影响，作为皮亚杰的代表作之一，《教育科学与儿童心理学》一书中主要批判了传统教育中漠视对儿童的深入了解，对全球当前的教育基础进行剖析和总体评价，是"一位伟大的科学家在坚固的实验基础上对于当前的教育危机所提出的一个答案"。

我带领着孩子们经历了数载春秋，岁月流逝间，我不禁反问自己，我给予孩子们的是否真正有意义？这些东西是否能够使孩子得到更好的发展？而我得到的答案，有时却不尽如人意。作为主班教师，我陪伴着孩子入园后的所有一日生活，面对性格各不相同的"掌中宝"，如何将孩子的发展、性格的养成在有效的时间内发掘出来，是我六年中一直深刻思考的问题。我园重视区域活动，针对孩子自主兴趣的选择，在教师"心中有目标"的环境中，极大地开发孩子的自主游戏能力、组织能力以及合作能力等。在区域中，跟随每位孩子自主创新的游戏方式进行进一步的剖析。例如在美工区中，我选择尊重孩子对于色彩的自主搭配，鼓励孩子去发现这个世界中不同的美感，或者在表演区中，鼓励性格腼腆的孩子大胆地表达自己的想法，帮助他们打开心扉。教师在区域活动中，绝不是领导者，而是在孩子遇到自身能力无法解决的困难与疑虑时引导他们找到解决方法，作为活动的参与者共同进行集体活动的延续。这样的教学方式其实与皮亚杰思想不谋而合，通过区域活动游戏，我可以观察到任何一个孩子自身的性格特点，并将他们的闪光点极大地发扬，针对问题及时给予指导，这样的游戏方式，使我更加深入地了解孩子，在新式的游戏环境中，孩子们往往更加自如，游戏氛围也更加优渥。

"纸上得来终觉浅，绝知此事要躬行。"教师作为教育的引导者，应做到将教育理论与教育实践相结合，融入自身教育实践中，而当教育理论开始融入实践时，往往需要通过一定的时间与经验，才能将自身熟悉的教育模式加以完善，这就需要教育者一直处于反思总结，并同时优化自身的阶段中。熟知皮亚杰这本书的理论之后，我及时对自己的游戏模式做出了调整，在与孩子们的接触中，始终注意保持他们最纯真的心智，引导他们形成自主的学习习惯，从培养兴趣出发，构建幼儿的健康心理。

第四节　心灵所感

教师由于一段时间的积累或一瞬间的启发，涌现出源自内心深处的"有感而发"，是一种积极向上的、深刻富有哲理的、触动内心的、诗意美好的感悟。

用爱灌溉，静待花开
北京明天幼稚集团六幼小灵通园小一班　张静

九月，穿过留在夏季的炎热，我即将迎来一批新入园的孩子，在开学前一周就着手准备，从孩子的小标识到教育活动、户外体育游戏，每个环节都准备得很充足，就这样，我信心满满地迎来了一群小可爱。

早上，孩子们陆续进园了，随着家长们的离去，教室里已经是哭声一片，有的孩子号啕大哭，有的孩子小声抽泣，还有的孩子站在教室门口哭。总之，嘴里都是一句话："我要找妈妈！"老师们使出浑身解数开始安慰孩子们，抱抱这个，拍拍那个，渐渐地哭声减少了，孩子们开始被玩具吸引，玩起了各种各样的玩具。当我觉得终于能够松口气时，发现墨墨蹲在角落里一动不动，眼里充满了泪水，还在小声抽泣。我迅速走过去并用温柔的话语询问她："宝贝，你怎么在这里蹲着呀？老师带你去玩玩具好不好？你看咱们班里有好多好玩的玩具，还有可爱的娃娃，咱们去玩吧！"我一边说一边伸手去拉她的小手，可是她看到我伸手去拉她，赶紧把身体向后缩了缩，用行动告诉我：不要碰我！看到她这么拒绝之后，我赶紧采取第二种策略——和她聊天，缓解她的分离焦虑情绪。"你叫什么名字呀？你最喜欢什么玩具？你喜欢小猪佩奇吗？"问了好几个问题，她都拒绝回答，我想她大概是觉得我陌生，不敢表达。但是，我没有放弃，她不回答我，我就自问自答。渐渐地她不哭了，只是还蹲在角落不肯出来。

加餐时间到了，我用夸张的语气说："哇，好喝的酸奶来啦，还有香香的干果，有没有想吃的呀？"孩子们听到之后都开心地大喊："我要吃，我要吃！"洗完手之后，孩子们都开始享用美味了。可是，蹲在角落里的墨墨还是没有动，我走过去对她说："墨墨，你看今天有好喝的酸奶，还有干果呢，来尝尝好吗？"她看着我摇摇头，无动于衷。午饭的时候，她还是如此，作为老师，看到孩子这样，心里很难受，担心她一上午没有进食会不舒服，于是，我将饭端到她的面前，轻声询问她："你饿不饿？老师喂你吃好吗？"她没有回答，可我发现她的小眼睛一直在盯着饭菜，肯定是饿了，我开始一勺一勺地喂她，一会儿，一碗饭菜都吃光了，等我站起来才发现腿已经蹲麻了，可是，心里很高兴，墨墨终于吃饭了，这个孩子不至于饿肚子了。

第二章 看不见的滋养

　　接园时间到了，我将墨墨的妈妈单独留了下来，向她讲述了一上午孩子的种种表现，想了解一下孩子的性格以及在家里的情况。妈妈说，墨墨从小是爷爷奶奶带大，她和孩子爸爸工作很忙，陪伴孩子的时间有限，爷爷奶奶性格比较内敛，不善言谈，孩子小时候很少与其他小朋友接触，户外的时候基本都是爷爷用婴儿车推着她围着小区转，长期这样之后，导致孩子性格很内向，胆子小，害怕陌生人。在了解这一情况之后，我心里就有底了，明白了孩子这种表现背后的缘由。墨墨新到这个班级，对老师以及环境都是陌生的，她的内心是极其缺乏安全感的，面对这样的幼儿，我更要用行动来帮她建立起安全感。

　　第二天，我在门口迎接幼儿来园，墨墨来的时候，我微笑着向她问好，并且给了她一个大大的拥抱。她没有回应我，来到教室依然选择了一个角落坐下，这一上午，我只要有时间就走过去同她聊天，虽然都是我自问自答，但是，我坚信她肯定在倾听，也在打量这个陌生的老师。到了加餐的时候，我将酸奶直接拿过去，问她："墨墨，好喝的酸奶来啦，你想不想喝呀？"她对我点点头，我欣喜若狂，然后继续问："那你过来和老师一起喝酸奶好吗？"她摇摇头，我猜她肯定是害羞，还不敢和小朋友们一起喝酸奶。心里在默默地劝自己：要给孩子适应的时间，慢慢来。我又问："那你在这儿喝好吗？"于是，她拿过酸奶喝了起来。午餐依然是我端到角落里，这次，她没让我喂，自己动手吃的，不一会儿就吃光了。户外活动的时候，小朋友们都被操场上的大滑梯吸引着，玩得不亦乐乎，墨墨站在一个角落，看着小朋友们玩耍，我走过去问她："想玩吗？要不要张老师陪你玩？"她对我点点头，于是，滑梯上出现了一大一小两个身影，我拉着她爬滑梯，鼓励她滑下去，玩了几次之后，她的脸上开始洋溢起开心的笑容，渐渐地我松开了拉着她的手，鼓励她自己上滑梯，刚开始，她一步三回头，总看我，眼神里充满了不自信，每当她看我一眼，我都大声鼓励她:"加油,你可以的!"就这样,她慢慢地爬上了滑梯,当滑下来的那一刻,她笑了,我也跟着不由自主地笑了起来,心里觉得很是欣慰。经历了第一次自己独立滑滑梯之后,她逐渐放开了自己,不一会儿已经玩得满头大汗了,笑容始终洋溢在她的小脸上。

一个星期过去了,每天早上我都会给墨墨一个大大的拥抱,每当喝酸奶的时候,我都会询问她要不要和小朋友一起,终于,在我的努力下,她开始选择和小朋友一起喝酸奶了,然后过渡到吃饭,作为老师,我看在眼里,美在心里。我每天一有空就将墨墨的进步用手机记录下来,晚上利用休息时间发给她的妈妈,让她的妈妈在家里也多表扬她,鼓励她,帮助她建立自信心,这个办法很有成效,孩子确实每天都在进步。

每个孩子都有不同的个性,有的开朗、有的内向、有的活泼、有的稳重。但是,不管孩子的个性是怎样的,作为一名幼儿教师,首先我们要做的就是有爱心、耐心与责任心,给予幼儿充分的理解与肯定,相信每一名幼儿。因为,家长们选择相信老师,将自己最宝贵的孩子交到我们手里,我们有什么理由不去爱他们呢?面对个体差异,我们老师更要有耐心一些,每一名幼儿都是一朵绚丽多姿的花朵,只不过开的季节不同而已,我们老师要做的就是要每天用心去灌溉,精心培育,静待花开!

倾听幼儿内心的声音

北京明天幼稚集团二幼双榆树园中一班　沈一蒙

有人说:"倾听花开的声音,我们能读懂花儿的心思;倾听溪水的歌声,我们能读懂山林的呼吸;倾听幼儿的心声,我们能走进幼儿的心灵。"每一朵花里都蕴藏着一个独有的世界,每一个幼儿的内心都描绘着各自不同的天堂。立美,立心灵之美。倾听幼儿内心最深处的声音,方能走近幼儿，做一名了解幼儿的合格教师。

　　从事幼教事业四年来，我接触到了性格各异的幼儿。每一扇门都有开启它的钥匙，同样每一个幼儿都有走进他们内心的方式。然而作为一名教师，我觉得学会倾听幼儿的一切是迈进天堂的第一步，也是我在幼教领域学会的第一课。等待花开的过程是一种快乐，欣赏花儿的美丽是一种幸福，倾听花儿的声音更是一种智慧。

　　作为老师，我们不但要能"说"，更要懂得倾听。我们的幼儿是一群天真、快乐的孩子，他们有着自己的思想、爱好和情感的需求，不仅是最需要表达的幼儿，更是最需要被"倾听"的幼儿。

　　倾听就像海绵一样，吸取他人的经验与教训，丰富自己的学识见闻。幼儿会通过倾听老师讲述的故事和规则，更好地学习生活中的自然发展规律。倾听是人类的本能，通过倾听来接收外界的信息，来了解这个世界，幼儿就是在倾听中渐渐地成长，学会更好地表达自己的想法，得到所求。

　　幼教工作很琐碎，很细微，但是每天能够给孩子们一个拥抱、一个微笑，鼓励他们不停向前，和他们共同分享家里或班集体的事情都是很开心的。孩子们炙热的眼神，期盼的话语，甜美的笑容时刻牵动着我的内心。我很想大声地告诉孩子们："有你们真好！"能够走进孩子内心的天堂让自己也充满了幸福感。

　　倾听是一种有效的手段，可以把幼儿的快乐、烦恼转化为他们获得自信、重拾快乐的机会。倾听，要平等地与幼儿相处，用心去倾听孩子的心声，用心去理解幼儿的语言，用心去接纳幼儿。在我看来，这就是尊重幼儿。看着如花的幼儿，我们不仅仅是在守护着、哺育着这些美丽的花朵，更是在幸福地欣赏着花朵！欣赏着花朵，你不感到幸福吗？

美的种子在发芽

在幸福中成长

北京明天幼稚集团二幼双榆树园大一班　王祎航

从大学的校园走上了工作岗位，从一名学生转变为一名幼儿教师，又从一名实习老师成长为一名班长。在这短短的几个春夏秋冬，我时时刻刻感受着孩子们的爱，他们的爱总是那么单纯，总是那么真切。

幸福是什么？幸福就是你们早来园时的一个个大大的拥抱。伴随着轻快的晨间音乐，孩子们又要开始在幼儿园快乐的一天了。站在楼道口的我，张望着大门口正在晨检的孩子们，寻找着我们班孩子的身影。"航航老师，航航老师！"突然，操场上响起洪亮的声音在呼唤着我，只见远处被厚厚的羽绒服包裹得像小粽子一样的梦媛向我飞奔过来。"慢一点，慢一点，小心别摔着了。"我蹲下身子，迎接着她比太阳光还要温暖的大大的拥抱。"航航老师，我每天早上都想第一个看到你，想让你来迎接我，每天早上都想给你拥抱，好吗？""好，航航老师每天都会站在这里等着你的，我们拉钩。"这大大的拥抱开启了我和孩子们快乐的一天。

幸福是什么？幸福就是家长对我无限的支持、喜爱与信任。这个学期，我很荣幸地承担了班长的工作。作为班长我深知自己身上的责任，对待孩子们需要更加事无巨细。有一天，我发现正在吃早饭的光头一直托着腮帮子，时不时还揉一揉嘴巴。虽然他平时也有些挑食，但是我隐隐约约还是察觉到今天的他有一些不一样。我轻轻地走到他身边蹲下来询问他："光头，你今天怎么了？是今天的菜你不喜欢吗？还是不舒服？""航航老师，我嘴巴有点疼。""嗯？嘴巴里面疼吗？一会儿航航老师给你看看好吗？"我洗好手以后拿起手电筒对着光头的嘴巴仔细地看了看，发现下嘴唇处有一个地方红红的，像是要起口腔溃疡。中午我和家长进行了沟通，他妈妈告诉我回家以后会再多多关注。放学以后，收到了家长的微信，她说："爸爸找了半天才发现他嘴巴里是有一个小泡，您真是太仔细了！这么小的泡都能被您发现，比我们还细心！如果家里有了老二一定要想尽办法塞到您的班里呢！"虽然只是一个小小的玩笑，但是能够感觉出家长对我的满满的信任。

每个人对幸福的理解都是不一样的，对于当幼儿教师的我来说，幸福就是孩子们灿烂的微笑，撒娇的吵闹，幸福就是幼儿一声甜甜的"老师好"，幸福就是家长向我投来的信任的眼神……希望在不断成长的我，能够不忘初心，永远怀揣着一颗爱孩子的心，和家长将心比心，在爱里感受幸福，在幸福中收获成长。

在平凡中品味着幸福
北京明天幼稚集团七幼百合花园小一班　张群力

幼儿园里的教育生活犹如一首首诗，不在其华丽，而在其真实，它弥漫着美的情调和内涵，需要我们这些平凡的幼儿教师用童心和爱心去发现，去挖掘。就是这份爱，让我在26年的平凡的工作中体会到了自身的价值，品味着幸福，进而更加努力地去践行这份平凡，追寻这份平凡中的伟大！

平凡是以身作则，要求孩子们按时到园做早操不迟到，我总是提前来到，在幼儿园的操场上迎接孩子们；要求孩子们坐姿正确，我在园里的坐、站、走也都很规范；要求孩子们活动后整理区域，我也会经常整理我的办公区域，让孩子们看到整齐美观的办公区；要求孩子们讲究卫生，我也会轻轻拾起教室里的纸屑而不着痕迹。春风化雨于无声，身体力行显师范，教育无小事，事事皆教育，教师无小节，处处皆楷模。

平凡是宽容。宽容孩子们在幼儿园楼道上的一次无意冲撞，童年嘛，演绎的是不规则的轨迹；宽容孩子们在教室内兴奋地畅所欲言，童年嘛，徜徉的是不安分的思想。宽容，让宰相肚里能撑船，可以接受孩子们一些"可笑的"做法，聆听着无数的童年，怀揣着多少童心，所以我平凡。

平凡是尊重。我们要让每颗种子都有它们生根、发芽、开花的空间，让它们都有长成参天大树的可能；尊重是淡看优劣，将雨露播撒给每一个孩子，每一个家庭。在新年到来之际我同家长们一同商量、一同策划，下班后和家长们边畅谈孩子的成长趣事边进行新年联欢会的布置，第二天孩子们看到装扮一新的教室后，都惊喜无比："我们的爸爸妈妈和老师都有魔力啊！"这份平凡的工作的确有魔力，它让我把爱变成沉甸甸的责任，随着时间的推移，让我陷入这份爱中无法自拔，甘之如饴地坚守这份平凡。

平凡是有担当。我身为海淀区学科带头人，在工作中处处落实集团精细实的工作作风，在班中引领着本班每一名老师发挥自己所长，凝聚集体的力量，促进班级教学质量的提高，以高度的责任心与职业道德，扎扎实实地做好各项工作。还根据孩子们的需要，围绕他们发展的轨迹进行了一系列班级特色活动，如："让爱创造奇迹"亲子音乐游戏、"不一样的六一，一样的爱"文艺汇演、"浓墨重彩的瞬间，七彩童年的回忆"毕业典礼等，老师和家长们看到的更多是令人感动的场面、历历在目的是孩子们的成长画面……这些画面记载的都是平凡、琐碎的小事，但却呈现了我们幼教人的担当，在平凡中我品读着辉煌。

身为幼儿教师的我，幸福就在于和孩子们相处的每一个细节。幸福与真爱，就像魔法，它们不会凭空而生，只有日复一日、年复一年辛勤而无私的付出，才会换来神奇的魔法。北师大林崇德教授曾说过："疼爱自己的孩子是本能，而热爱别人的孩子是神圣。"我愿每一个清晨用灿烂的微笑迎接孩子们入园，每一个黄昏挥手目送孩子们渐渐走远，用无私的平凡孕育伟大，用神圣的奉献感受无与伦比的幸福，我在平凡中幸福着，无怨无悔。

系好幼儿人生的第一粒纽扣

北京明天幼稚集团八幼上地园小四班　李征南

一直以来，我只知道幸福是一种感觉，但什么样的感觉我却说不清楚。小时候，我觉得幸福就是一件玩具，得到就幸福；长大后，我觉得幸福是一个梦想，实现就幸福；恋爱后，我觉得幸福就是拥有心爱的人，在一起就幸福；为人母后，我觉得幸福就是幼儿的快乐，他快乐自己就幸福。

对于一个幸福的幼儿教师来说，我想幸福就是：看到幼儿纯真的笑脸，见证幼儿成长的足迹；看到家长充满信任、谢意的脸庞；自己专业成长的道路，得到同事与领导的赞赏和肯定……

还记得我作为明天集团的一分子参加了"集团成立22周年暨中国好老师颁奖典礼"时的场景。在整个活动中我心中无限激动，看到集团二十多年来的变化，我身为明天人感到无比骄傲自豪；同时我又很感动，听了集团十位中国好老师的事迹，几次湿润眼眶。他们都是我的同人，在平凡的工作岗位上铸就了不平凡的事业！听到他们娓娓讲述自己的理想信念、自己的道德情操、自己的扎实学识、自己的仁爱之心……心中不由得对他们无限敬佩，这就是榜样的力量，这就是我们明天集团"求真、立美、至善"的文化理念。回想到自己，我不禁开始思索：怎样才能做一名幸福的幼儿教师？怎样才能让幼儿们感受幸福童年？耳边始终响起一句话：不忘初心，潜心育人，系好幼儿人生的第一粒纽扣！

孔子说"绘事后素"，意思是先有白色的底子，才能在上面绘画。而幼儿的心灵是最纯洁的，就像一张白纸，教师承担着为幼儿打造精神底色的神圣使命。习总书记曾说过"人生的扣子从一开始就要扣好"。幼儿教育是教育事业的基础教育，我更深知自己工作的责任。所以我始终以爱为力量，用爱去感染幼儿，把爱洒向每个幼儿。

丰子恺先生也曾说过："圆满的人格就像一个'鼎'，真善美好比'鼎'的三个足。对一个人而言，美是皮肉，善是经脉，真是骨骼，这三者支撑起一个'大写的人'。""真善美教育"既是教育的起点也是教育的归宿。以幼儿为主体，润物细无声，这可能就是教育的真谛吧。在日常的工作中我们也力争将"求真、立美、至善"的教育理念落实在幼儿成长的方方面面。在新年活动中，为了让幼儿感受中华传统文化底蕴，我班开展了茶道的鉴赏活动，为了让幼儿感受茶艺文化的内涵，我们和家长一起收集茶具，布置淡雅的桌布、桌花，为幼儿们营造一个有琴音悦耳、有茶香萦绕的静心文雅的环境。家长是重要的教育资源，我们邀请做茶艺师的家长为幼儿们现场演绎茶道的流程并耐心地为幼儿讲解茶道知识，现场跟随茶艺师学习如何迎客、敬茶、谢茶等礼仪。当幼儿们双手捧起茶杯向家长奉茶时，家长眼神里透露出暖暖的感动，让幼儿体会"百善孝为先"的含义。在"识茶、鉴茶、泡茶、品茶、敬茶"过程中，将博大精深的中国传统文化的种子埋在心田，让幼儿们感受到了中华优秀传统文化的魅力。

人们都说教师是人类灵魂的工程师，是幼儿成长的引路人。教师自身必须具有高尚的道德品质，特别是作为一名幼儿园教师，自己的一言一行、一举一动，无不对幼儿、对家长，甚至对社会都会产生直接的影响。我们的教育事业就是要带着我们的幼儿求真、立美、至善。它需要有科学作风中一丝一毫也不能出差错的严谨；需要像文学创作一样涵养人的性格，锤炼人的品格；还需要如艺术创作一般，把每个幼儿都当作艺术品，陶冶他们的情操，塑造他们的灵魂。而这恰恰也是我们明天幼稚集团二十多年来风雨历程，一步一个脚印向前发展的团队精神。

作为一名幼儿园教师，还是那句话：不忘初心，潜心育人，让我们尽情沐浴在集团幸福型组织里，争做幸福的好老师，用"求真、立美、至善"的教育理念系好幼儿人生的第一粒纽扣！

结合实际争做"四有好老师" 做好幼儿的引路人
北京明天幼稚集团七幼百合花园大二班　李岩

"教育大计，教师为本。"习总书记的讲话深深地震撼着我的心灵。正像习总书记所讲的那样，一名合格的教师必须要"有理想信念、有道德情操、有扎实的知识、有仁爱之心"。所以作为当代人民教师队伍中的一员，我感到了自己莫大的压力和无限的动力。

通过学习，我越来越感觉到一名教师的职业责任感。这就需要我们不断学习，不断反思并及时弥补自己的不足。

正人先正心，我以为做老师必须有一颗"仁爱之心"。从自身做起不断地审视自己的工作目标是否正确；和身边人比存在多大的差距；自己的努力方向和目标是什么。通过学习习总书记的一系列重要讲话精神、《教育部关于进一步加强和改进师德建设的意见》、教育部关于《严禁教师违规收受学生及家长礼品礼金等行为规定》和相关文件，我找到了自己的方向和目标，决心践行师德先进人物的事迹，向先进学习，向模范学习。不断提升自己的修养，踏踏实实做人，实实在在做事。并从以下几方面考核自己的思想：

1.做好老师，要有理想信念

广大教师要始终同党和人民站在一起，自觉做中国特色社会主义的坚定拥护者和忠实实践者，忠诚于党和人民的教育事业。要用好课堂讲坛，用好校园阵地，用自己的行动倡导社会主义核心价值观，用自己的学识、阅历、经验点燃学生对真善美的向往。

作为一名人民的教师，须"学高为师，身正为范"。教师是幼儿的楷模，是幼儿的榜样。教师在向幼儿传授知识的同时，须用自己的言行给幼儿以示范，用自己的人格魅力感染幼儿。这就要求教师自身必须具备较高的职业道德。因此，我们应该注重加强自身修养，不断提高自己的思想政治觉悟和业务水平，以自身坚定的政治信仰和积极向上的人生态度感染他们，以"工作业务上的高标准，生活享受上的低要求"严格要求自己。特别是在专业知识方面要不断给自己"充电"，自觉加强专业知识及理论知识的学习，提高教学水平和管理水平，积极进行教学改革，探索新的教学模式。

2.做好老师，要有道德情操

老师对学生的影响，离不开老师的学识和能力，更离不开老师为人处世、于国于民、于公于私所持的价值观。老师是学生道德修养的镜子。好老师应该取法乎上、见贤思齐，不断提高道德修养，提升人格品质，并把正确的道德观传授给学生。

树立正确的世界观、人生观、价值观，忠诚于党的教育事业，增强教书育人的使命感和责任感，努力培育自己昂扬向上的精神状态和积极健康的进取精神，着力培养爱岗敬业、甘为人梯的风范。

3.做好老师，要有扎实学识

扎实的知识功底、过硬的教学能力、勤勉的教学态度、科学的教学方法是老师的基本素质，其中知识是基础。好老师还应该是智慧型的老师，具备学习、处世、生活、育人的智慧，能够在各个方面给学生以帮助和指导。

作为新时代的教师，只有树立终身学习的理念，不断地丰富自己的知识，拓展自己的能力，才能满足幼儿对于学习的需求。要经常学习教研理论，研究教育理论书籍，向优秀教师学习，积极向优秀教师取经，学习先进的教育理念与管理方法。要培养自己拓展学科的能力、运用现代教学技术的能力、开展教学科研的能力，从而培养学生的创新精神。要精心准备每一次活动。启发幼儿动手、动脑，大胆创新，力求使教学与生活实际相结合，教学活动中以幼儿为中心，以发展能力为主要目标。不断提升自己各方面的能力。

4.做好老师，要有仁爱之心

爱是教育的灵魂，没有爱就没有教育。好老师要用爱培育爱、激发爱、传播爱，通过真情、真心、真诚拉近同学生的距离，滋润学生的心田。好老师应该把自己的温暖和情感倾注到每一个学生身上，用欣赏增强学生的信心，用信任树立学生的自尊，让每一个学生都健康成长，让每一个学生都享受成功的喜悦。

作为幼儿园的教师，要做幼儿的父母，关心幼儿的每一餐是否吃饱、营养是否均衡，关心幼儿午睡是否睡得舒适；还要和幼儿做朋友，和他们一起游戏，一起聊天；更要做好幼儿的引路人，让他们在各方面得到良好的发展。点燃他们爱的火花，从而拉近和幼儿之间的距离。尊重家长，经常跟家长联系，把幼儿在幼儿园的表现如实反映给家长，同时也要了解幼儿在家里的表现，和家长交流教育对策，共商教育方法，取得家长的配合与认可。让家长放心、满意，为人师表。

做党和人民满意的好老师，是我努力的方向。只有脚踏实地，从小事做起，从眼前做起，坚持不懈，不断反思，不断改进，才能真正实现做一名好教师的崇高目标。我将用勤奋和恒心做党和人民满意的好老师，这将成为我矢志不渝的目标。

第三章 "美的种子"发芽指南

第一节 幼儿园教师观察记录

一、观察记录的内涵

观察是人们对周围事物有目的、有计划、有准备的知觉活动。教育领域的观察往往指教师从观察对象或教育情景搜集信息的过程。有的研究视观察为教师研究儿童的方法,强调教师观察行为的结构性,首先要设定明确的目标和计划,选择合适的观察方法,然后记录儿童在各个情景下的言行举止,最后结合理论进行科学分析和解读从而得出研究结论。例如,倪亚亚将教师观察行为定义为:教师借助感官或一定的手段工具,运用一定的方法捕捉各种有教育价值的信息并分析与解释的过程。陈少熙认为观察并非简单地看看,而是有目的、有计划、有记录、有分析的特定教学辅助活动,是一种高级的知觉活动,涉及信息的摄入、提取、存储、分析等多个环节,具体分为确立观察目标、制订观察计划、实施观察行为、分析观察数据、运用观察结果。

有的研究则将观察作为教师了解和掌握儿童发展特征及水平的基本教育行为,是教师收集信息、洞悉幼儿能力发展状况并进行价值判断的最可靠途径,强调观察对教育教学的促进作用。林正范将教师观察行为定义为教师在一定的教育情景中观察学生行为并搜集对后续的教育教学起到提升作用的信息的过程。肖正德认为，教师的观察行为是其获得实践知识的重要来源和收集学生资料、分析教学策略及了解教与学行为的基本途径。

观察与记录作为两种不同的教师行为，一个侧重信息的收集，一个侧重信息的记录。大多数学者从儿童本位出发，将其视为评价儿童发展的手段，逐渐将目光聚焦于观察记录的目的和作用上，对观察记录的理解又有了更新的解读。有学者将观察记录界定为一种幼儿发展评价方法[1]，如刘苗对观察记录诠释为，教师运用描述性语言（配以图片）记录幼儿一日生活活动过程中的情感态度、语言表达、思维能力、动作发展等行为发生过程，并加以分析解读，做出下一步计划（或提出措施）的一种幼儿发展评价方法。姜娜在研究幼儿园数学活动中，运用观察记录法的有效性时将观察记录视为一种了解幼儿发展水平的方法，指运用叙述性的语言配以检核表的形式记录幼儿活动过程中的情感态度、语言表达、思维能力等行为并对此进行分析，作为了解幼儿发展水平的方法之一。[2]

二、教师具备观察能力的重要性

克里切夫斯基（1969）等人的一项经典的关于物质环境的研究结果表明，教育的空间环境质量对师幼间关系的质量有很大影响。表现在高质量的教育环境中，教师的情绪、态度乐观，对儿童的行为等较为敏感；低质量的教育环境中，教师较少参与儿童的活动，对儿童的约束行为较多。[3]这启示高质量的教育环境需要教师对儿童行为的敏感，需要教师关注儿童行为并能在理解儿童行为的基础上做出回应，这与教师的专业观察紧密联

---

[1] 刘苗：《幼儿教师观察记录的研究》，论文，南京师范大学，2017。
[2] 姜娜：《数学活动中幼儿教师运用观察记录法有效性的研究》，论文，哈尔滨师范大学，2014。
[3] 多萝西、科恩等：《幼儿行为的观察与记录》，马燕、马希武译，中国轻工业出版社，2013。

系，卡罗尔·夏尔曼（2008）等人从儿童发展特点及发展阶段特点对为什么要观察儿童进行了论述，每个儿童都是独特的，都会用各种各样独特的方式来表达他们的需要，同一需要会有不同的表达方式，因此教师只有通过观察儿童的行为，探究行为背后的原因才能更好地满足儿童的需要。[①]

1. 观察能力是幼儿园教师的专业核心素养

观察能力是幼儿园教师胜任教育教学工作应当具备的专业能力，国内外各类教师专业标准及学前课程大纲中都强调了"观察儿童"这一技能。我国的《幼儿园教师专业标准（试行）》视"观察"为客观全面地了解和评价幼儿的手段、开展适宜性教学活动的重要前提。全美幼教协会2010年颁布的《初级和高级早期儿童教师专业准备标准》要求教师通过系统的观察以及其他评估手段挖掘儿童的独特品质，发展适宜的教育目标，以及计划、实施和评价有效的课程。美国国家专业教学标准委员会的《3~8岁儿童教育优秀教师专业标准》强调优秀的教师应在观察的基础上了解学生的兴趣、能力、知识技能水平、语言发展状况、家庭情况和同伴关系，并据此调整自己的教育实践。英国教学署的《早期教育专业教师资格标准》中提出一名专业教师应充分利用观察和评价来满足每个幼儿的个体成长需求。新西兰早期教育课程纲要指出教师要结合自己对每一个孩子的了解来解读观察结果并规划下一步的教育工作。《澳大利亚教师专业标准》要求教师具备通过观察、逸事记录等方法评价儿童学习成就的能力。中国香港课程发展议会编订的《幼稚园教育课程指引》中提出，有效的评估有赖于教师对幼儿进行仔细的观察、做准确的记录，以及客观、全面的分析，以回馈教学，促进幼儿的学习与健康成长。由此可见，观察是幼儿园教师的基本功，是了解和评价幼儿的重要手段，提高观察能力不仅有利于教师的业

[①] 卡罗尔·夏尔曼等:《观察儿童》，单敏月、王晓平译，华东师范大学出版社，2014。

务成熟和专业化发展，还对提高教育教学质量有重要的意义。

2. 观察能力是理解和尊重幼儿发展个体差异的重要前提

学龄前儿童的认知发展尚不成熟，语言表达能力差，教师需要通过观察儿童的行为表现来判断、了解幼儿的内在需求和发展状况，对幼儿建立起更为全面、深刻的认识，为进一步的教育和指导提供重要依据。《3~6岁儿童学习与发展指南》强调要充分理解和尊重幼儿发展进程中的个别差异……切忌用一把"尺子"衡量所有幼儿。《幼儿园工作规程》中幼儿园教师主要职责的第一条就是"结合本班幼儿的发展水平和兴趣需要，制订和执行教育工作计划"。这表明观察是了解的基础，幼儿园教师需要在一日生活中敏锐地观察、了解每一位幼儿的发展特征和教育需求，才能更好地因材施教、因势利导，采取切实可行的教育措施以促进每一位幼儿的成长，这对教师的观察能力提出了更高的要求。

3. 良好的观察能力能够有效地指导教育教学活动的开展

苏霍姆林斯基认为教师的教育素养在很大程度上取决于是否善于观察儿童，以及怎样把观察的结果转变或体现为对儿童施加个别影响的方式和方法。了解儿童是开展教育教学活动的基础，而观察儿童是了解儿童的基础。良好的观察能力可以帮助教师快速准确地收集和把握幼儿发展水平、个性特点、学习方式等信息，从而进行兼具有效性、科学性、适宜性、针对性的教育和指导，或促进教师进行自我反思和完善，改进现有的教学设计、学习内容、环境与组织形式。观察能力差的教师往往只关注纪律的维护和安全因素的把控，而没有考量幼儿发展状况与促进幼儿发展的观察意识，导致教师大多数时间里无所事事或者手足无措，不知道如何观察、观察什么、观察之后怎么做，从而错失各种有价值的信息。

三、观察记录的目的与价值

观察记录是儿童发展评价的重要环节之一，不同的研究中对观察记录概念的界定也都不尽相同，然而无论是观察幼儿何种行为，或是以何种行为进行记录，都不难看出，观察记录的目的最终指向的都是幼儿的发展评价，教师要根据观察记录才能把握幼儿的发展水平，提出适宜的指导和帮助，最终实现幼儿的良好发展。卡罗尔·夏尔曼等人认为观察每个儿童的特点，才能满足他们的需求，促进他们的发展。①国内学者叶小红（2005）、赵一仑（2007）从诠释学理论阐述了观察记录应是一种诠释学取向的，强调观察记录中的对话、理解与意义，而不仅仅是追求客观的记录。胡娟（2007）从行为情景理论强调环境对幼儿行为的影响，因此幼儿教师要做好观察记录，应关注幼儿个体行为以及行为发生情景的记录，重视对幼儿行为过程的观察与记录。卡罗尔·夏尔曼（2013）等人对儿童心理发展特点（心理发展不成熟，需要与教师形成安全信任的关系）及儿童行为的情景性的探讨，认为记录者应是与儿童生活密切相关的人，否则记录的目的毫无意义；儿童不是生活在真空中，儿童是通过与外界环境的作用进行学习的，记录应包括对儿童所处的物理和社会环境的描述。

  学前教育的最终目的是儿童的发展，幼儿园的教育评价部分则理应关注儿童的真实感受。李静娴认为科学观察是教师必备的教育技能，教师通过有目的、有步骤、有计划的观察，获得大量具体、真实的信息，理解和评价幼儿的发展，在此基础上，制订、调整并实施教学计划最终促进幼儿全面和谐地发展。②任晓玲注意到英国在法律层面肯定了早期阶段儿童学习与发展评价工作的地位，充分助力幼儿的学习与发展。③在一些专家的研究中，观察也被用在对儿童的早期干预，他们曾在两个蒙台梭利教室中

---

① 卡罗尔·夏尔曼等：《观察儿童》，单敏月、王晓平译，华东师范大学出版社，2014。
② 李静娴：《科学观察是教师必须掌握的教育技能》，《新课程研究（基础教育）》2007年第8期。
③ 任晓玲、严连：《英国早期阶段儿童学习与发展评价研究及启示》，《外国教育研究》，2018年第10期。

对两个教室的孩子们的语音技能和字母排序模式进行观察得出结论：能够观看视频的建模的孩子们在字母易读性方面表现出了更大的改善，这作为早期干预服务的一部分，可以要求职业治疗从业者提出有益于教室中所有儿童的建议。①如今观察记录被广泛应用于幼儿的生活区、建构区、绘画活动、混龄活动、自主探究行为、孤独症等研究中。

综上，促进幼儿发展既是观察记录的目的，也是其价值之一。

除此之外，观察记录还具备促进教师专业发展的价值。幼儿行为观察也是教师用以收集幼儿资料、分析教育方法，从而有效促进幼儿学习和改进教学效果的基本途径。通过行为观察，教师可以获得有关幼儿身心发展与教育实践的知识，优化自身的知识体系，促进自身的教学反思，从而推动自己的专业成长。冯珊在对"学习故事法"的践行运用中学习真诚地欣赏和理解幼儿，用一双善于发现美的眼睛，捕捉他们的精彩瞬间，并深深为之感动。②可见观察记录有助于提升教师敏锐地把握教育契机的能力。李紫阳认为"学习故事法"的引入可以促进教师教育理念的更新，具体表现在树立科学的儿童观、建立全面的教育观，同时还可以促进教育能力的提升。③吴春燕和张秀丽认为幼儿行为观察记录使教师理解儿童的需要与经验，使教与学的决策有理有据，教师观察记录也可以保证教育活动的有效性。④教师只有在充分观察并了解幼儿的语言、动作、思维、情绪情感等发展水平及具体的行为特点的基础上，才能设计出符合幼儿发展特点与学习需要的幼儿园教育活动，并在活动过程中根据幼儿的表现及时调整，

---

① 冯珊：《"学习故事"——教师的正能量加油站》，《科教文汇（中旬刊）》2015年第12期。

② 李紫阳、王德才：《〈指南〉背景下探究学习故事》，《促进教师专业成长中国多媒体与网络教学学报（上旬刊）》2018年第3期。

③ 李紫阳、王德才：《〈指南〉背景下探究学习故事》，《促进教师专业成长中国多媒体与网络教学学报（上旬刊）》2018年第3期。

④ 吴春燕、张秀丽：《幼儿行为观察评价的指南针》，《内蒙古教育（职教版）》2016年第9期。

从而保证教育活动的适宜性和有效性。观察记录也保证了教师教育指导策略的有效性和科学性。只有观察了才能了解孩子的表现和发展，评估孩子的需要，拓展孩子的经验，促进孩子的学习，还可以分析和调整自己的教育工作，提高自己的能力和水平。

教师的观察记录还有利于家园工作的良好开展，观察记录在幼儿园工作中为家园沟通搭建桥梁。时鑫鑫在研究成长档案册时认为，通过成长档案册家长可以直观地了解到幼儿在园一日生活中的点滴细节和成长变化，以及老师的教育痕迹。从而促进家长角色的转变，成为教师积极的配合者、支持者、协作者。[1]龚欣也支持了观察记录有利于家园沟通的观点，并认为幼儿成长记录袋评价有助于加强家园互动，共同促进幼儿个体发展。[2]教师向家长分享对幼儿进行的观察记录，也会有增强家园之间的交流与信任的作用。

四、观察记录撰写存在的问题及原因

教师观察记录的目的是对幼儿的行为表现做出适宜的发展评价，促进幼儿的全面和谐发展，但通过梳理现有研究发现，教师观察记录的运用过程中也存在各种问题，这些问题直接或间接地影响观察记录目的的达成。观察记录运用过程中主要有以下三类问题：教师观察记录流于形式、教师观察记录利用率不高、观察记录不规范。

1. 教师观察记录流于形式

部分教师的观察记录存在为了"写"而"写"的问题，将工作重点放在了观察记录的完成上。为写记录而写记录的现状在一线幼儿教育实践中非常普遍，记录写完就了事的任务完成心理是大部分教师都存在的。易新

---

[1] 时鑫鑫、高置：《幼儿园运用成长档案册对幼儿进行发展性评价的实践与思考》，《课程教育研究》2018年第28期。

[2] 龚欣：《运用档案袋评价促进幼儿个体的发展》，《学前教育研究》2006年第2期。

在研究新手教师与有经验教师的观察记录时发现，两类教师的记录均存在"重复性"现象。所有的重复观察记录都是个别教师改动自己已有观察记录中的观察时间或者其他部分内容以作为新的观察记录，在观察记录的实录、分析、策略部分与原观察记录保持基本一致。除了重复记录，还有的教师在撰写时记录随意，漫无目的。观察幼儿似乎变成了外加的甚至是强迫的任务，撰写观察记录更是漫无目的。可见，观察记录对于部分教师而言仅仅是为了完成一项工作，单纯是为"写"而"写"。操作方法与技术的学习是必要的，尤其对于新手教师，他们需要掌握一定的记录方法与技巧，但随着工作经验的不断丰富，应打破这种技术理性思维，而更多地思考与探寻这一评价方法背后所蕴藏的教育理念，以及它所倡导的儿童观与教育观。

2.教师观察记录利用效率不高

目前在我国开展的相关教育评价实践中，往往缺少相应的反馈环节，大多可以看到对幼儿发展的评价，却很少见到这些评价是如何作用于幼儿园课程及教学的。倪亚亚的研究也证实了这个情况。张慧在研究作品取样系统时表示，由于缺少统一的评价标准，很难通过解读幼儿的作品，判断其发展水平，虽然观察记录表上有"措施"这一项，但教师在记录完之后，并没有过一段时间再将记录表拿出来对照一下看看措施是否有成效，也没有针对实时情况制订下一步计划，所以观察记录的效果最终都不明显。大部分幼儿教师并没有完全理解观察记录的真正意义，在记录完成后不去认真反思，更不会就存在的问题去制定相应的措施并进行后续的观察。张司仪研究认为幼儿园教师缺乏必要的评价素养，在规划评价、收集证据、运用标准和做出判断等方面的素养有待加强。季雨萌的研究认为幼儿园的工作压力较大是阻碍教师观察记录能力发展的重要因素，虽然教师们认识到了观察的重要性，但多数人表示没有时间、没有精力进行观察，更不用说记录、分析等一系列后续的工作了。

3.教师的观察记录不规范

王文雅在幼儿自主游戏中教师观察行为的研究发现，在记录中频繁使用模糊的和包含主观判断的词语，使得记录的客观性难以保障。观察能力是衡量一位教师专业的重要指标之一，观察已成为现在课程改革中教师急需提高的一种专业能力。观察记录幼儿行为是幼儿教师的重要工作内容，然而幼儿教师观察记录在实际操作中存在对幼儿行为的描述、分析和指导主观随意性等问题。柳剑的研究也证实了这个现象。

郭良菁（2015）对当前观察记录"先追求数量再追求质量"、舍本逐末的现状进行了批判，并且指出当前幼儿园教师的培养工作过于限制教师的工作过程，导致教师把写观察记录当作一项任务，为写而写；培养内容注重对教师正确写作技巧的培训，忽视从根本上拓展理解儿童的视角；教师自身由于缺乏丰富的幼儿发展特点和经验而很难捕捉儿童的有意义行为。

究其原因，主要有以下几点：

（1）观察记录流于形式的原因。

首先是观察记录的目的偏离了幼儿的发展，只是为了完成上级工作、家长工作。蒋华青在研究学习故事时发现，现如今很多"学习故事"的实践园都有一点形式化的倾向，将幼儿的学习故事贴在幼儿园教室楼道的每个角落，看似丰富美观、突出了幼儿的"声音"，但实际上教师却很少为幼儿读这些学习故事，幼儿也很少去翻阅这些学习故事，其作用是展示给家长看，给领导检查。教师在观念上并没有认识到观察记录的重要意义，这也是导致观察记录流于形式的原因之一。教育实践中教师对于观察记录的态度表明"观察理解儿童"虽然受到很大的欢迎，但更多是停留于喊口号的表面激情，实则没有真正理解观察记录的意义与内涵。教师工作的严格流程有时亦会冲击教师的观察记录。当教师从事教育工作的过程被严格限定，他即使不了解面前儿童的特点也必须完成既定的教育计划，很少有调整既定目标、内容进度的空间时，研究面前具体儿童的动机也就渐渐淡化了，不再是内在需求。工作量较大、工作流程较为严格，都会导致教师不注重观察记录的质量，所有的工作都只是为了完成任务而非着眼于幼儿的发展。教师对观察记录的认识也会影响其观察记录的质量，教师若没有认识到观察记录对幼儿发展的重要作用，那么其观察记录就仅仅流于形式。

（2）观察记录的利用率低的原因。

大量观察记录的收集和整理工作对教师的评价造成了冲击。面对班级几十个幼儿的档案袋需要进行材料的收集和评价，教师少、幼儿多的现状大大加重了教师工作量，从现状分析也能看出教师认为档案袋评价工作量太大也是目前运用档案袋评价的困难之处。

教师缺少对观察记录连续运用的意识。持续性地对幼儿进行评价，可以更加合理、准确地了解幼儿发展的情况。目前我国很多幼儿园都很难做到不间断的、可持续的幼儿发展评价，很难发现幼儿发展的一些规律和问题。

缺少相应的评价工具、教师的专业知识有限也造成了观察记录利用率低的情况。

杨晓晓的研究认为，教师的理论知识不足导致不能进行科学的分析和评价。陈婷的研究认为，教师的认识不清、能力不足导致教师观察记录的专业性较低。

综上，教师对观察记录的收集和整理影响了其对观察记录的运用，教师对观察记录的认识会对观察记录的利用率产生影响，当教师对观察记录的目的理解不正确或不到位时，都会影响观察记录的利用效率。除此之外，评价工具的缺失和教师自身对评价知识的掌握不够亦是影响其观察记录利用率的因素之一。

（3）观察记录不规范的原因。

教师对观察信息的判断缺少证据会导致观察记录的不规范，仅有文本中所提供的证据并不足以推导出某个"判断"，但教师恰恰就做出了这样的"判断"，那么这种"判断"就是一种"扩大化的判断"，王文雅在幼儿自主游戏中教师观察行为的研究中发现，在记录中频繁使用模糊的和包含主观判断的词语，使得记录的客观性难以保障。张司仪研究认为幼儿园教师缺乏必要的评价素养，在规划评价、收集证据、运用标准和做出判断等方面的素养有待加强，可见，观察信息的不足、教师对观察记录认识的程度和教师自身的观察记录素养高低都会影响观察记录的规范性。

五、提升教师观察能力的策略

目前国外很多学者针对教师专业发展提出诸多方法，丽莲凯兹认为幼儿教师的专业发展，在不同阶段应采取不同的促进方式，如精神支持、技术协助、现场指导、组织研讨会、阅读活动、专业进修、经验分享等方式促进幼儿教师发展。汤姆斯·盖斯基认为教师专业发展的主要模式包括培训、观察评估、参与发展完善过程、研究小组、探究行动研究、个体指导活动、辅导等。已有的研究所提出的方式泛指教师的各种专业能力而针对观察分析能力提升策略的研究比较少。

目前国内主要通过以下三种方式提升教师的观察分析能力：

第一种是运用《指南》提高观察分析能力，例如收集幼儿典型性行为案例集的方式，依据《指南》科学分析。顾荣芳老师等在《从师幼关系角度考量幼儿园教师专业发展——幼儿园教师专业发展的评价标准研究系列成果之一》中提出通过收集一些幼儿典型性行为案例，对幼儿发展做客观性评价，教师应采用合适的观察记录表对幼儿行为做客观而全面的描述，有利于提高教师专业能力。孔凡云、闫静两位教师在《"看见"儿童》一文中提到,想要做好观察记录,做好充分的准备是前提、了解领域观察要点是关键、保持客观是观察记录的核心、关注细节是观察记录的基本,幼儿发展理论是分析的依据。针对观察分析"经验论"的现状,同样也有极少数研究者运用《指南》进行观察分析,从三个方面进行研究:第一个方面,将《指南》作为观察工具(说明书式、字典式、贯穿式、融合式四种);第二个方面,运用《指南》不同部分(《指南》正文和《指南》精神)进行观察;第三个方面,不同的使用主体(新手型、熟手型、专家型)如何运用《指南》。分析这三个维度进行研究。对于这种方式使用过程中出现的具体问题如何进行调整没有深入研究。

已有研究者虽提出运用《指南》作为分析幼儿行为的依据,但是很多时候教师记录的幼儿行为在《指南》中找不到对应行为表现,或者说幼儿的某些典型性行为教师看不出,《指南》运用过程中出现的新问题,如何提出解决方法?

第二种是运用"学习故事法"提高教师观察分析能力。有些学者提出用"欣赏"的眼光看儿童,相信幼儿能够主动建构知识,例如屠美如在《我们向瑞吉欧学什么》中指出儿童"寻常时刻"的"记录"是理解儿童学习的一个重要窗口,可以使儿童的学习经历看得见,便于教师对儿童的学习进行分析和支持。肖建霞也在研究中论述了新西兰"学习故事法"对幼儿园教师观察行为水平的影响,认为幼儿园教师应以积极的心态看待幼儿行为,调整观察视角。周菁指出"学习故事法"希望教师相信儿童,在日常学习情景中发现儿童能做的、优势和兴趣,并以此作为教学和评价的切入点,在实践过程中这种方式对于扭转教师的观念有好处,但是教师能否发现孩子的精彩瞬间,如何提高教师的敏感性本身也是需要解决的问题。

在研究中针对观察记录提出相应的要求，并指出教师观察技能和反思技能对教师观察记录有很大的影响，通过观察技能和反思技能的练习能有效提高幼儿园教师观察记录的水平。除此之外，将观察记录与幼儿成长记录相结合，提高观察的计划性，将现场记录和事后追忆相结合，提高记录的准确性，能有效提高观察水平。

由此可见，较多的研究者普遍认为对幼儿进行观察记录反复练习能够帮助教师了解和评价幼儿，调整和改进教育策略，提高教师的反思能力，促进教师的专业化发展。诸多的研究者提到上述多种策略，在实践中也采用了很多方式，但是却出现许多问题。目前幼儿园已经运用研究者提出的各种策略进行实践，但是实践效果不尽如人意，针对"教师观察分析能力"适合什么样的方式提高，"教师观察敏感能力不足，对幼儿有价值的信息无法有效捕捉"用什么样的支持策略？虽然众多研究者都罗列出各种各样的策略，但是不同情况运用什么样的策略，以及策略运用中又会出现的新状况如何解决，这些都有待研究。

第三种是通过运用科学观察记录表、观察技术，进行大量的观察记录实践与反思。潘月娟在研究中指出提高教师的反思能力是提高专业化水平的重要前提，可以通过重新评估观察的价值，提高教师观察意识，也可以通过增强观察的目的性和计划性，采用全面观察的方式使教师成为反思型教师。柳剑针对幼儿园教师在运用观察记录法中存在的不足进行研究，并指出通过对相关知识的学习能有效提高幼儿园教师观察能力；另外幼儿园提供支持性环境（如通过及时研讨，随时解决教师的疑问等）也可以改善教师对观察记录法的运用。

第二节 幼儿园教师教育笔记

教育笔记是教师对教育过程的观察与记录、反思与感悟，是教师对教育现象的分析与理解。应该说教育笔记记录着教师的教育思想与行为，也反映了教师的心理状况与一些真实的想法。教育笔记作为教师记录、反思、成长的具体表现承载着教师反思的功能。

一、教学反思的内涵

对反思的认识，我国古代往往将之等同于反省。反省一直是儒家弟子的自我要求，例如在《论语·学而》中，曾子提出："吾日三省吾身，为人谋而不忠乎？""反省内求"，以此来提高自身的修养。孟子则提出了"慎独"，从内部用力来提高自我修养和自我意识水平。实际上，从古至今，人们一直强调通过反省来促进自身的发展。在这里，反思和反省含义相近，都表示回顾、思考、省察之意。

我国学者申继亮、刘加霞（2004）认为，教师的教学反思是教师教育、教学认知活动的重要组成部分，它贯穿于教育教学过程的始终。具体地说，教学反思指教师为了实现有效的教育、教学，在教师教学反思倾向的支持下，对已经发生或正在发生的教育教学活动以及这些活动背后的理论、假设，进行积极、持续、周密、深入、自我调节性的思考，而且在思考过程中，能够发现、清晰表征教育教学中的问题，并积极寻求多种方法来解决问题的过程。

张立昌（2001）认为，教学反思是指教师在教学实践中，批判地考察自我的主体行为表现及其依据，通过回顾、诊断、自我监控等方式，或给予肯定与强化，或给予否定与修正，从而不断提高自身教学效能和素质的过程。其主要特征，一是实践性，是指教师的教学效能的提高是在具体的实践操作中完成的；二是反思性，是指对于教师自身实践情景和经验，立足于自我以外所做的多视角、多层次的思考，是教师自觉意识和能力的体现，这是教师教学效能提高的内在精神和情感基础的前提条件，是教学反思的本质所在；三是超越性，教学反思的真谛就在于教师要敢于怀疑自己，敢于和善于突破超越自己，不断地向更高层次迈进。

王映学、赵兴奎（2006）对教学反思的定义：教学反思是指教师在教学过程中通过教学监控、教学体验等方式，辩证地否定（即扬弃）主体的教学观念、教学经验、教学行为的一种积极的认知加工过程。教学反思具有实践性、主体性和创新性。

郑金洲（2005）认为，教育反思作为教师的基本研究行为，其涵盖范围甚广，教育日志、教育叙事、教育案例等都应包括在内。狭义上的教育反思，指的是教师以体会、感想、启示等形式对自身教育教学行为进行的批判性思考。

分析学者们对反思的内涵的研究发现，虽然各研究者对反思的理解不尽相同，但是仔细分析就会发现，他们对"反思"的认识有几点是基本一致的，即反思是一种反省、思考、探究和评价，需要自觉的意识和积极的态度；教学反思是贯穿于教学全过程的；反思的目的不仅仅是回顾过去，更重要的是寻求解决问题的方法和途径。

二、对教师反思内容的研究

克瑞克什克和科伦（1985，1989）认为，教学反思是教师对教学技能、技巧、方法等方面的反思（即技术水平的反思），目的是通过对自己教学行为有效性的评价，以改变自己的教学行为。高尔和泽奇尔（1991），史密斯和拉瓦特（1991）则认为，教学反思应该是教师花比较长的时间对自身行为的目的、行为背后的原因进行深入的思考（即实用水平的反思），目的是探讨可适用于未来的多种可供选择的方案系列。范梅南和维拉（1977，1992）认为教学反思是对学校教育、教学行为背后的更广泛的社会、历史、伦理、道德意义上的思考（即批判水平的反思），是对影响教学活动的社会因素的思考。

国内学者也将反思内容进行了划分。申继亮、刘加霞（2004）将教师反思内容划分为五个指向：课堂教学指向、学生发展指向、教师发展指向、教育改革指向、人际关系指向。

吴卫东、骆伯巍（2001）将教师反思指向与不同的教师群体联系起来，即新手型教师主要进行教学技能反思，适应型教师更多地进行教学策略反思，成熟型教师进行教学理念反思，专家型教师则进行教育科研反思。张立昌（2005）则将反思内容划分为两类，即教师的理念（或知识）领域和行为（或操作）领域。赵昌木（2004）认为教师的反思主要着眼于四个方面：信念系统、知识系统、教学实践、背景因素。教师在整个教学生涯中，必须不断地反思自己的知识、信念、行为和各种视之为当然的观点，转变那些不正确假设、信念，修正那些不合理行为，这是一个持续的、思想和实践交互进行的过程。分析以上的研究，虽然学者们对反思内容的分类角度不同，提法也各不相同。但多数学者都认为反思的内容不仅包含着对教师教学技能和行为，而且还应该包括对形成这些技能和行为的成因，即对隐含在教学技能背后的教育信念、教育理念的反思。这样的反思才是真正的反思，只有这样的反思才能真正促进教师的发展。"他山之石，可以攻玉"，对这些理论进行分析与研究为我们进一步探讨幼儿教师反思内容提供了借鉴。

三、对教师"反思水平"的研究

如果说舍恩的观点使我们认识了反思与行动在形式上的关系，那么范梅南的框架，则开阔了人们对于反思与行动在内容维度上关系的认识。卡尔和凯米斯（1986）以及范梅南（1997）把反思分成了三个水平：水平1，技术合理性水平（technical rationality）。水平2，实用行动水平（practical action）。水平3，批判反思水平（critical reflection）。在不同水平上，教师反思的重点及关注的内容不同。范梅南对反思水平的划分既有内在的连续性，又有外部的可描述性，因此，他对反思水平的划分经常被研究者用来作为对教师反思水平进行评价的标准。汉德和拉瓦斯（1987）根据范梅南所提出的教学反思三水平，提出了更具有操作性的、对教学反思进行水平划分的方法，即行动水平，分析行动背后的实践和理论原因水平以及对行为进行伦理辩护水平。哈顿和史密斯（1995，转引自刘加霞，申继亮，2003）通过分析师范生的反思日记，提出了反思水平的划分方法：水平1，描述性作品。不是反思，仅仅描述发生的事件，报告看过的文献，对教学事件并没有尝试着进行解释和证实。水平2，描述性反思。反思不仅仅是对事件的描述，而且尝试着对教学事件和教学行为进行解释和提供证据，但仅仅是以报告或描述的方式进行或者依据个人判断给出解释。水平3，对话性反思。与自己对话，对教学事件产生的可能原因进行分析、探究。水平4，判断性反思。给出所做决策的理由，同时也包括更广泛的历史、社会、政治方面的缘由。

我国学者申继亮、刘加霞（2004）参照范梅南对教学反思水平的划分，提出根据教学反思的内容，将教学反思的水平划分为三个水平：水平1，前反思水平。教师关注最多的是程序性、技术性问题，教师最关心的是达到目标的手段，重视手段的效果和效率，而将教育目的看作理所当然，没有对目标的分析、审视和检验。水平2，准反思水平。教师能够透过教学行为层面来分析行为背后的原因，但这种分析往往根据个人经验进行，其目的在于探讨或澄清个人对行为的理解，考虑行为背后的原因、意义。水平3，反思水平。教师在反思的时候能够考虑道德的、伦理的标准，并从广泛的社会、政治、经济的背景下来审视这些问题，并揭露潜藏于这些问题中的意识形态，以引导改革。

四、对教师反思方法的研究

有关教师教学反思方法的研究，国内外学者的研究较多。布鲁巴赫、布鲁克菲尔德等人（转引自刘加霞、申继亮，2003）提出了四种反思的方法："①反思日记。②详细描述。指教师相互观摩彼此的课，并描述他们所观察到的结果，随后与其他教师相互交流。③职业发展。指来自不同学校的教师聚集在一起，提出课堂上发生的问题，讨论解决的办法，最后形成的解决办法为所有参加的教师及其所在学校的教师所共享。④行动研究。指教师对他们在课堂上所遇到的问题进行调查研究。"

赵昌木（2004）认为教师反思的方法也有四种：①撰写教学日志。②建立档案袋。主要记录一个教师的发展历程，记录自己的少年、青年时代的变化以及做教师后的成长状况。③对话。④阅读。教师可以通过阅读各种学科的理论文献获得大量信息，为自己熟悉的事件提供新的阐释，为自己所面临的困难和问题的解决提供可能。

刘燕（2005）在《对反思性教学概念架构的探讨》中提出六种反思方法：①教师讨论法。②日记记录法。③教师自传法。指教师以个人或他人生活史料为素材，进行研讨和分析，以促进自己专业发展的一种方法。包括研讨他人的成长历程并学习；分析自己的成长历程并提出改进和提高策略。④案例研究法。⑤行动研究法。⑥撰写论文法。

申继亮、刘加霞（2004）将教师反思的方式归纳为四种：一是"想一想"；二是"记反思日记"；三是"同伴讨论"；四是"行动研究"。高忠明（2005）认为，教师反思的方法有：反思总结方法、对话反思法、录像反思法、档案袋法、行动研究法等。

王映学、赵兴奎（2006）从反思的途径角度提出教师反思的方法：日记反思法，从学习角度反思，在与同事、专家交流中反思，从学生征询意见中反思。

由此看来，研究者们探讨的反思方法，从总体上可以概括为：写反思日记、建立档案袋、阅读理论文献、同事之间交流讨论和行动研究等。

最后，关于教育笔记撰写的相关理论已经在本书的第二章节进行了阐述，读者朋友可以再次进行回顾学习。

结　语

呵护种子，静待花期。

丰盈沃土，至善至美。

幼儿教师的职业神圣且高尚，他们是为幼儿涂饰最佳人生底色的园丁，他们是为幼儿开启幸福大门的导师，他们是托起明天太阳的天使。

在此，北京明天幼稚集团向所有的幼儿教师以及所有为祖国明天美好未来奋斗的教师致敬！